JN192574

宗教と対話

多文化共生社会の中で

小原克博・勝又悦子◉編

教文館

巻頭言

「宗教と対話」という言葉を聞いたとき、何を想像するだろうか。宗教が積極的に対話を促進する姿であろうか。あるいは、それとは反対に、対話を拒否し、頑なまでに自らの主張を押し通そうとする宗教の姿であろうか。本書は、そのいずれのイメージをも視野に入れながら、宗教がもつ対話可能性に多面的に迫ることを目的としている。実際、宗教研究だけを考えても、細分化・専門化が進み、同じ宗教を研究する者の間ですら、生産的なコミュニケーションを取り交わすことが難しくなってきている。他の宗教を研究する者との対話、さらには宗教以外の学問領域との対話が、いっそう困難になっていることは想像に難くないだろう。しかし、元来、宗教は、とりわけ世界に広がっていった宗教は、狭い意味での儀礼・教え・伝承だけで構成されているわけではない。既存の社会システムや政治制度との調整や、そうした制度の周辺に置かれた社会的弱者への配慮も、宗教の重要な役割であった。本書は、地域社会や国際社会、そして何より現実を生きている一人ひとりの人間にとって、宗教がどのような対話可能性を開くのかを問うている。

では、二一世紀初頭の現代世界の中で、宗教はどのような位置を占めているだろうか。

世界各地で、紛争、衝突が繰り返され、想定外であったことが現実化している。解決の目途の立たない中東問題、アラブの春の挫折、世界中を震撼させたＩＳの残虐非道の行為の数々、ムハンマドを殊更に歪曲した風刺画の掲載、シャルリー・エブド紙襲撃事件、表現の自由を求める「私はシャルリー」を横断幕に進む大々的なデモ、繰り返されるテロ行為、英国のEU離脱決定、ヨーロッパ各国で露呈する反移民・反難民感情、極右政党の支持率の上昇。トランプ氏のアメリカ大統領就任とその後の混乱……その背後には、ユダヤ教、キリスト教、イスラーム、その他の諸宗教が見え隠れする。無論、紛争、対立の原因は、必ずしも宗教的なものではなく、政治、外交、経済上の摩擦や格差が複雑に絡み合ってのことだ。しかし、人と人が接触するということは、異なる文化の接触であり、そこには各人の宗教に基づく価値観、伝統が影響している。

国内はどうだろうか。多くの人が無宗教を自称する日本では、右記のような海外の状況は、対岸の火事のように見える。しかし、世界各地のテロ事件に日本人も巻き込まれ、国内にも外国人が目に見えて増え、生活環境、価値観の違いから軋轢も生じている。少数者へのヘイトスピーチが問題になっている今、日本社会においても、様々な宗教的背景を有する他者への理解が求められている。また、貧富の格差は拡大し、子どもの貧困が問題になり、いじめや種々のハラスメントによる犠牲者は後を絶たない。そして、甚大なる被害をもたらした自然災害の爪痕は未だ癒えることはない。様々な痛みを抱えた社会で、痛みを癒し、支援活動を手掛ける宗教団体も多い。他方で、かつてのオウム真理教事件のように、若者がカルト的宗教に引き込まれ、洗脳され、暴走するケースも見られる。宗教は、陰となり陽となり私たちの生活に関係している。

こうした状況の中で、宗教や宗教研究にとって、いかなる対話が可能であるか、また目指すべきかを考えることは、意義深いと思われる。そこで、本書では、現代社会と宗教の関係を多面的に問うために、国際政治や社会福祉、そして、各種の宗教（特に一神教）をめぐる論考を集めた。本書全体は「宗教と対話」「多文化共生」といったキーワードを共通の問題意識として、以下の三部構成によって編纂されている。

第一部は、宗教学と隣接諸分野との対話をテーマとしている。「宗教と対話」というテーマに対し、国際政治、社会福祉、宗教間教育の視点からのアプローチがなされている。

村田晃嗣「国際政治から見た宗教研究への期待」では、国際政治（学）と宗教の対話を説く。冷戦期には国際政治でも国際政治学の分野でも軽視されてきた宗教的な要因は、冷戦終焉後の文明の衝突、コンストラクティヴィズムの趨勢を背景に宗教的な要因が重視されるようになってきた。しかし、過度な宗教的要因の強調はすべきではなく、エスニシティーやジェンダーなどともリンクさせながら、国際政治学と宗教学との対話が一層重要になってきていることを主張する。

木原活信「社会福祉におけるスピリチュアリティ――宗教と社会福祉の対話」では、宗教と社会、国家の関係（対話）を基底にし、社会福祉の領域で宗教、特にここではキリスト教とどのような関係があるのかについて、その歴史的変遷を、キリスト教の霊性（スピリチュアリティ）に着目し、議論している。そして、今日の市民契約の時代における市民的公共圏における社会福祉（ソーシャルワーク）とスピリチュアリティについて検討している。

小原克博「宗教と対話――多文化共生社会の可能性と宗教間教育の意義」では、「多文化共生」をめぐる社会的取り組みや批評を意識しながら、宗教（研究）の領域において、どのような固有のアプローチが可能なのかを、宗教教育、特に宗教間教育に焦点を絞って論じている。またその際、克服すべき課題として「憎しみの文化」を取りあげている。

第二部では、イスラームを中心に、異なる宗教間、文化間の対話に関わる論考を集めた。

塩尻和子「宗教間対話運動と日本のイスラーム理解」では、日本におけるイスラムフォビアを主題とする。日本ではイスラームに関する報道は、欧米を経由してもたらされるものが多く、残念ながら、イスラームは遠い砂漠の奇妙な宗教であり、今日の中東紛争の要因であるという誤解と偏見が少なくない。イスラームには日本古来の伝統的な道徳や社会的倫理と同様の教えがみられる。また厳格な一神教のイスラームは、仏教や神道などの多神教とは相いれないという主張も根強いが、宗教教義の真相は、どちらも同じことを語っている。一神教や多神教といった枠組みを取り払って、宗教信仰の根源に立ち返れば、日本のイスラーム理解が進み、平和的な宗教間対話運動も根付くと期待される。

岩崎真紀「エジプトにみる聖家族逃避行伝承をめぐる宗教共存――ムスリムとコプト正教徒の関係」では、パレスティナから一時的に逃れてきた聖家族（幼子イエスとマリアとヨセフ）が訪れたとされる伝承が残るエジプト各地の聖地におけるコプト・キリスト教とイスラームの関係を論じている。同国の宗教的マイノリティであるコプトと多数派であるムスリムの民衆的宗教共存の様相に目を向けることにより、対立ばかりが強調される一神教をめぐる言説に一石を投じることを目指す。

四戸潤弥「イスラームの平和――慈悲と慈愛の信仰構造を通して」では、イスラーム聖典における「平和」についての言及を収集し、イスラームが何を「平和」と想定しているかを、アラビア語原典資料に基づき、紹介している。『クルアーン』においては、「戦争」の対比概念は「条約（スィルム）＝相手を理解すること」であり、平和の対比概念は「神の怒り」である。戦争と平和はグロチウス以来の西欧の対比概念であるが、イスラームは違う。対話の現実的成果は条約であることを認識することが、現況の問題解決のために肝要である。

第三部では、現代では当然の是と考えられている「民主主義」と、ユダヤ教、イスラームの対話の可能性をさぐる。

勝又悦子「ユダヤ教文献にみる『自由』と『支配者』像――多文化共生への他者理解に向けて」では、現在のユダヤ教のベースとなるラビ・ユダヤ教文献における「自由」また支配者像について探った。ラビ・ユダヤ教の資料では、戒律・様々な社会規範と「自由」は不可分の関係であるという意識が通底している。支配に関わる様々な権力は、ラビたちの議論の俎上に上がる点で均衡関係が保たれている一方で、支配者には、その地位に相応しい服装が要求されており、民と支配者の完全なる「平等」は、理想とはされていないことが推察された。近代以降の「自由」「平等」は、そのままではユダヤ教的メンタリティーには適用できないのではないか、という点などを明らかにする。

平岡光太郎「中世ユダヤ思想における『民主主義』理解――アバルヴァネルを中心に」では、中世ヨーロッパにおけるユダヤ教と他者との対話を扱うなかで、一五世紀に生きたアバルヴァネルに着目した。彼は中世のヨーロッパ社会に関わり、その文化と対話し、それを受容した。彼が受容したのは、ルネサンス期のギリシア・ローマ古典文化であり、当時のヴェネツィアの議会制度であったことを明らかにしている。

森山央朗「イスラームと奴隷」では、イスラームの奴隷制に関して、預言者時代（七世紀）の「原点」とその後の変化を分析し、奴隷制をめぐってムスリムが行ってきた歴史的実践を見ることから、イスラームと人権思想・民主主義との対話について考察を加えた。

以上の論考は多岐にわたり、必ずしも主張は一致するわけではない。それは、逆に、現在の宗教学、宗教事情が直面している問題の複雑さを示唆する。また、本書後半は、クルアーンやラビ・ユダヤ教文献、中世ユダヤ思想、イスラームの諸文献からの豊富な引用があり、各宗教が礎を置いている聖典の一端に触れることができるだろう。これもまた一つの対話の入口になろう。

本書が、今後さらに混迷を極めると思われる社会の中で、様々な宗教の理解と対話への架け橋となり、さらに、様々な他者への理解と共存に向けての一助となれば、幸甚である。

二〇一七年二月

小原 克博・勝又 悦子

宗教と対話
——多文化共生社会の中で

目次

装丁　熊谷博人
カバー・扉写真　横山　匡

第Ⅰ部

様々な対話の可能性

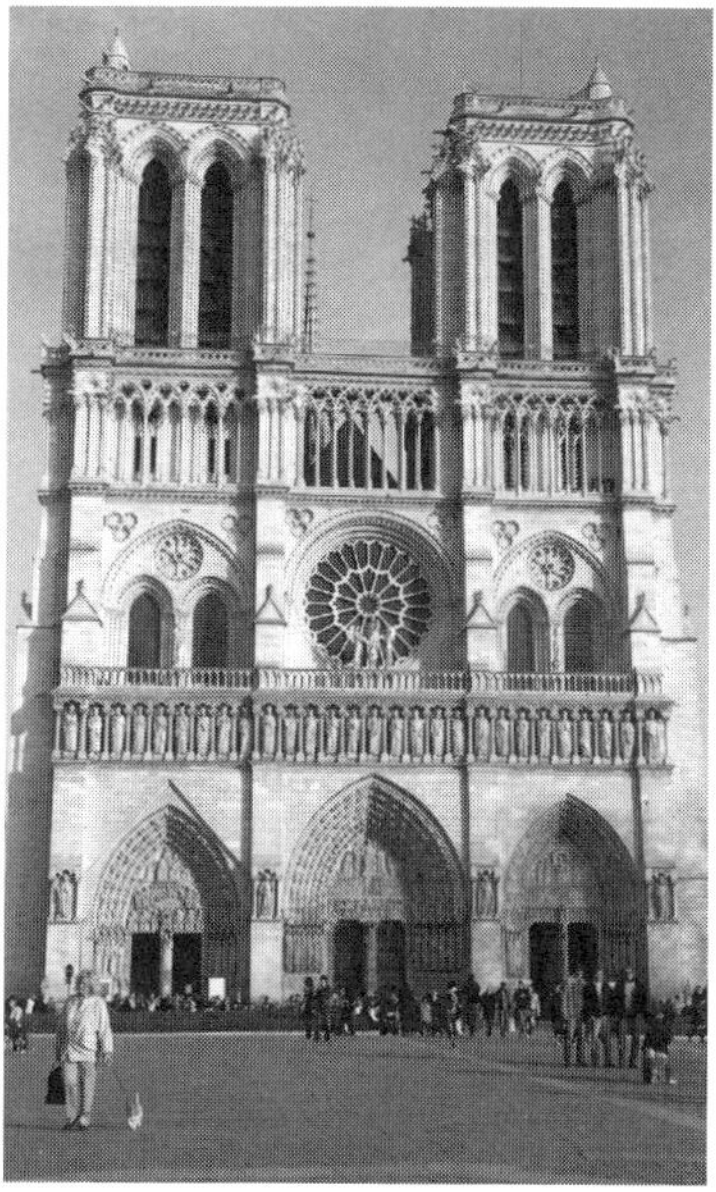

ノートルダム大聖堂（パリ）

第一章　国際政治から見た宗教研究への期待

村田晃嗣

１　はじめに――国際政治と宗教

筆者の専門は国際政治学であることから、表題のように「国際政治学から見た宗教研究への期待」と、国際政治と宗教研究がどういうところで共有できるかについて若干の私見を提示してみたい。冒頭から大きな話になって恐縮ではあるが、西洋にとっての近代というのは政治と宗教を分離するプロセスであったと言ってよかろう。ヨーロッパで戦われた三〇年戦争が当時はしばしば「最後の宗教戦争」といわれ、同時に「最初の国際戦争」といわれた。一六四八年、ウェストファリア条約が結ばれるが、ここから近代的な主権国家の概念が誕生したと一般にいわれている。もちろん三〇年戦争についてはカトリックとプロテスタントの宗教の対立だけではなく、ハプスブルグ家とブルボン家、その他の熾烈な権力闘争の局面があった。

国際政治学では通常、ウェストファリア条約以降、主権国家を中心とするウェストファリア体制が成立したと、教えられてきている。したがって「脱宗教」が起こったところから近代の主権国家体制、国際政治の前提になるメカニズムができてきたと言えよう。やがて、主権国家の多くは、ナショナリズムを背景にした国民国家になる。「近代に至るまで、個人の生に降りかかる偶然性を宿命として説明してきたのが宗教であり、……その説明の空白を埋めることになったのがナショナリズムだというわけである」(1)。

2　「リアリズム」の展開

筆者が専門とする国際政治学は政治学の一分野であり、とりわけ、第一次世界大戦後に発展を見た。第一次世界大戦は戦死者だけで一〇〇〇万人に及び、当時としては人類未曾有の大戦争であった。「二度と再び、このような戦争を起こしてはいけない」という重い問いかけから「戦争はなぜ起こるのか？」を問う、そして「戦争はどうして防ぐことができるのか？」ということから「国際政治学」という学問が第一次世界大戦後に出発したのである。例えば、第一次大戦後に書かれた国際政治学の古典的名著として、E・H・カー『危機の二〇年』がある(2)。

ところが、カーの危惧したように、国際政治学は第二次世界大戦という、より大規模な戦争を防ぐことができなかった。第二次世界大戦の後には、しかも平和が訪れるわけではなく、米ソが巨大な核兵器をもって睨み合う米ソ冷戦という、事実上の第三次世界大戦が、それに続いたのである。

第二次世界大戦後、国際政治学の中心はヨーロッパからアメリカに移り、アメリカで国際政治学が精緻化され、体系化されていった。その主流をなすのが「リアリズム」という考え方である。日本では学界のみならず論壇での議論を「現実主義」と呼ぶことがあるが、それは戦後の「一国平和主義」

への批判・警鐘の色彩が強い。米欧の国際政治学でいう「リアリズム」とは共通点をもちながらも、特殊日本的なものといえよう。また、「リアリズム」はある種の理論ないし信条体系であり、それが常に「現実的」であるわけでもない。[3]

さて、この「リアリズム」にも、いくつかのバリエーションがある。国際政治学者の土山實男は、これを「邪悪学派（イーブル・スクール）」と「悲劇学派（トラジェディ・スクール）」に大別している。前者は「国際体系ではなく、人間の本性に焦点を当てる」、「飽くなき欲望の虜、嫉妬や不安のかたまりとしての人間や国家を国際政治を考える際の起点にすえている」[4]とすれば、「邪悪学派」と宗教学との距離は近い。

これに対して、一九七〇年代以降のアメリカの学界では、「悲劇学派」が主流となった。この学派は「パワーの物質的側面と、国際社会が中央政府をもたないこと、すなわちアナーキーであることを

1　鏡味治也『キーコンセプト　文化——近代を読み解く』（世界思想社、二〇一〇年）、五四頁。また、ベネディクト・アンダーソン、白石さや・白石隆訳『増補　幻想の共同体——ナショナリズムの起源と流行』（一九九七年、NTT出版）も参照。

2　E・H・カー、原よし久訳『危機の二〇年——理想と現実』（岩波文庫、二〇一一年）。原書は一九三九年の刊行。

3　リアリズムについては、拙稿「リアリズム——その日本的特徴」日本国際政治学会編『日本の国際政治学1——学としての国際政治』（有斐閣、二〇〇九年）を参照。

4　土山實男「現実主義」、猪口孝他編『政治学事典〔縮刷版〕』（二〇〇四年、弘文堂）、三〇〇—三〇一頁。

重視する」[5]。国内政治には中央集権政府が存在するが、国際政治には中央政府は存在しない。国際政治は基本的に無政府状態（アナーキー）の中でプレイされるものである（ただし、無政府状態と無秩序すなわちディスオーダーは同じではない）。そして、国際政治の主たるアクターは国家であって、国家は自国の生存を最優先させ、さらに国益を最大化するために合理的に行動すると考えるのが、リアリズム的な発想である。

その際、さらに経済学からのアナロジーとして、国際政治の中でアメリカが突出して強い場合、一極構造と呼ぶ。米ソが拮抗している時には二極構造となる。さらにアメリカ、ロシアだけではなく、イギリスがあり、中国があり、日本が応分の力をもっているというように、いくつものアクターが競合すると多極構造となる。経済学で市場の中に一つの独占企業がマーケットを支配している時の企業のビヘイビアと、拮抗する大企業がマーケットを支配している時の行動と、多数の企業が競合するマーケットでの行動は当然変わってくるわけであり、一極化、二極化、多極化という構造がプレイヤーの行動を多分に規定すると考えるのがリアリズム、とりわけ構造的リアリズムである。きわめて近代的、合理主義的な発想が、その背景にある。

「悲劇学派」の合理主義を純化させた議論がこの構造的リアリズムであり、ネオ・リアリズムと呼ばれることもある。ただし、ネオ・リアリズムによる過度の合理的分析（あるいは単純化）に反発して、「邪悪学派」と「悲劇学派」を融合させようとする動きもある。これをネオ・クラシカル・リアリズムと呼ぶ。とすれば、国際政治学は経済学に傾斜した後、再び宗教学に接近しているのかもしれない。

3　一九七〇年代以降の国際政治

　さて、現実の国際政治でも一九七〇年代から、それまでの米ソの二極構造が、かなり多極化してきた。アメリカはベトナム戦争で国力を衰退させ、ヨーロッパは復興していった。日本も一九六八年には当時の西ドイツを抜いて世界第二位の経済大国になり、急速に経済的な力をつけた。かつて「中ソ一枚岩」と呼ばれて中国も、ソ連と袂を分かった。

　また、世俗的な権力と宗教を分離するのが近代のプロセスであったとすれば、一九七〇年代から再び国際政治の世界に宗教が影響力を持ち出した。ヨーロッパでは、ヨハネ・パウロ二世がローマ法王に就任した。非イタリア人の法王としてはハドリアヌス六世以来四五五年ぶりで、しかも、史上初のスラヴ系の法王であった。ヨハネ・パウロ二世は、ポーランドの自主労働組合の「連帯」とその指導者レフ・ヴァウェンサ（ワレサ）を道義的に支持した。このことがポーランドの共産主義体制を揺るがせたことはよく知られており、ローマ・カトリックが明確に政治的なメッセージを発するようになったわけである。[6]中南米でも、「解放の神学」が勢いを増し反政府運動に大きな影響を与えるととも

5　前掲。
6　ヨハネ・パウロ二世が冷戦の終結に果した役割については、John O'Sullivan, *The President, the Pope, and the Prime Minister: Three Who Changed the World* (DC: Regency Publishing, 2006) を参照。

に、カトリック教会が内戦の回避や仲介で労をとった。

アメリカ合衆国でも、草の根のキリスト教原理主義的な動きが、政治的な発言力、影響力をもちだしたのは七〇年代である。当初、アメリカのキリスト教原理主義の人たちは、サザン・バプティストのジミー・カーターに多くを期待するところがあった。カーター自身が敬虔なクリスチャン、ボーンアゲインのクリスチャンであった。しかし、カーター自身は一期限りの大統領に終わり、十分なリーダーシップを発揮することはできなかった。また、キリスト教原理主義の人たちが期待したのとは大きく違って、カーターは政治的にはかなりの程度リベラルであった。彼らが次に期待をかけたのが、ロナルド・レーガンである。(7)

このように、アメリカではキリスト教原理主義が台頭し、政治や外交にも影響を及ぼすようになった。(8)彼らは保守派と親和性が高いが、一部には環境問題などに強い関心を持つ者もあり、「エヴァンジェリカル左派」とも呼ばれている。

イスラエルでも、世俗的な左派の労働党が長らく政権を運営していたが、よりシオニズム志向の明確な右派のリクードが政権を獲得したのが一九七七年である。カトリック、プロテスタント、ユダヤ教、いずれでも政治の表舞台に宗教が前面に出てきたのである。中東ではいうまでもなく、七九年にイランからモハンマド・レザー・シャー国王が追放され、ホメイニー師によるイスラム革命が起こった。(9)一神教世界で宗教が政治の表舞台に回帰したのが、七〇年代後半ということになろう。フランスの宗教学者ジル・ケペルはこのような現象を「政治に対する宗教の復讐が七〇年代終わりから始まった」と指摘している。(10)あるいは、世界は「ポスト世俗主義」の時代に入ったとも言える。他方、同じ七〇年代後半に、中国では鄧小平が四つの近代化を説いた。あえて大胆にいうならば、共産主義という「宗教」に対して、中国では脱宗教化が起こり、今日に至る中国の経済成長が始まったのである。中東がイスラム原理主義に回帰し、政治的に混乱し経済的に低迷するのとは、対照的である。

４　国際政治学の変化とグローバル化

このように、現実の政治の世界でも宗教が再び大きな影響をもちだすようになったが、学問の世界でも、変化が生じた。リアリズムのみならず、国家間の経済の相互依存に対して楽観的なリベラリズムなどの合理主義を前提とする考え方に対する懐疑が、国際政治学の間でも徐々に強まってきたのである。一九九〇年代ごろから、主体間、主体と主体との間の関係性の認識を重視するコンストラクティヴィズム、構造主義という考え方が国際政治学でも台頭するようになった。これは社会学に強く影

7　レーガンについては、拙著『レーガン――いかにして「アメリカの偶像」となったか』（中公新書、二〇一一年）を参照。
8　例えば、マーク・M・アムスタッツ、加藤万里子訳『エヴァンジェリカルズ――アメリカ外交を動かすキリスト教福音主義』（太田出版、二〇一五年）を参照。
9　イラン革命とホメイニーについては、富田健次『ホメイニー――イラン革命の祖』（山川出版社、二〇一五年）が簡にして要をえている。
10　ジル・ケペル、中島ひかる訳『宗教の復讐』（晶文社、一九九二年）、「はじめに」。

響されている。そして、経済や情報の急速なグローバル化が国家中心のリアリズムの限界を、さらに明らかにしていった[11]。

当然でありながら、必ずしも十分に理解されているとは言いがたいが、グローバル化と国際化は異なる。歴史の中でグローバル化の周波は何度も起こっている。近代の日本にかぎっても、幕末明治初期の西洋化、第二次世界大戦後のアメリカ化、そして一九八〇年代の「国際国家」(中曽根康弘首相)をめざす動きなどが指摘できよう。一九七〇年代以降、経済の相互依存が急速に進み、九〇年代以降は通信情報やヒトの移動の面でも、国境を越える現象が顕著になった。このように、グローバル化は国境や政府の統制を越えてヒト、モノ、カネ、情報が流通する現象である。したがって、国や政府だけが主体ではない。この点で、国や政府を中心的な主体とする国際化とは異なるのである。日本とアメリカとの間の二国間でも国際化は起こる。日本と韓国と中国との間の三国間でも国際化は起こるが、こうした特定の国際関係で起こる現象は、グローバル化ではない。国際化よりも広範でダイナミックかつ多様なグローバル化が、七〇年代から急速に進み、九〇年代には一層顕著になったのである。

このような潮流は、国際政治学のパラダイムにも大きな影響を与えるようになった。否、独り国際政治の分野だけではなく、思想の世界でもポスト・モダニズムという潮流が顕著になった。社会学や人類学の分野でも、「カルチュラル・ターン」、つまり、それまで当然視されていた文化現象の背後にある様々な関係性を読み取ろうとする動きが台頭してきた[12]。合理性では説明しきれない事象への関心が、多くの学術領域で、あるいは、そうした領域を超えて高まってきたのである。その意味では、宗教学とリアリズムを中心に発展してきた国際政治学との距離が、一九七〇年代以降に近くなってきたともいえよう。

さらに冷戦が終わり、二〇〇一年九月一一日に同時多発テロが起こると、アメリカのジョージ・W・ブッシュ政権はテロとの戦いを標榜した。冷戦の象徴であったベルリンの壁の倒壊が始まったのが、一九八九年一一月九日であった。この11・9から9・11まで一二年間を、冷戦から対テロ戦争までの「戦間期」と見る論者もある。湾岸戦争とイラク戦争との「戦間期」がこれに重なるから、いわば「二重の戦間期」だったわけである。[13] 対テロ戦争では、中東が主たる舞台となり、結果として、国際政治学でも宗教や文化の役割がこれまで以上に注目されるようになった。これもこの頃から、「ソフト・パワー」という概念が、国際政治の世界で盛んに用いられるようになり、ジャーナリズムでもしばしば使われるようになった。ハーバード大学の国際政治学者ジョゼフ・ナイが、主たる唱道者である。

しばしば誤解されるが、軍事力が「ハード・パワー」で、経済力や文化が「ソフト・パワー」とい

11　山田高敬・大矢根聡編『グローバル社会の国際関係論』（有斐閣コンパクト、二〇〇六年）が簡にして要を得た解説を提供している。

12　「文化は記号的に構成され、解釈され、さまざまな不平等、差別と排除を伴って政治的に構築されている。それは表象の戦場であり、この戦場では異なる次元の権力の力線が文節＝接合されている」と、社会学者の吉見俊哉は論じている。吉見『カルチュラル・ターン、文化の政治学へ』（人文書院、二〇〇三年）、一三頁。

13　Derek Chollet and James Goldgeier, *America Between the Wars: From 11-9 to 9-11* (NY: Public Affairs, 2008). 村田晃嗣『現代アメリカ外交の変容——レーガン、ブッシュからオバマへ』（有斐閣、二〇〇九年）も参照。

うわけではない。「ハード・パワーは押す力であり、ソフト・パワーは引きよせる力である」、「ソフト・パワーは望む力を引き出すために、課題の枠付けをし、説得し、魅力を感じさせる吸引的な手段によって相手に影響を与える能力である」と、ナイは定義している[14]。ソフト・パワーの源泉は、その国の文化と政治的価値観、そして、外交政策である。ここでは、軍事力や経済力と並んで、文化的発信力が大きな意味をもつ。

さらに、ナイは「強制と金銭の支払いというハード・パワーと、説得と魅力というソフト・パワーの組み合わせ」として、スマート・パワー戦略も提唱している[15]。スマート・パワーは単なる概念ではなく戦略であるから、ソフト・パワーよりも評価的、規範的になる。二〇〇九年一月には、バラク・オバマ大統領に国務長官に指名されたヒラリー・クリントンが、上院の公聴会でこの概念に言及し、一層の注目を集めた[16]。

こうした国際政治におけるパワーの変容を受けて、パブリック・ディプロマシーも盛んに論じられるようになっている。パブリック・ディプロマシーとは、「外交の目的を達成するためには相手国の政府に働きかけるだけでは十分ではなく、相手国の国民レベルに働きかけていくことが重要である、という認識に基づいて行われる活動」である。この営みは四つの層からなる。つまり、理解し、関与し、情報を提供し、そして最終的には、影響を与えることである。もちろん、国際文化交流はパブリック・ディプロマシーの重要な一部をなす。直接的には、情報通信技術の発展やメディア環境の変化、世論の役割の増大や世界的な市民社会の形成などが、パブリック・ディプロマシー台頭の背景にある[17]。

早くも二〇世紀の終わりに、アメリカの政治学者サミュエル・ハンチントンは「文明の衝突」を論じていた。冷戦期の軍事力とイデオロギーの対立から、文明や文化、宗教の対立に、国際政治の主軸が移行しつつあるように思われたのである。(18)さらに、冷戦研究にも、文化的なアプローチが盛んに適用されるようになった。(19)

ただし、若干危惧される点もある。既述のように、国際政治学は長らく宗教的な側面、宗教的な要因を重視してこなかった。とりわけ、リアリズムはそうであった。今度はその反動として、国際政治における宗教の役割を過度に議論する動きが登場している。確かに、アメリカ外交におけるユダヤ

14　ジョセフ・S・ナイ、山岡洋一・藤島京子訳『スマート・パワー――二一世紀を支配する新しい力』（日本経済新聞社、二〇一一年）、四四頁。
15　ナイ、前掲、一四頁。
16　Hillary Clinton, confirmation hearing, U.S. Senate, Foreign Relations Commitee, January 13, 2009.
17　金子将史・北野充編『パブリック・ディプロマシー戦略――イメージを競う国家間ゲームにいかに勝利するか』（PHP研究所、二〇一四年）、一八頁、六四頁。佐藤卓巳・渡辺靖・柴内康文編『ソフト・パワーのメディア文化政策――国際発信力を求めて』（新曜社、二〇一二年）も参照。
18　サミュエル・P・ハンチントン、鈴木主税訳『文明の衝突』（集英社、一九九八年）。また、「国際関係そのものさえが一つの文化であると考え、国際関係の全体を文化の視点で理解する試み」（ii頁）として、平野健一郎『国際文化論』（東京大学出版会、二〇〇〇年）も参照。
19　例えば、貴志俊彦・土屋由香編『文化冷戦の時代――アメリカとアジア』（国際書院、二〇〇九年）、齋藤嘉臣『文化浸透の冷戦史――イギリスのプロパガンダと演劇性』（勁草書房、二〇一三年）、村上東編『冷戦とアメリカ――覇権国家の文化装置』（臨川書店、二〇一四年）などがある。

人ロビーの影響力は大きいし、[20]既述のように、キリスト教原理主義も政治性を強めている。しかし、こうした要因を強調するあまり、宗教要因だけで国際政治を分析する議論も散見される。宗教を排除した国際政治の議論は危険だが、宗教だけによって国際政治を論じることも同様に危険であろう。

もとより、国際政治が合理的で、宗教が非合理的であるという二分法が通用するわけではない。今後ますます国際政治学と宗教学の双方に対話の努力が必要となろう。[21]主体間の認識、関係性を重視するコンストラクティヴィズム的アプローチは国際政治学と宗教学との対話に役立つかもしれない。あるいは、国際政治学の中でも地域研究は重要な分野として存在するが、おそらく宗教学の中でも地域研究と密接に結びついたものがあるであろう。地域研究を一つの媒介として国際政治学と宗教学が対話を進めることも、当然考えられる。

他にも、国際政治学と宗教学が、それぞれもっているマルチ・ディシプリナリー（学際的）な側面を強化することによって両者のリンケージ、架橋を図る作業が、これからますます重要ではなかろうか。いくつか例を挙げてみよう。

5　宗教とエスニシティー、ジェンダー／セクシュアリティー、そして国際政治

人口動態の変化と宗教学がどう結びつくのか、人口動態研究と国際政治学がどう結びつくのか。これは研究と政策の両面で重要なことであろう。南北問題が語られて久しい。我々は豊かな北の側に生きている。二〇世紀が始まる頃の一九〇〇年には、豊かな北側、先進国に住む者は、世界人口の三一

％であったという。ところが、宗教の復讐が始まる一九七〇年代に入ると、北の人口は世界人口の二五％に下がっている。二〇〇〇年、二一世紀に入ると、北の人口はさらに一八％に下がっている。つまり、貧しい南に住む人々の数が圧倒的に多いのである。二〇五〇年になると、北に住む人間は世界人口の一〇％になると見られている。つまり、人口は南、途上国の側に大きくシフトしている。そのことが宗教の構成にどのような影響を与え、そして国際政治にどのような影響を与えるかは興味深い問いであろう。

例えば、中国では二〇五〇年までにキリスト教徒が人口の一八％にまで膨れ上がり、二億一八〇〇万人くらいになると言われている。中国におけるキリスト教人口の増大が、中国の外交政策や治安の安定にどのような影響を与えるか――これは宗教学にとっても国際政治学にとっても、大きな関心事であろう。

アメリカの人口動態の変化も外交と内政の双方に影響を与えている。(22)

20　ジョン・J・ミアシャイマー、スティーヴン・M・ウォルト、副島隆彦訳『イスラエル・ロビーとアメリカの外交政策』1・2（講談社、二〇〇七年）を参照。アメリカの著名な国際政治学者がこの問題を正面から取り上げたことが大きな話題となり、また反発も招いた。

21　そうした試みの一例として、Pasquale Ferrare, *Global Religion and International Relations: A Diplomatic Perspective* (NY: Palgrave, 2014) を参照。

22　以下の記述については、拙稿「キューバとの国交正常化を目指す米国の思惑」『中央公論』二〇一五年四月号を参照。

全米五〇州のうち、白人が州人口の半数を切った州がすでに四つある。ハワイ、カリフォルニア、テキサス、ニューメキシコである（ハワイでは、白人がマジョリティだったことは、過去に一度もない）。このように、最大のエスニック集団が全体の過半数を占めていない状態を、「マジョリティ・マイノリティ」または「マイノリティ・マジョリティ」と呼ぶ。メリーランド、ジョージア、ネヴァダ、フロリダ、アリゾナ、ニューヨーク、ニュージャージー、ミシシッピ、ルイジアナでも、白人人口が六割を切っている。より詳細に見ると、全米一九州の七八郡で「マジョリティ・マイノリティ」状況が現出している。カリフォルニアではラティーノとアジア系が、メリーランドやヴァージニアなど東海岸ではアジア系の増大が顕著である。おそらく、二〇四一―四六年の間に、アメリカ全土が「マジョリティ・マイノリティ」状態に達すると予測されている。

とりわけ、外交との関係で注目されるのはフロリダである。二〇一三年の調査によると、同州の人口は一八八九万人で、カリフォルニア、テキサスに次ぎ全米三位となった（ニューヨークが四位）。しかも、ラティーノがフロリダ州の人口の一八％を占めている。いわば、アメリカの将来の人口動態を象徴する州なのである。さらに、政治的に厄介なことは、このフロリダがいわゆる「スウィング・ステート」、つまり、「激戦州」の一つだということである。周知のように、アメリカ政治では、共和党の強い州（レッド・ステート）と民主党の強い州（ブルー・ステート）が容易に識別できる。例えば、テキサスは前者だし、カリフォルニアやニューヨークはおおむね後者、ハワイは間違いなく後者である。ところが、そのどちらとも言えない州がいくつかある。ペンシルヴェニア、オハイオ、ノース・カロライナ、ヴァージニア、コロラド、アイオワ、ネヴァダ、ミシガン、ニューハンプシャー、ニューメキシコ、ウィスコンシン、そして、フロリダである。もちろん、フロリダが最大の人口を擁する「スウィング・ステート」であり、大統領選挙の際の選挙人の割り当て数は二九人に上る（全体で五三八人、カリフォルニアが五五人、テキサスが三八人、ニューヨークはフロリダと同数の二九人）。

フロリダの政治的重要性は明らかであろう。実際、一九九六年以降、フロリダを落として大統領に当選した者はいない。

このフロリダに限らず、増大するラティーノの票田を獲得することが、民主党にとっても共和党にとっても重要課題である。少なくともこれまでは、ラティーノの支持を十分にえられなかったことが、大統領選挙での共和党の敗因の一つであった。二〇一六年一一月八日の大統領選挙を睨んで、共和党も新たな戦略を模索するであろう。すでに今回の中間選挙で、「オバマ・リパブリカン」と呼ばれる、穏健な共和党議員が登場している。ラティーノの関心の高い移民規制改革でも、彼らは共和党保守派ほど「強固に」反対はしないであろう。[23] 共和党の次期大統領候補に有力視されたジェブ・ブッシュも、フロリダ州知事であった。また、彼の妻はメキシコ人である。

アメリカ社会のエスニックな人口構成の変化が、外交や政治に影響を与えている例は、他にもある。ニュージャージーでは、公立公園にいわゆる従軍慰安婦に関する記念碑が建設されたし、ニュージャージーやヴァージニアでは、学校の教科書に「日本海」と「東海」を併記する動きが見られる。すでに韓国系アメリカ人の人口は日系アメリカ人のそれを凌駕しているし、前者が二世や三世中心なの

23　佐藤丙午「二〇一四年中間選挙とアメリカ政治」『海外事情』二〇一五年二月号。

に対して、後者が四世、五世と世代を重ねていることと、こうした動きは無縁ではあるまい。二〇一四年一一月の中間選挙で、メリーランド州知事に共和党のラリー・ホーガンが当選したが、彼の妻は史上初の韓国系知事夫人（ファースト・レディ）となった。実際、ホーガン当選の背景には、夫人が韓国系の有権者の票をとりまとめたことが大きく働いている。ワシントンDCとメリーランド南部、ヴァージニア北部の首都圏には、一一万人以上の韓国系アメリカ人が在住しており、全米で三番目の韓国系コミュニティーを形成しているのである。

こうした人口動態の変化は宗教構成の変化にも連動し、カトリックやイスラム人口の増大などの変化が生じている。アメリカの世論調査機関ピュー・リサーチ・センターによる「世界の宗教と人口増加予測」によると、二〇一〇年で世界人口の二三・二％、一五億九九七〇万人だったイスラム教徒は、二〇五〇年までに二〇一〇年比七三％で、世界人口の二九・七％、二七億六一四八万人に達すると予想されている。二〇五〇年のキリスト教人口は世界の三一・四％、二九億一八〇七万人と推定されている。つまり、今世紀半ばには、イスラム教とキリスト教は人口で拮抗し、それ以降は逆転していくのである。とりわけ、二〇五〇年には、インドが三億一〇〇〇万人以上のイスラム人口を抱え、世界最大のイスラム教国になる。同年には、イスラム教徒が人口の過半数を超える国が、世界で五一カ国になると見られる。

さらに、ＬＧＢＴと呼ばれる性的マイノリティの活躍も一層顕著になっている。レズビアン、ゲイ、バイセクシュアル、トランスジェンダー（身体的性別と性自認の異なる人々）の総称である。やはり二〇一〇年の国勢調査によると、自らがＬＧＢＴのいずれかに該当すると答えた成人のアメリカ人は全体の三・八％、実に九〇〇万人に達する。これは、あくまで自らそう回答した成人に限定されているから、ＬＧＢＴの実態ははるかに大規模であろう。そして、性にとって何が自然か（natural）は、宗教、医療、法律、社会の諸制度によって規定されている。(24)

このように、宗教とエスニシティー、ジェンダーやセクシュアリティーが連動しながら多様化が進み、マイノリティが存在感と発言力を増している。二〇一五年一月から始まった第一一四議会でも、女性の議員数が史上初めて三桁（一〇四人）になり、白人以外の議員が九〇人を超えるなど、社会の多様化傾向が反映されている。これはアメリカ社会のみならず、グローバル社会の顕著な潮流の一つであろう。

宗教と経済、経済と国際政治のリンケージも十分考えられるであろう。具体的な例を一つ挙げよう。二一世紀になって、アフガニスタン、イラクの二つの戦争でアメリカが用いた直接戦費がすでに二兆ドルに達する。これがアメリカ経済とアメリカの国力を大きく圧迫していることは、改めて言うまでもない。同様に、アフガン、イラクの二つの戦争から帰還した帰還兵はすでに二五〇万人に達しており、この帰還兵に対する医療保険と出兵補償をあわせると、向こう一〇年間で一兆ドルを要すると見られている。宗教の観点を国際政治やアメリカの財政問題、経済の観点と連動させて議論する必要がある。それ以外にも、国際政治と宗教に関しては、ややもするとどの宗教についても原理主義的な人たちの動きが注目されるが、一般の人々にとって宗教がどのような意義をもっており、それが国際政

24　Dennis Altman, *Global Sex* (Chicago: University of Chicago Press, 2001), pp. 2–3.

治にどのような影響を及ぼすか、宗教と経済と統治構造の関係はどのようになっているか——国際政治と宗教を結びつける切り口は実に多様であろう。

人口構成と宗教、国際政治との関係では、レバノンでもパレスチナでもイラクでも、宗教セクト間の戦いが展開されている。インドネシア、ナイジェリア、コートジボアール、ケニアでも、過去に動揺の紛争が起こっている。過去の統計に照らしてみると、国内で宗教的なマイノリティの人たちが人口構成上一〇—二〇%に達すると、特定の宗派を後押しする政策に対して十分な抵抗勢力になりうると見られている。その国で人口構成が変わり、宗教構成が変わることによって、国内の社会不安が増大したり、鎮静化したり、それが内戦につながったりするという、宗教と国際政治の連動は、実に興味深いテーマである。

6　結び

国際政治学が二〇世紀に成立したのに対して、宗教学は長い歴史的伝統を有していよう。だが、両者ともに多様性に富みインターディシプリナリーな広がりをもった学問分野であり、そこに人口動態のような他のファクターを織り込んでマルチ・ディシプリナリーな研究を展開することが、両者の対話にとって重要であろう。例えば、国際政治学が地域紛争を分析する際に、しばしば宗教と人口動態という要因が重要な意味をもっている。また上述のように、アメリカの国内政治と国際政治の関係を考える場合にも、宗教やエスニシティー、ジェンダー／セクシュアリティーとの連動が不可欠である。

さらに期待したいことがある。グローバル化が急速に進む中で、日本の大学には、日本人学生の英語力の向上や英語による授業数、外国人教員数、留学生の受け容れと送り出しなど、数的な要請が著しく多い[25]。だが同時に、「ポスト世俗化」の今日、宗教に関する教育と研究が十分にできるか否かが、日本の大学のグローバル化にとっても国際政治学にとっても、重要かつ期待すべき領域ではあるにちがいない。日本が今後一層交流を深めるべき東南アジアの宗教的多様性を考えても、それは明らかであろう。しかも、そこには良質の高等教育を必要とする新たなミドル・クラスが台頭している。こうしたミドル・クラスは日本の大学にとって大きな「潜在市場」であり、国際政治学にとっては興味深い研究対象であり、日本外交にとっては貴重なパートナーなのである。

※　本論文は、村田晃嗣「国際政治から見た宗教研究への期待」『基督教研究』七八号、二〇一六年、四三―五一頁からの転載である。二〇一四年九月一二日に同志社大学で開催された日本宗教学会第七三回学術大会公開シンポジウム「宗教と対話――多文化共生社会の中で」における講演に加筆修正したものであり、転載にあたり、若干の修正を加えた。

25　こうした傾向への鋭い批判として、苅谷剛彦「スーパーグローバル大学のゆくえ――外国人教員『等』の功罪」『アステイオン』八二号（二〇一五年）がある。また、村田晃嗣「安保論議と大学グローバル化をつなぐもの」『中央公論』二〇一六年六月号も参照。

第二章　社会福祉におけるスピリチュアリティ
――宗教と社会福祉の対話

木原　活信

１　はじめに

「宗教と対話」を考えるにあたって、宗教と社会、国家の関係（対話）を基底にしつつ、具体的には社会福祉の領域で宗教、特にここではキリスト教がどのようにそれと関係あるのか（歴史的に位置づけられてきたのか）について議論していきたい。その上で、この議論の現代的課題として、これらの議論の延長線上にある市民的公共圏における「社会福祉におけるスピリチュアリティ」の課題に着目し、欧米の文献、特にアメリカのEdward Candaの理論を踏まえつつ議論していく。

２　問題提起（カナダの精神病院、福祉施設における宗教の位置）

今から一〇年ほど前、カナダのトロントの公立の精神病院でフィールドワークをしていたときのことである。この病院では、スピリチュアリティを尊重する方針から、入院患者それぞれの宗教、信仰を尊重し、礼拝などの宗教行事の機会を保障しているという「カナダでは当たり前の」ことではあるが、日本人には新鮮であった。

もちろん、一つの宗教・宗派の布教をしているわけではないが、公立施設でありながら、ユダヤ教、イスラム教、キリスト教、仏教などが利用者のニーズに合わせて礼拝等のサービスを日替わりで提供している。つまりは、公的機関は、特定の宗教的布教活動を支持しないが、一方で、多様性を前提に患者の宗教的ニーズ（現在、先進国の多くでは、理由は後述するが、「宗教的」と言う言葉の替わりに「スピリチュアル」という用語を使っている）それ自体を重要なものとして位置づけて尊重している姿、つまり本稿でいうところの「宗教と社会福祉の対話」の実像が窺えた。

これは精神病院だけではない。たとえば、同じくトロント市にある日系人のための公共施設である高齢者ケア施設の「モミジ」（MOMIJI Health Care Society）では、五つのニーズ、「信仰、信念」「情緒の安定」「健全な精神」「身体の健康」「社交活動」に特別に配慮すると日本語でうたっている。真っ先に「信仰」とあるのは興味深い（英語版では“spiritual”となっている）。このモミジという高齢者施設は特にキリスト教会、仏教系などの宗教関係の団体が設置したものではなく、あくまでカナダ政府とオンタリオ州が日系人のために設置した公共の施設である（日本移民排斥へのカナダ国家の謝罪、弁償により設立した経緯がある）。カトリックや仏教などという宗教的基盤がある民間施設なら、「信仰」についてのステートメントがあるのは当然であり、こういう自体は理解できる。しかしながら、日本では、後述するが社会福祉法人となることで、キリスト教などの宗教を基盤にする施設であっても、宗教的色彩を強調することが難しい状況にあり、このような公共の施設でスピリチュアリティに配慮した「信仰」が明記されているのは日本の同様の福祉施設ではありえない（木原，二〇〇三）。

カナダではこれはごく当たり前のことである。高齢者施設のモミジでは「信仰」を重んじる。具体的には、居住者一人一人の信仰を重んじ、聖公会、メソジスト教会、仏教系団体が施設内にある多目的室にやってきて礼拝等の宗教活動を行うことが施設全体の行事として組み込まれている。

むろん、その目的は、特定の教派の宣教、布教ではないにせよ、居住者の信仰や信念という価値観を最大限に配慮し、個々人のスピリチュアル・ニーズをスタッフが重要視していることである。むしろ、施設の側が人権配慮の観点から重要視させられているという表現のほうが適切かもしれない。

このように、入所者や入院患者のスピリチュアル・ニーズを配慮して、スピリチュアルセンターを設けており、そこでキリスト教やユダヤ教、仏教などの礼拝などができるように配慮されているのが当たり前の光景となっている。アメリカでも、エドワード・カンダ（一九九九）らが指摘するように、病院や社会福祉施設では患者や利用者のスピリチュアル・ニーズを無視する場合、罰金を課されるか、州から認定を取り消されることもあるという。全米ソーシャルワーカー協会（ＮＡＳＷ）の倫理綱領や、文化的に配慮ある実践のためのＮＡＳＷが定める基準に違反していることになる。このように、北米では、福祉施設や病院などで患者の宗教的（スピリチュアル）ニーズへの配慮は不可欠なものとなっている。

日本では、憲法に定める政教分離、公私分離の観点から、宗教を公教育などにおいて混在させることに極めて敏感な国である。もちろん、政教分離、公私分離は欧米のみならず、近代国家の特徴であり、多くの先進国も遵守している。ただし、欧米では政教分離と一口に言っても、いわゆる完全分離型、融合型、協定型など、その国と教会の歴史的経緯、とりわけ国教会のあるなし等によってその性質が大きく異なってくるのも事実である。ただし欧米諸国の中でも、フランスなどでは宗教的権威と闘った革命の伝統を保有しており、宗教に対する意識は、他の欧米諸国とはかなりニュアンスが異なっている。すなわち公共空間から宗教を排除し、私的空間においてのみ保障するといういわゆる「ライシテ」政策により、とりわけ政教分離が徹底化され、近年では学校でイスラム教徒スタイルの女子の服装を禁じるまでに及び世界の注目を集めていることは周知のとおりである。日本もフランス同様厳格な政教分離型の国の一つであるが、それでも、どうも日本の場合と世界の諸国の政教分離は本質的にその意味合いが異なっているように思える。

すなわち、日本の政教分離、公私分離は、その本来である公が特定の宗教と癒着したり、便宜をはかるという意図を離れて、一般の人々（世間）において信仰や宗教を表明することを「分離」することになっている。そして結果として、宗教を嫌悪し、場合によっては信仰をもつことを排除する方向につながっているのではないかとすら思われる。日本では、福祉施設に限らず、公的機関や公的教育のなかで、宗教を公共空間から分離するという意識は、宗教を尊重するという姿勢よりは、「臭いものには蓋を」というような扱いか、「取扱注意」というようにして、宗教を厄介なものとして扱っているような感じがみられる。山折哲雄が政教分離に関して指摘する以下の言説には、社会福祉実践のなかで宗教を考察するものとして共感できる。

「われわれは政教分離の原則をあまりに忠実に、あまりに教科書通りに守ろうとしてきたために、いつのまにか宗教にたいする侮蔑の念を自分たちのうちに養い育ててきたのではないかということである」。「いわば人間観の世俗化が行きつくところまで行ってしまったのである」。（山折、一九九三、三一頁）

政教分離の完全分離型の先進国は他にもあるが、戦前の近代以前の国家や、唯物史観に基づく独裁的な国家形態は別として、日本におけるこのような宗教軽視あるいは侮辱の意識は、世界のなかではむしろ例外的であるといえる。「特定の宗教や支持政党はもっていません」というのが日本人のコモンセンスとなり、それが一般の日本人であることを証明するような意識があり、それがマジョリティとして世論を形成しているのである。

3　社会福祉と宗教の対話の歴史

それではこれらの問題意識をもとに、日本において宗教と社会福祉の「対話」を可能にさせるためにどうすべきであろうか。この点を、社会福祉と宗教の課題として歴史的に整理していきたい。

歴史的に概略すると、学問領域としての社会福祉学は別として、社会福祉実践は、原初形態において、宗教、とりわけキリスト教と不可分であった。このことは欧米では当然であろうが、実は日本でも明治以降の近代化の流れのなかでキリスト教と社会福祉の関係は重要であった。本稿の趣旨で言うならば、その源流においては宗教との対話が密接になされていたと表現できる。むしろ一体であったというべきであろう。

しかし、周知のように第二次大戦後に成立した福祉国家成立以降は、「世俗化」の流れは例外なく福祉領域にもおこり、とりわけ近代国家の国家形態のシンボルともいえる政教分離のもとで宗教と社会福祉は完全に分断されることになる。それは周知のように憲法二〇条、八九条の条文に定められている。ただし、この憲法が定める政教分離原則は、そもそも戦中の天皇を中心とする国家神道という独裁国家形態という負の遺産の問題の清算、あるいは反省として生じたという含意がある。この点に憲法解釈をめぐって神経質になるというのは了解できるが、今日のような宗教と社会福祉の分断が生じてくるということに関してまでの流れをつくる意図を当初から想定していたとは思えない。

この憲法のもとでの社会福祉と宗教に関する解釈による政教分離原則による両者の分断は今もなお続いており、基本的な流れに変化はないのであるが、しかしながら、今日、分断していた宗教と社会福祉に新たな関係が生じているというもの事実である。それは、一つには、後述するが、二〇〇〇年の社会福祉基礎構造改革による潮目の変化により、国家の福祉への関与が弱まらざるを得ず、自由化してきたことである。また一方で、目下、欧米各国等でスピリチュアリティの台頭が福祉実践にもはじまり、日本での影響も見逃せなくなっている。それはいわゆる島薗らが指摘する「再聖化」現象の胎動がみられていることである（島薗、二〇一二a）。この二つの動きは、注目に値する。

以下では、これらの動きを中心に日本における社会福祉と宗教（スピリチュアリティ）の関係を立証するために、年代順に概説しつつ本論の主題に迫りたい。これらは、既に筆者自身の研究が明らかにしているので、詳細は木原（一九九九、二〇〇三、二〇〇五b、二〇一六）を参照されたいが、ここではスピリチュアリティの関連で再掲含めて概説することとする。

3―① 宗教と社会福祉の「対話による創生」

社会福祉の起源には、宗教にあるというのは定説であるが、歴史的にみても、思想的にも、社会福祉と宗教が密接に絡んでいることは疑う余地がない。特にそのルーツに宗教的基盤が濃厚、あるいは一体であったと言ってもいい。社会福祉の歴史形成過程全体を概観する通説によれば、概ね以下のような流れとなる。それは、「宗教的慈善→博愛→社会事業→（厚生事業）→社会福祉」という変遷を辿る。（厚生事業というのは日本独自のもので、国家ファシズム状態のときに「社会」という用語が社会主義を連想させるという理由で、社会事業にかわって厚生事業という用語を使用することを余儀なくされた。）その原初形態は宗教的な「慈善」charity と呼ばれるものである。特に欧米ではアガペー的な愛他行為に源流をもつキリスト教的慈善 charity がその起源にあり、それが変遷して今日に至っている（木原、一九九八）。とりわけ、英米の一九世紀―二〇世紀初頭におけるプロテスタンティズムの慈善事業家の影響は近代福祉を確立させるうえで甚大である。

当然ながら日本では仏教的伝統などもあるが、近代以降に欧米の宣教師らのキリスト教の影響を受けて、明治期にキリスト教的慈善を起点に、それ以降、急速に発展していく。日本の大学で社会福祉学科があるところも、近年となって自治体の福祉行政サービスの一貫から公立大学が増加したが、歴史的には宗教とくにキリスト教系と仏教系が大半である。大学レベルで社会福祉教育をもっとも古くから行ってきた同志社大学を例にしても、社会福祉概念の変遷過程はそのまま学科名称の変遷過程と重なっている。つまり、その起源には宗教（神学）があり、時代とともに変更し、今日の社会福祉にいたるその世俗化の過程を読み取ることができる。

一九三一（昭和六）年	文学部神学科社会事業学専攻
一九四一（昭和一六）年	文学部文化学科厚生学専攻
一九四四（昭和一九）年	法文学部厚生学科（一九四六　文学部社会学科）
一九四八（昭和二三）年	文学部社会学科社会福祉（学）専攻
（一九五〇（昭和二五）年）	（大学院　社会福祉学専攻開設）
二〇〇五（平成一七）年	社会学部社会福祉学科

（同志社大学社会福祉学科略年表）

また、社会福祉の施設・機関をみても、それらは宗教的基盤に立脚した施設が多い。特に多くの先駆的な働きをなした施設等はキリスト教系が圧倒的に多い。つまり、社会福祉においては、その成立過程の実践場面において、宗教が社会と密接にかかわり、相互に強く関与していたと言える。

明治から昭和初期にかけての日本の福祉実践あるいは研究の創始者や巨匠と言われる人物の大半が熱心なプロテスタントであったことは注目すべきである。日本では、クリスチャン人口が一％未満と言われる少数派のなかで、代表的な社会福祉関係者がこれほど多くいる。例えば、実践家としては、石井十次、留岡幸助、山室軍平、石井亮一、矢島楫子、賀川豊彦、研究者では、竹中勝男、生江孝之、嶋田啓一郎、竹内愛二があげられよう。現在であれば実践家としても研究者としても活躍している阿部志郎などもその中に数えられようが、かれらは社会福祉のテキスト等にも挙げられている重要人物であるが、いずれもプロテスタントである。つまり、少数派であるキリスト教徒たちが、福祉界の先駆者の大半を占め、日本の近代の社会福祉の基礎を担ったことは特筆すべきである。

かれらに共通しているのは、善きサマリア人的エートスや、小さな者にイエス自身を見出す発想法（マタイ二五章）、あるいは一匹（九九匹）の羊の喩えなどの福音的世界観を、当時の社会問題に応用して、神の義（ヘセード）として社会的正義を実現させるべく、アガペー的愛に献身した人物であろう。そのようななかで繰り広げた、慈善事業、社会事業が今日の日本の社会福祉の起源となっている。たとえば石井十次の岡山孤児院、救世軍の山室軍平、留岡幸助の北海道家庭学校、などである（木原、二〇〇三）。

これらは民間の働きが、国家政策に影響し、結果的にそれが現在の社会福祉施設や実践の基盤を形成した。これらは戦後となって社会福祉法人として形をかえて継承され、事業自体は存続していることになるが、宗教性という意味において大幅な変更が余儀なくされていった。以下では、その変遷と課題をみていくこととする。

３—② 宗教と社会福祉の「対話の断絶」

しかしながら、戦後の福祉国家体制により、宗教と社会福祉は分断され、「対話は断絶」した。「措置の時代」（国家の管理・庇護のもとで各施設等へ国からの補助金を分配する運営）では、「政教分離」が徹底されることになり、宗教理念を中心に運営していた社会福祉施設は、撤退するか、宗教色を弱めることを余儀なくされた。たとえば戦前は、宗教団体によってはじまった福祉施設等も、社会福祉法人の傘下に置かれることになった。これは先述したとおり、政教分離原則を厳格に適用したゆえである。

こうして結果的に戦前からの福祉事業を継続しようとするほとんどの福祉施設が社会福祉法人の傘下に入ることとなり今日に至っている。国の庇護を受けることになり施設経営は、主に篤志家の寄附に頼っての綱渡り的運営、自転車操業であった戦前の施設運営に比べれば格段に経営基盤が安定し、規模も拡大された。しかしそれは、キリスト教や仏教などの宗教系にルーツをもつ社会福祉法人にとって、その設立時の宗教理念の位置づけは、大きく変化（後退）、あるいは世俗化せざるを得なくなった。つまり、その基盤として保持してきた宗教信条などのアイデンティティの拡散に苛まれることとなる。形式上の宗教理念は保持するが、実際の運営資金の大半が、国の補助金であり、それゆえに厳格な規定下で運営され、宗教的色彩は弱まっていく。

正面玄関に大きな十字架をかかげていたある老人ホームに対して、所管の行政からそれをはずすようにというような間接的な指導・助言が入ったという例もある。国家によって福祉が標準化され、国家規格化されたことによる社会福祉の安定したサービス供給に伴う「発達」は、宗教側から見れば、社会福祉との関係の希薄化、世俗化であり、それは両者の間の対話の希薄化となり、やがて断絶していった。

組織形態としての変遷や宗教の後退について述べたが、それらは決してネガティヴな点だけではない。官僚化された福祉政策の整備のもとで利用者から見れば、福祉サービスが一律に行き渡り、基本的にいずれの施設を利用しても、一定水準のサービスを受けられることとなり、処遇面では格段に改善したともいえる。

3―③　宗教と社会福祉の「対話の再開」

二一世紀に入り、国家や自治体での財政面でその限界が露呈されはじめ、先進的な福祉国家においてすら、福祉国家の構造それ自体が批判されはじめた。「ゆり籠から墓場まで」と近代福祉国家のモデルのイギリスですら、サッチャー政権による福祉予算大幅カットという方向転換は、各国に波及し、新自由主義思想の流れを受けて、福祉国家の報告を転換させることとなった。

まだ福祉国家の十分な完成も見ていない日本の社会福祉界もこれに追随した。象徴的なこととして政府自体が掲げた方針転換による二〇〇〇年の社会福祉基礎構造改革は、社会福祉界にとって大きな変革となった。本稿の議論すべき宗教と社会福祉の関係においても重要かつ新しい歴史の流れが到来しはじめた。それは、福祉国家の後退を受けて、国家管理・庇護という措置制度から、市民的契約に基づく新しい社会福祉制度へと大きく方針転換した点である。つまり、「公から公共へ」という市民的公共圏の出現である。これにより福祉実践においてもかつてのように国家主導の措置的福祉ではなく、市民的公共圏という文脈のなかで新しい公共的な福祉空間が到来することとなった。

またプライバタイゼーション（民営化）の波と合わせて、社会福祉に関する国家の責任や役割が大きく後退しようとしているとも理解できる。社会福祉学においては、プライバタイゼーションによって、憲法二五条に定める国家責任が曖昧とされていくという根深い批判があるのも事実である。この点は、改めて別に議論する必要があるが、ここでは宗教と社会福祉との関連に限定して議論したいので、これ以上そこには立ち入らない。具体的には、従来の社会福祉法人が独占してきた事業をＮＰＯ法人のみならず、株式会社まで含めた多種多様な事業者が、福祉事業へ参入できるようになった（特別養護老人ホームの運営などの第一種事業の参入等には制限がある）。これにより理屈の上では、企業のみならず、教会や寺院仏閣も事業者として福祉実践に関与することが理論上は可能となった。つまり、再び教会が福祉の事業主体者として積極的にかかわる機運が生まれたのである。

いずれにせよ、民間の力や、一般企業の参入とともに、福祉界には新しい波がおこりつつある。ここで議論している宗教それ自体の役割にも改めてスポットがあてられるようになったことに間違いない。とはいえ残念ながら宗教者や宗教団体は、この大きな変化や期待に無関心（無知）のように思え、必ずしも大きな動きとはなっていないのが現状である。

しかしながら、少数ではあるが、キリスト教と福祉においても再び「新しい風」が吹こうとしているのも事実である。詳細は次章で論じるが、奥田知志牧師がＮＰＯ法人抱撲（旧名称・北九州ホームレス支援機構）を創設し、その働きを通じて貧困問題や無縁社会に立ち向かい、また藤藪庸一牧師は白浜レスキューネットワークを通じて自殺予防対策に取り組んでいる。これらは、ＮＨＫ他でも特集が組まれるなど反響は大きかった。

また近年、教会自体の宗教法人等による福祉実践も注目を集めている。土浦めぐみ教会（日本同盟基督教団）の例もある。ここでは、狭義の宣教としての伝道だけではなく、宣教を広義に捉え、地域の子供から高齢者まで福祉サービスを実践している。伝道のために「福祉を手段化」しているわけではなく、「愛をもって地域に仕える」という理念で宣教に参画している。障害児も受け入れる「マナ愛児園」（幼稚園）、「森の学園」（フリー・スクール）という教育事業、介護保険制度に対応した高齢者の「喜楽希楽サービス」では、教会員が「介護職員となって高齢者を支え」地域に仕えている。こうして平日にも教会が地域に開かれ賑わっている。また今年から教会敷地内に、「福祉館しおん」という建物も建設し、障害者ケア開始の準備もしている。こうして、児童、障害、高齢者という福祉サービスを通して地域に仕えつつ、教会自体も着実に成長を遂げている。このように教会が地域に仕えていることは、新しい市民的公共の時代の宗教と社会福祉の対話の一つのモデルである。

これらの動きは、社会における既存の宗教にはない、スピリチュアリティの台頭、あるいは「再聖化」（島薗、二〇一二a）現象と相まって、新しい風となりうる可能性を有している。

４　対話の方法としてのスピリチュアリティ

現在は二〇〇〇年にはじまった社会福祉基礎構造改革により社会福祉が従来の措置から契約の時代へと変換し、宗教の関係においても新しい段階に入り、再び、社会福祉のなかで宗教の重要性が浮上したことは先述したとおりである。その事例として一部紹介したが、かといって単純に社会福祉と宗教の両者の対話がうまく「再開」するほど、単純ではないし、乗り越えなければならない難題がある。

一つ目は先述した政教分離の課題、二つ目は現代の宗教者（団体）のパッションの課題、三つ目は現代の市民の宗教への嫌悪感であろう。政教分離の国家の問題（憲法解釈）や宗教者のパッションの課題などはさることながら、実は、それ以前に、現在、日本において市民感覚としての宗教への嫌悪感が根深く、市民と宗教それ自体にはなお相当の距離感があることは否めない。むろん、日本では、特定の宗教を個人的に信仰する人がいるが、多くは仏教系の「家の宗教」というように、ゆるやかな宗派的な所属意識はあるものの、個人個人で言えば、特定の宗教をもたない、ということが一つの典型的な日本人の市民感覚となっているからである。

このような今日の市民の宗教へのアレルギー体質や嫌悪感に対して、カギとなるのが宗教の代替としてのスピリチュアリティという概念であろう。言うまでもないがそれは宗教を否定したうえでの代替という意味ではない。欧米でも、この傾向は顕著である。「宗教の私事化」としてのスピリチュアリティの台頭の議論等踏まえても、「宗教的ではないがスピリチュアルである」（林、二〇一一）であるという流れは如実に社会の世相となりつつある。スピリチュアリティは、宗教と密接に絡みながらも、宗教教団等の組織という枠やシステムをもたない自由な個人個人の側面から「広い意味での宗教を人間の側の特性に即して捉えようとする言葉」（島薗b、二〇一二、五頁）であると解すると、確かに、組織としての宗教よりも、スピリチュアリティのほうが、現代の社会や国家への接近を可能にし、そして両者が対話可能な形態となる。

冒頭で掲げたカナダの精神病院や、高齢者施設の事例にあるように、スピリチュアルなニーズならば受け入れやすい。事実、社会福祉の領域においても、専門性、科学性という近代化が一層進行し、確実に世俗化の流れが形成されている一方で、島薗（二〇一二a）らの主張する宗教による「再聖化」現象が如実である面も忘れてはならない。欧米では、ソーシャルワーク理論においても、この傾向に呼応するかのようにポストモダニズム、ナラティヴ論の出現、そしてスピリチュアリティが急速に台頭してきている。

ただし、スピリチュアリティの定義の仕方如何では、幾つかの難題もある。それがあまりに個人化し、表層的な宗教意識に囚われ過ぎて、新興宗教、カルト問題の温床になりかねないのではないかという懸念である。あるいは、既存の宗教の側からは、スピリチュアリティに対するある種の違和感や、「宗教の乗っ取り」（silent takeover of religion）（Carrette, Jeremy & King, Richard, 2005）という伝統的な宗教の代替行為、商売行為への厳しい見方もある。

これらの難題は、宗教学や宗教それ自体の性質の課題であり、改めて正面から受けとめる必要があるが、ここでは、宗教とスピリチュアリティを独立した別物ではなく、密接なつながりある同じ根と理解して議論していくこととする。組織、システムとしてのハード面としての宗教、その精神性や意味内容という面でのスピリチュアリティという理解にたち、国内や主に欧米の社会福祉学会におけるスピリチュアリティの動向を織り交ぜながら以下論ずる。

4―① スピリチュアリティの定義と意味

周知のとおり、スピリチュアリティの定義は諸説あるが、多くの言語にも、そのスピリチュアリティにかかわる用語は存在する。ヘブライ語のルーアッハ、ギリシア語のプネウマ、ラテン語のスピリトゥス、サンスクリット語のプラーナ、そして中国語の「気」などである。ところが、不思議なことに、この各国で使われているスピリチュアリティは、宗教体系や文脈は違うが、「呼吸」、「息」という共通の意味があり、生命と関連づける単語として存在しているということである。

禅仏教の座禅においても、その核心をなすものとして臍下丹田《せいかたんでん》（臍《へそ》の少し下の位置するところ）という人間全体（心身）の中心を意識しながらの呼吸（息）をすることが重要視されている。また中国に起源をもつ太極拳においても、その多様な技法は別としてもっとも重要なものとして呼吸法（息）がその根幹にあり、インドのヨガでも同じく呼吸法（息）こそが、あらゆる技法、鍛錬方法を越えてもっとも重要なものとして位置づけられている。確かに、日本語でも、死ぬことを婉曲的に「息をひきとった」という表現を使うことによって示されているように、生命の根幹を「息」によって表現していることがわかる。つまり、息としてのスピリチュアリティは、その表層的な部分ではなく、人間の根幹を、生命の根源をなすものとして認識されていることになる。

しかしながら、それでは、スピリチュアリティが実際に、どのように定義され、人間のどこに存在し、どんな機能を果たすのか、という科学的な探求方法に対しては、依然曖昧さが残ると言わざるを得ない。老子の「これが道ですと示せるような道は、恒常の道ではない（道の道とす可きは、常の道に非ず）」（蜂屋邦夫訳『老子』岩波文庫、一一頁）に残した有名な言葉にあるように、その明確な定義をしようとするのは、極めて困難であり、それは不可能に近いのかもしれない。

ヨハネ福音書三章の律法学者ニコデモとの対話において、イエスが述べた「風（プニューマー）は思いのままに吹く。あなたはその音を聞いても、それがどこから来て、どこへ行くかを知らない。霊（プニューマー）から生まれた者も皆そのとおりである」（ヨハネ三・七、新共同訳）という発言の中にある「風」こそ、この霊、息と同語のプニューマーという単語であり、ここでの議論の組上にあがっているスピリチュアリティのことなのである。このことからしても、まさに「風（プニューマー）は思いのままに吹く。あなたはその音を聞いても、それがどこから来て、どこへ行くかを知らない」のような性質なのである。

4―② 近年の定義と議論の動向

つまり、スピリチュアリティは、アカデミックレベルに耐えうるような厳密な定義を未だなし得ないが、それは確かに、人間にとっての根幹であり、不可欠であることは間違いない。カンダらはスピリチュアリティの性質からわかることとして、英語表現の「全体」（whole）、「聖なる」（holy）、「癒す」（heal）といった英語の単語の語源は、それぞれ別の単語として分化しているが、実はこれらは同根であり、それは互いにスピリチュアリティの意味内容と関係しているとしている（Canda & Furman, 1999）。スピリチュアリティの意味を理解するうえではこれらの三要素は重要である。

明示的に、定義をするのは難しいなかでも、社会福祉領域におけるスピリチュアリティに関して、先駆的な議論を展開しているカンダらの定義を紹介しておきたい。

> 「私は、スピリチュアリティを人間生活の全体プロセスのゲシュタルトとして概念化している。それには、生物学的、精神的、社会的、スピリチュアルな観点を包含する発達概念を含んでいる。それは、どんな要素にも還元できず、むしろ人間の実在の全体を包括するものである。これはもっとも広い説明概念である。（中略）狭義において、スピリチュアリティは、個人や集団のスピ

リチュアルな要素にかかわる。スピリチュアルというのは、人間の意味の探求であり、自己、他者、すべてを包括するユニバーサルなもの、そして究極的な実在、の間にある諸関係を道徳に実現させるものである。もっともそれは神学的、無神論的、その他いかなる方法であろうとも可能である」。(Canda & Furman, 1999:43–44)

つまり、人間あるいは社会福祉で言うところの人間生活全般の全体性にかかわるものであると同時に、いわゆる人間の四つの側面、すなわち生物、精神、社会、そして霊的(スピリチュアル)という側面としても機能する。そしてそれは意味探究という人間の根源にかかわるものでもあるというのがカンダの定義の特徴である。

また宗教とスピリチュアリティの関係で言うと、カンダらはスピリチュアリティを宗教よりももっと包括的なものとして捉え、無神論をも包含するスピリチュアリティを提唱している。以下のように説明する。

「人間の実在の普遍的、根源的意味にかかわり、それは、意味や目的、そして自己と他者と絶対者にかかわる道徳的な枠組みの探求である。この意味において、スピリチュアリティは、宗教的な様式を表現しているが、一方で、宗教から独立したものとしても理解されうる。宗教とは、スピリチュアルなことがらにかかわる信仰、行為、経験の制度化されたパターンであり、それはあるコミュニティによって共有化され、時間をかけて浸透していったものである」。(Canda &

Furman, 1999:37）

ところで、日本でも近年、宗教学、神学、哲学、社会学、社会福祉学、医学、看護等でスピリチュアリティに関する幅広い研究がすすめられている。その傾向は、窪寺（二〇〇四）、河（二〇〇五）、村田（一九九八）らのようにキリスト教的視座、牧会的、看護、臨床的視点、あるいはケアに関する議論がその中心的なテーマであったが、近年の研究動向は宗教全般に拡大し、更に臨床的視座だけでなく、その現象や社会的意味づけにまで領域が広がっている点が顕著である。

そのなかでも国内における近年の主なものを紹介すると、たとえば、西平（二〇〇七、八五―八八頁）は「ルビとしてのスピリチュアリティ」という概念を紹介し、「宗教性、全人格性、大いなる受動性、実存性、精神性、見えざるものへの感受性、求道性、いのちとのつながり、気の流れ」に着目した。樫尾（二〇一〇、四一―四二頁）は、「身体性、超越性、実存性、利他性、全体性」という性質のなかにスピリチュアリティの本質があるとして盛んに宗教学の領域で先鋭な議論を展開している。また近年では、林（二〇一二）が、「『問いと答え』としてのスピリチュアリティ」というユニークな議論を展開し、明示的でないスピリチュアリティに対して新しい概念を試みている。また、ターミナルケアの専門医である岡本拓也は「スピリチュアルな経験を生み出す人間の能力」（岡本、二〇一四、一頁）と大胆に定義している。宗教学者の島薗（二〇一二b、五頁）は、「広い意味での宗教を人間の側の特性に即して捉えようとする言葉」とその拡大化を象徴するような定義をなした。

これらの動向は、ますますスピリチュアリティ研究が学際的に展開され、また議論が活発化、先鋭化しているところの証拠であろう。

4—③　定義、概念をめぐる幾つかの論点——側面か、核か、全体か

上記にあるように、様々な定義、諸説が混在しているのも事実であるが、スピリチュアリティを理解するうえで大切なのは、それをどのように捉えているのかという視点である。社会福祉とスピリチュアリティと捉えるうえで、不可欠であろうと思われる現代の論者の定義の論点を整理する上で、カンダは以下の三類型を示している。①核としてのスピリチュアリティ、②側面としてのスピリチュアリティ、③全体としてのスピリチュアリティである。概ね、上記の論者の定義は、この三類の中のどれかに強調点が置かれているようである。

しかし、スピリチュアリティをとりわけ社会福祉という包括的な文脈で理解する（応用しようとする）うえでは、そのうちのどれかではなく、この三つすべてが必要となるように思える。それがスピリチュアリティの性質であると言っていい。この場合、核としてのスピリチュアリティとは、人間の根源性を意味している。それは自己変革の要因にもなりうる。側面としてのスピリチュアリティは、ターミナルケアなどにも応用され、柏木（一九七八）らが提唱する四つの痛みの一つとしてのスピリチュアルペインにもつながってくる。この場合、身体的、心理的、社会的痛みという痛みにも還元されない霊的痛みを導出することになり、それは超越的な視点を強調する。しかし、あまりこれを過度に強調すると、スピリチュアリティが聖職者などの専門職に限定されたものとなってしまい、矮小化される恐れがあるが、カンダは、とりわけ、それを克服するために、全体としてのスピリチュアリテ

ィを提起している。これはソーシャルワークの重要視する「状況における人」(person-in-environment) という視点ともマッチする。

核、側面、全体のスピリチュアリティという三つの視座が不可欠であるとするが、これを社会福祉におけるスピリチュアリティの文脈で議論するならば、人間の根源性、超越性（関係性）、全体性、と言い換えることができよう。この場合、根源性は、人間のルーツ（根）を暗示し、一方でそれは根源的という語感はラディカルなという意味において社会変革を担う革新性をイメージする。超越性は、人間理性の限界を超えて、個人の目に見えない神（仏）への信仰などと神との関係性もかかわってくるが、人間関係、社会との関係、自然との関係においてそこに生きる意味の探究にもかかわってくる。全体性は、身体と精神の分離された側面ではなく、人間全体をトータルに包含する視座をもつ。いずれにせよ、これらの要素が絡んではじめて社会福祉領域におけるスピリチュアリティは有効に機能するのであろう。

5　社会福祉におけるスピリチュアリティの諸実践事例

これまで議論してきたように、社会福祉と宗教の対話には、今日、大きな壁と溝があり、その対話を実現させるものとしてのスピリチュアリティが有効であると考えられる。

このスピリチュアリティは、先述したように、人間の根源性、超越性（関係性）、全体性、にかかわるものであるが、逆に言えば、社会福祉の分野では、これは避けて通ることはできない。むしろ、それを議論せずに、社会福祉が語られてきたとするなら、それは本来の人間へのサービスという意味では重要な部分をかなり取捨しすぎておざなりにしてきた部分が多かったといわざるを得ない。なぜなら先述したようにそれは、人間の生命の根幹をなす、「息」を意味しており、それを無視して本来、人間の生活、生命にかかわる福祉は扱えないからである。

しかしながら、皮肉なことに、Candaも指摘するとおり、世俗化した現代では福祉利用者のほうがむしろ宗教的であるのに対して、援助者のほうがあまりに宗教に無関心（価値中立であろうとする場合）であるという点が多く見受けられ、それがそもそもの問題でもある。

諸実践・事例

具体的な社会福祉実践におけるスピリチュアリティの実際の場面は様々なものが想定されるが、主要な課題としてとりあげるのは以下の実践例である。詳細は、既に筆者自身が議論したこれまでの一連の研究（木原、二〇〇六、二〇一二、二〇一六）を参照されたいが、ここでは、本稿の主題に沿って、その一部を再掲含めて事例として紹介していきたい。

社会福祉とスピリチュアリティの実践事例

貧困・無縁・ホームレス支援

①　無縁社会への希望の支援（奥田牧師の例）

児童・家族福祉

②　児童虐待の親子の家族再統合、和解
③　里親や養子縁組の児童への真実告知
障害者福祉
④　中途障害者への障害の受容、障害の意味づけ
高齢者福祉
⑤　介護施設等での高齢者の看取りをめぐるケア
⑥　認知症高齢者へのケア、当事者への尊厳への意識
精神保健福祉
⑦　統合失調症者への世界への理解
⑧　アルコール臨床、依存症治療（ＡＡなどのＳＨＧ）
死生臨床ケア
⑨　自殺予防と遺族ケア、グリーフケア、ターミナルケア
福祉教育
⑩　援助者であるソーシャルワーカー等の自己覚知（スーパビジョン）

ところで、これまで、スピリチュアリティと言えば、死生学、臨床死生学の領域、具体的には、ターミナルケアなどの領域で、頻繁にとりあげられてきた。Cinii や Google scholar で用語検索をかけても、スピリチュアリティの関連でその大半は、ターミナルケアの領域である。ある意味、スピリチ

ュアリティ＝ターミナルケアとまで思われている傾向すらある。先述した概念にしたがえば、「側面としてのスピリチュアリティ」ということになる。具体的には、病院附属のチャプレンなどの聖職者と連携して、支援にあたるというもので、ソーシャルワーカーの他職種連携にもかかわってくる。これらはすでに多くの実践事例がある。

しかし、上述した表に示すとおり、スピリチュアリティの応用領域は、今日、拡大化している。これらのうち幾つかはすでに検証され、欧米ではかなりの先行的蓄積もあり、社会福祉全般を覆い多岐にわたってきている。

たとえば、児童福祉の領域では、里子や養子縁組の際の支援をする場合に欠かすことのできない「真実告知」の方法がある。これは、産みの親とは違って育ての親こそが、実は子どもにとって「本当の親」であることを認識させるような支援（木原、二〇〇六）で、通常の専門的支援だけでは限界があり、スピリチュアリティの概念が重要となってくる。また児童虐待などで親から受けた大きな傷を小さな身体にトラウマとして受けてしまった場合のケアは、単なる心理的ケアを超えて、宗教的な意味での「神」などという超越的な愛によるケアが最終的に求められ、また自分自身が受けた不条理な体験との和解なども、スピリチュアリティが重要な要素となる。今日、神戸や東北の震災などの支援に、ソーシャルワーカーがかかわるようになってきたが、ここでもスピリチュアリティは重要な視座を提供する可能性がある。

それゆえに今後、このスピリチュアリティを介在させて、社会福祉と宗教の対話がますます広がっていく可能性がある。社会福祉界や宗教界はそれにどう応えるのであろうか。

5—① 依存症の臨床事例

スピリチュアリティの臨床事例として代表的なものとして、アルコール依存症への対策に中心的役割を果たしているＡＡ（アルコホリック・アノニマス）がある。ＡＡは、その活動を世界的に展開しているが、アルコール臨床やセルフヘルプ・グループの領域では、中心的な役割を担っている。具体的な支援としては、セルフヘルプ・グループよって集まった当事者のメンバーが一二ステップ・プログラムを共有することである。一二ステップとは、「私達はアルコールに対して無力であり、生きていくことがどうにもならなくなったことを認めた」を第一ステップとして、自分より偉大な力である神（ハイヤーパワー）を信じ、そこに身をゆだねていくというような一二段階からなるステップである。

つまり、アルコール依存症者が自ら人間の無力さを徹底的に自覚し、ハイヤーパワー（欧米的にはGodを前提としている）へ自己の完全な明け渡しというステップを経ている点で、明確にスピリチュアリティを視座にもっているといえる。これは、特定の宗教・宗派は前面に出ないが、その援助の根幹にあるものは、キリスト教の回心に酷似した救済のプロセスである。そこには人間のスピリチュアルな視点が濃厚であり、それに基づく支援の典型的な例でもある。

紙幅の関係上、詳細には紹介できないが、これらのほかにも目下、社会福祉の領域では、スピリチュアリティが求められる領域が大幅に拡張していっている。

5—② 自己受容をめぐる事例

大学の社会福祉教育や実践家のトレーニングでもその位置づけがなされている。ソーシャルワークでも盛んに議論されるようになった「自己覚知」は、援助者として重要視され続けているが、「汝自身を知れ」というソクラテス以来、問われ続けているテーマであり、現代流にいうと、「自己への気づき」という「自己受容」にかかわることになる。実際、大学等の社会福祉の専門教育の課程などにおいて、社会福祉士、精神保健福祉士の国家資格で義務づけられているソーシャルワーク演習あるいは実習などの科目では、頻繁に教育されているのが援助職、ソーシャルワーカーとしての自己覚知というテーマである。そこではそれを指導する教師がスピリチュアリティを意識しているかどうかは別として、学生たちに、援助者として自分というもの活用するために、自らの本来のありのままの姿を知っていく（自覚する）ことが重要であることが教示されている。

しかしながら、実践科学的な知識体系や対人援助の知見だけで、「私（I）が私（me）を知る」というような自己のメタ観察というのは実際には不可能であることは明らかであろう。もし本気で自己覚知を議論するならば、自己を超越した「なにか」（something）を起点とするか、それとのかかわりが求められることは当然である。

目下、欧米では、瞑想などを通しての「自己への気づき」、洞察を主眼とするマインドフルネス（mindfulness）というものが、ソーシャルワークだけでなく、心理、教育などの対人援助に導入されるようになり、多くのソーシャルワーカーに支持され、一種のブームのようになりつつあるが、これこそ、まさにスピリチュアルな視点である。これらの動向や詳細の議論は、池埜（二〇一四）の論文を参照されたい。ちなみに二〇一四年の関西学院大学の紀要『人間福祉学研究』では、この社会福祉研究におけるマインドフルネスの特集号を組んでいる。

また、上記の自己覚知の概念と重なるが、人生の半ば、中途で障害を負った人間にとって、その「障害」を受け入れるという障害受容という課題がある。援助関係のなかでもソーシャルワーカーは、クライエントが自らの障害を受容していくプロセスをサポートすることが求められる。身体障害のみならず、精神障害、あるいは発達障害においても、社会福祉において社会資源の紹介や、アセスメント等はもちろん重要な柱であるが、一方で自らの障害を認めることへの支援は援助の前提である。

子どもの場合などは、本人の障害受容はさることながら、その家族、特に、親などの自らの子どもの障害を正確に認知して、それを認めて養育していくことが必要となり、ソーシャルワークにおいては当人の障害受容同様の過程として、それを支援していくことが重要となってくる。このような障害受容は、先述した自己覚知同様、それを受け入れていくためには、どうしても自己を超えた超越的な視点や、人生におけるそのような状況を受け止めるための根源的な意味づけなどの視点、すなわち本書で議論しているスピリチュアルな視点が求められている。

6　新しい公共のなかでの宗教と社会福祉の実践

宗教と社会福祉の関連では上記のようなスピリチュアリティを介在させた実践事例が認められているが、実際にどのような組織形態としてそれらを更に実践していくのかという点が重要になってくる。先述した市民的公共圏の議論において、戦後からの措置制度化の硬直した官僚的な制約のなかでは、宗教的関与は後退せざるをえなくなったことは明らかにしたとおりである。しかし二〇〇〇年の社会福祉基礎構造改革以降、新しい公共が強調されるようになり、宗教もそのなかで、活動することが求められていると述べた。その際に、どのような組織形態でどのように実践するのかが問われる。以下では、従来の社会福祉法人による組織形態ではなく、牧師の強いリーダーシップのなか、ＮＰＯ法人を結成して、教会（宗教）もそれに主体的に参画して社会的活動に尽力している二つの例を分析していきたい。これらは、既に木原の研究（二〇一三、二〇一五、二〇一六）において別の観点で議論されているが、ここでは、本稿の趣旨に沿って社会福祉とスピリチュアリティの議論のなかで改めて事例を分析していきたい。

その代表は、以下にとりあげるＮＰＯ法人白浜レスキューネットワークとＮＰＯ法人抱撲である。これらはむろん布教や伝道が目的ではないのは言うまでもないが、キリスト教的なかかわりを強くもった福祉実践ともいえる。民間による事業なので当然、行政などの公《おおやけ》からは独立しているが、その特徴は、これまで多くの社会福祉実践の中心であった社会福祉法人という既成の形態ではなく、特定非営利活動（ＮＰＯ）法人であるという点である。また地域教会や篤志のキリスト者たちが積極的に参画し、その事業をバックアップしているなどの面が特徴としてあげられる。

これに対して、社会福祉法人は、民間施設であるとはいえ、「公」的性格をそのまま反映していることは、これまで指摘（木原、二〇〇七）されたところである。社会福祉法人が事業展開上、大半が公的補助金から成り、国の事業の代替ないし、補完としての事業にならざるを得ないため、当然ながら公の厳しい管理と規制を受けざるを得ない。そのためかつての独自のユニークな先駆的事業という民間の社会事業は影を潜めざるを得ず、国家から自由になって独立した事業を起こしにくい。ゆえに、キリスト教主義に立脚する社会福祉法人とはいえ、その宗教色や信仰の独自性を前面に出すことは困難である。したがって、自殺や孤立、無縁社会などのような社会福祉法制度の間隙にあるような社会問題に対しては柔軟に社会福祉法人として対応するということを期待することは難しい。行政や法制度の間隙にあるこれらの問題に迅速に対応できるのは、結果的に新しい公共圏のＮＰＯなどであると考えられる。詳しくは、木原（二〇〇五ｂ、二〇〇七、二〇〇八、二〇一三、二〇一六）、稲垣（二〇一二）を参照のこと。

6—①　白浜レスキューネットワーク

藤藪庸一牧師（白浜バプテストキリスト教会）が創設した特定非営利活動法人白浜レスキューネットワーク（和歌山）の事業は、ＮＨＫで近年紹介されるなど反響を呼んだ。また国の自殺白書二〇一一年版においても、そのユニークな自殺予防の実践がとりあげられるなど、自殺予防領域において今最も注目されている実践の一つである。

この実践の歴史的経緯は、一九七九年に当時の白浜バプテストキリスト教会の江見太郎牧師によって始められた「白浜いのちの電話」に起源をもち、一九九九年にその働きを現任の藤藪牧師が引き継ぎ「白浜レスキューネットワーク」（ＮＰＯ法人）として立ち上った。その実践の奮闘ぶりは、様々なところで紹介されている通りであるが、現実社会に希望を失い、社会的に排除されて自殺を企図する人たち向けの電話相談で二四時間対応し、これまで一三年間で五〇〇人以上の自殺未遂者の社会復帰を実現してきた。二〇一〇年実績では九三人を保護し（共同生活者二〇人）、そのうち、五八人が二週間以内に家族の元に帰り、二五人が自立を果たすことができた。うち一三人は共同生活に耐えられず、別の場所へと移って行った。運営資金は、あくまで一民間事業であり、当初は教会を母体として、信者や篤志家からの献金によって成り立ってきたが、近年は公的な補助金として地域自殺対策緊急強化基金等が活用されている（藤藪、二〇一二）。

電話相談事業、電話相談員の育成、白浜三段壁の見回り、自殺未遂者の保護、そして自殺企図者の集いの運営等の自殺予防活動を行っているほか、「放課後クラブコペル君」の中で子供の時から基礎学力と社会性、人間関係を学ぶ機会も提供する教育的な活動実践も行っているが、これらは自殺を余儀なくさせている社会へのキリスト教の一つの挑戦であるともいえる。自殺という社会問題を、NPO法人を主体として活動しているが、藤藪牧師の教会がそれをサポートしているのが特徴である。結果的に、これまで議論してきた宗教と社会福祉の対話が見事に成功している例である。

そこでの実践活動は、自殺企図者からの一本の電話から始まり、その電話をかけてきている場所を特定し、直接会うことからはじまる。ほとんど誰も自殺を考えているときは精神的に興奮状態なので、落ち着くまで藤藪牧師が牧会する教会に泊まってもらっているという。少し落ちついた段階で、その人に受け入れ先があって帰る場所が確認できたら、受け入れ先と連絡を取って送り出すか、迎えに来てもらう。しかし帰る場所がない場合は、一時保護施設での長期滞在を覚悟して白浜で自立に向けて支援をする。

かれらが自立するためには、心身ともに回復していく必要がある。最初は、食べて寝るだけの毎日から、次第に教会の掃除などをお願いして働く場（居場所）を与えていく。そして、就職活動、借金があればその返済や自己破産などの法的手続きをする。その中で、とにかく自立できるまでずっと支援することを保証し、一緒に自立へ向けた努力をするという。仮に自立していた方が、再び失職して戻ってくることも考慮していつでも戻れる場所としても、この施設を位置づけているという。住まいが確定されれば生活保護を利用できる。そのような人たちが立ち直り、教会にも積極的にかかわり、今度は、自ら自殺をしようとする人たちへ手を差し伸べることもできる者もいるという（二〇一二年六月二二日の和泉短期大学での藤藪氏の発言およびヒヤリングより）。

これらの実践活動は、自殺対策の白書にも紹介されるように、今や国の自殺対策の一つのモデルとして検討されているが、これまで議論してきた宗教と社会福祉の対話の観点でみると、藤藪牧師の信仰的パッションに応じ、地域教会が受け皿となり、それを教会のミッションとして受け止めているということであろう。そこには公的サービスを超えて、死にいこうとする人へ、人間の根源を問う生きる希望と意味を与え、牧師を通して神へ向かうという超越的な視座があり、生活全般をサポートするという全体性というスピリチュアルな視点が濃厚にみられる。こうして無縁で孤立して死にゆく人々への証の場所として、宗教と社会実践が結実しているといえる。

6—② 抱撲の実践

特定非営利活動法人抱撲は、東八幡バプテスト教会の奥田知志牧師が中心的にかかわっている実践団体である。北九州で路上生活をしているホームレスの支援活動を行っている。これは、NHK等でも何度もその先駆的な実践がたびたび取り上げられ、各方面で反響を呼んでいるので、専門家のみならず多くの人々が知るところであろう。従来の社会福祉法人による活動でもなく、また行政の活動でもない。先述してきた新しい市民的公共圏のなかで、奥田牧師が、教会のみならず、市民や行政と開かれた公共空間に働きかけたボランタリーな市民運動である。「ひとりの路上死も出さない。ひとりでも多く、一日でも早く、路上からの脱出を。ホームレスを生まない社会を創造する」というモットーのもと、大きく以下の三つの事業の柱をもって実践している（奥田、二〇一一）。

① 命を守る支援（炊き出し、物質提供、保健・医療支援、人権保護）
② 自立支援（相談支援、自立支援住宅、ホームレス自立支援、居宅設置支援、就労支援、保証人確保支援）
③ ホームレスを生まない社会の形成（自立生活支援、ボランティア養成、情報発信・啓発、社会的協働・連携）

公開しているホームページ・サイトによると、歴史的経緯としては、一九八八年一二月に教会関係者と福岡日雇労働組合員による野宿労働者の調査をおにぎり持参で行った北九州越冬実行委員会が発足して以来、北九州市の貧困問題とりわけホームレスの問題に真正面から取り組んできたことに起源をもつ。

現状では北九州市の約二五〇名のホームレスの支援を、炊き出しなどの食事提供、居宅提供、就労支援などを実施しているとともに近年ではそのようなホームレス社会を生み出すその社会そのものを防ぐことに地域、行政と連携しつつ取り組んでいくことにも熱を入れている。これは現代の社会問題となっている無縁社会への挑戦といえ、市民的ボランタリズムの一つの事例である。

奥田牧師の発想は、斬新的であり、国家行政もそれをモデルとするなどしているが、特徴的なのは、ホームレスとハウスレスを厳密に区別する点などであろう。この二つの局面、ホームレスは「関係の困窮」すなわち絆が切れた人々＝無縁であり、ハウスレスは物理的な住居の困窮であるとする。「ホームレス支援は、物理的困窮＝ハウスレスとの闘いであると同時に、この無縁＝ホームレスとの闘いでもある」（奥田、二〇一一、三七頁）。そして其々の当事者たちが本来の意味での「〝ホーム〟の回復」ができるまで支援していこうとするところに実践の特徴がある。本来のホームの回復には「神の国」実現としてのキリスト教的な社会福祉実践を垣間見ることができる。ここにはまさに、本稿で議論している「宗教と社会（福祉）の対話」の結実した姿が窺える。

抱撲の実践は、貧困対策、ホームレス支援、就労支援という文字通り社会福祉実践そのものである。しかもそれは孤独と無縁という現代社会にあって公の行政の立場や社会福祉法人という枠組みでなく、一つのＮＰＯ法人として果敢に取り組み、むしろその実践の先駆性に地域自治体や国家行政がそれに倣い追随していこうとするほどのものとなっている。ここにはかつて民間事業がもっていた開拓性、先駆性、独立性、運動性などすべての要素も含まれている。また先述したスピリチュアリティの三つの要素で言えば、ハウスレス状態の人間の孤独という苦悩に、生きる希望、絆を与えるという意味での「根源性」と、奥田牧師を通して教会（宗教）が参画することにより目に見えない神との関係としての「超越的」な視点や、つながりという「関係性」が生じている。そして単に精神的、言葉による慰めだけでなく、生活全般を支えるという「全体性」という視点が濃厚である。近隣の諸教会が奥田牧師の信仰的パッションに共鳴しながら連携してその事業に当たっているのである。宗教と社会がＮＰＯ法人という形で結実しているのである。

7　むすびにかえて——この山でもなく、あの山でもない

ヨハネ福音書四章に描かれたサマリアの女とイエスの対話を想起する。この記事の背景として「ユダヤ人はサマリア人とは交際しない」と記載されているように、当時、同じイスラエルという地理的空間にいる「同胞」であったにもかかわらず、ユダヤ人とサマリア人は犬猿の仲であった。宗教的伝統に固執するユダヤ人にとって、律法に定める「宗教的」理由で異邦人と結婚したサマリア人を「混血の民」「穢れ」とみなし、これと絶縁した。結果的に長らく両者には対話が途絶え、縁遠い存在となった。この状況のなかでイエスは、敢えて自らサマリア人のところに赴き、対話を求めたのである。

対話や平和を声高に説く宗教であるにもかかわらず、基本的に宗教間、宗派の「組織」相互では、皮肉にも自由な対話がもっとも成立しにくいと言っていい。色々な理由があろうが、一つにはそれぞれの組織、形式、方法、伝統が、垣根をつくり、排他的であるのが一番の要因であろう。しかし、組織、形式を強調するのではなく、人間の根源性、超越性（関係性）、全体性、という観点、つまりそれぞれに共通するスピリチュアルなレベルでは、それほど対話が困難であるとも思えない。

同様に、宗教と社会福祉の対話は、本稿で論じてきたように、政教分離の問題、人々の宗教への

侮蔑意識、嫌悪感などから、現今の日本では、幾重にも課題があることに間違いない。しかしながら、イエスがサマリアの女に語った言葉の中には、これらを考えるうえで重要な今日的な意味でも示唆があるように思える。それは、以下の対話のなかである。

「わたしどもの先祖はこの山で礼拝しましたが、あなたがたは、礼拝すべき場所はエルサレムにあると言っています」。イエスは言われた。「婦人よ、わたしを信じなさい。あなたがたが、この山でもエルサレムでもない所で、父を礼拝する時が来る。……今がその時である。なぜなら、父はこのように礼拝する者を求めておられるからだ」。（ヨハネ四・二〇―二三、新共同訳）

確かにそれぞれの宗教、宗派が形式、組織、伝統という形式を重視しそれに固執して拘っている限り、対話は容易ではない。もちろん、宗教の形式や組織が不要であるなどということを言っているのではない。それらは伝承されてきたいわば宝であり、遺産であることに間違いない。しかし、ある人にとっての礼拝すべき「あの山」は、別の人にとっては、無意味であったり、憎悪の対象であったりする。このヨハネの記事にあるイエスの対話の真意は、「あの山」、「この山」が知らずのうちに、単に場所を越えて、その中身をも規定し、あるいはそれ以上に重要な対象になってしまっていることを示唆している。ある場合は、それ自体が皮肉にも礼拝対象（偶像）となっていることを示唆している。イエスの真意は、「あの山」「この山」ではなく、「霊とまこと」をもって本来の礼拝の対象を拝むべきであることを教示しているように思われる。

その意味において、今、「あの山」「この山」に拘らずに、「霊とまこと」をもって宗教者が「真の礼拝」を考えるとき、本書で繰り返したように、スピリチュアリティ概念の人間の根源性、超越性（関係性）、全体性、に直結し、そこから対話がはじまるのではないだろうか。イエスの対話は、市民的公共圏のなかで開かれた市民社会を構築することが求められているこの新しい時代に宗教が果たす役割の根本を説くようなメッセージなのではないだろうか。

論じてきたように歴史的にも、社会福祉と宗教の間の壁は、想像以上に厚いものであるのかもしれない。しかし、この新しい公共の時代に、宗教者が真の意味で霊的になるとき、それは鈴木大拙が論じたように、「真実の意味での宗教的信仰および思想および情趣——一言にして霊性」（鈴木、一九七二、五三頁）という言説への洞察と理解があれば、その「霊性」（スピリチュアリティ）こそが、社会福祉と宗教、あるいは市民と宗教、宗教間相互の対話へとつながる一助になるのではないかと考える。

参考文献

稲垣久和（二〇一二）『公共福祉とキリスト教』教文館。

伊藤雅之・樫尾直樹・弓山達也編（二〇〇四）『スピリチュアリティの社会学——現代世界の宗教性の探求』世界思想社。

池埜聡（二〇一四）「マインドフルネスとソーシャルワーク——日本における社会福祉実践へのマインドフルネス導入の課題」『人間福祉学研究 Japanese Journal of Human Welfare Studies』第七巻第一号。

市瀬晶子・木原活信（二〇一三）「自殺におけるスピリチュアルペインとソーシャルワーク」『ソーシャルワーク研究』第三八巻第四号、二八—三四頁。

岡本拓也（二〇一四）『誰も教えてくれなかったスピリチュアルケア』医学書院。

奥田知志（二〇一一）『もう、ひとりにさせない』いのちのことば社。

樫尾直樹編（二〇〇二）『スピリチュアリティを生きる――新しい絆を求めて』せりか書房。

柏木哲夫（一九七八）『死にゆく人々のケア』医学書院。

河正子（二〇〇五）「スピリチュアリティ、スピリチュアルペインの探究からスピリチュアルケアへ」（増大特集　スピリチュアルペイン――いのちを支えるケア）『緩和ケア』一五（五）、三六七―三七四頁。

窪寺俊之（二〇〇四）『スピリチュアルケア学序説』三輪書店。

木原活信（一九九八）『J・アダムズの社会福祉実践思想の研究――ソーシャルワークの源流』川島書店。

木原活信（一九九九）「キリスト教の世俗化と社会福祉の生成」嶋田啓一郎監『社会福祉の思想と人間観』ミネルヴァ書房、六五―八六頁。

木原活信（二〇〇三）『対人援助の福祉エートス――ソーシャルワークの原理とスピリチュアリティ』ミネルヴァ書房。

木原活信（二〇〇五ａ）「福音と社会の結合（「連字符」）――嶋田啓一郎の神学をめぐって」キリスト教社会福祉学会学会誌『キリスト教社会福祉学研究』第三七号、四一―一三頁。

木原活信（二〇〇五ｂ）「社会福祉構造の変革と公共空間の創出」共立基督教研究所『Emergence』第Ⅹ巻第三号、二一―八頁。

木原活信（二〇〇六）「被虐待児童への真実告知をめぐるスピリチュアルケアとナラティヴ論――『子供である』ことと『子供になる』ことをめぐって」『先端社会研究』第四号、二一四―四八頁。

木原活信（二〇〇七）「公共圏のなかのキリスト教福音派の福祉実践――公共哲学的視座」『Emergence』第Ⅺ巻第三号、三二一―三九頁。

木原活信（二〇〇八）「キリスト教実践に立つ社会福祉実践と新しい公共圏――A. E. McGrath の神学を手がかりに」『キリスト教社会福祉学』第四〇号。

木原活信（二〇一一）“Social Work Education in Japan: Historical perspective”,（pp. 209–223）Selwyn Stanley ed., *Social Work Education in Countries of the East: Issues and Challenges.*（New York: Nova Science Publishers, Inc.）.

木原活信（二〇一二）「自殺予防における「福祉モデル」の提唱」『社会福祉研究』第一一五号、鉄道弘済会。

木原活信（二〇一三）「無縁社会のなかのキリスト教社会福祉のミッション――ゲラサの人の叫びに耳を傾けながら」『キリスト教社会福祉学研究』第四五号。

木原活信（二〇一四）『社会福祉と人権』ミネルヴァ書房。

木原活信（二〇一五）『「弱さ」の向こうにあるもの』いのちのことば社。

木原活信（二〇一六）「教会と社会福祉」関西学院大学神学部編『教会とディアコニア』キリスト新聞社。

島薗進（二〇一二a）『現代社会とスピリチュアリティ』弘文堂。

島薗進（二〇一二b）「スピリチュアリティの興隆をどう捉えるか」『心理学ワールド』第五九号、日本心理学会、五―八頁。

鈴木大拙（一九七二）『日本的霊性』岩波書店。

橘木俊詔（二〇一二）『無縁社会の正体』ＰＨＰ研究所。

林貴啓（二〇一一）『問いとしてのスピリチュアリティ――「宗教なき時代」に生死を語る』京都大学学術出版会。

藤井理恵・藤井美和（二〇一二）『たましいのケア』いのちのことば社。

藤藪庸一（二〇一一）「特定非営利活動法人　白浜レスキューネットワーク（和歌山県）の取組」総務省『平成二三年度自殺対策白書』四四―四七頁。

堀内一史（二〇一〇）『アメリカと宗教』中公新書。

西平直（二〇〇三）「スピリチュアリティ再考――ルビとしての「スピリチュアリティ」」（特集超越学の地平）『トランスパーソナル心理学／精神医学』第四号、八―一六頁。

水谷誠監修（二〇〇八）『会衆主義教会について――キリストにある自由を生きる群れ』同信伝道会常任委員会。

村田久行（一九九八）『改訂増補ケアの思想と対人援助』川島書店。
室田保夫（一九九四）『キリスト教社会福祉思想史の研究――「一国の良心」に生きた人々』不二出版。
山折哲雄（一九九三）「『政教分離』再考」『世界「宗教」総覧』新人物往来社。
Canda, E. R., & Furman, L. D.（1999）. *Spiritual Diversity in Social Work Practice: The Heart of Helping: the Heart of Helping.* Oxford University Press. 14（3）, 289–301.
Carrette, J. R., & King, R.（2005）. *Selling spirituality: The silent takeover of religion.* Psychology Press.
NPO法人北九州ホームレス支援機構
http://www.h3.dion.ne.jp/~ettou/npo/top.htm（二〇一二年一〇月一日閲覧）
（＊二〇一二年の閲覧当時は抱撲の名称は、北九州ホームレス支援機構）
NPO法人白浜レスキューネットワーク
http://jimotoryoku.jp/shirahamarn/（二〇一二年一〇月一日閲覧）
白浜バプテストキリスト教会
http://www.aikis.or.jp/~fujiyabu/（二〇一二年一〇月一日閲覧）
土浦めぐみ教会
http://church-tmc.jp/（二〇一二年一〇月一日閲覧）
本川裕「社会実情データ図録」World Values Survey（2001）
http://www2.ttcn.ne.jp/honkawa/9502.html（二〇一二年一〇月一日閲覧）

※　本論文は、木原活信「社会福祉におけるスピリチュアリティ――宗教と社会福祉の対話」『基督教研究』七八号、二〇一六年、一七―四一頁からの転載である。二〇一四年九月一二日に同志社大学で開催された日本宗教学会第七三回学術大会公開シンポジウム「宗教と対話――多文化共生社会の中で」における講演に加筆修正したものであり、転載にあたり、若干の修正を加えた。

第三章　宗教と対話
――多文化共生社会の可能性と宗教間教育の意義

小原克博

1　はじめに

本書は「宗教と対話」をテーマとしているが、宗教が対話する相手は、隣接する学問領域にとどまらず、第一義的には、それが置かれている社会状況とそこに住む人々であろう。言うまでもなく、社会は刻々と変化するが、目下、我々が関心を向けている社会の姿の一つが「多文化共生社会」である。これは実現されたものでもなければ、そのイメージについて十分なコンセンサスが得られたものでもない。しかし、文化の多様性をいかに受容し、また異なる価値観を持つ人々ができる限り、相互に尊重し合い、その意味で「共生」できる社会を実現できるかは、日本に限らず、多くの国々で議論が重ねられてきた。国際社会では「多文化主義」（multiculturalism）という言葉が一般的に用いられてきたが、わが国では「多文化共生」という言葉の方がよく知られているので、ここでもその言葉に着目し、合わせて、日本社会における特徴もいくつか描き出したい。

「多文化共生」という言葉が、公的な場に登場し始めたのは、総務省が二〇〇五年に「多文化共生の推進に関する研究会」を設置し、翌年、研究会の報告（http://www.soumu.go.jp/kokusai/pdf/sonota_b5.pdf）および報道資料「「多文化共生プログラム」の提言――地域における外国人住民の支援施策について」が発表された頃であろう。この報道資料の副題にもあるように、多文化共生がテーマ化されるる背景の一つに、地域における外国人住民の増加がある。これらの報告書や報道資料が想定しているのは、日本社会における今後の人口減少に伴い、外国人労働者が増加するという状況であり、そのために必要な社会的枠組みとして「多文化共生」が語られている。日本政府の動向にとどまらず、地方行政が多文化共生に対し、どのような関心を示し、また実際にどのような取り組みをしているのかについては毛受（二〇一六）などが具体的な事例を示しており、参考になる。

他方、「多文化共生」が叫ばれる社会の実際にも目を向ける必要があるだろう。たとえば、Shani（2014）は、宗教と人間の安全保障をテーマとした著書の中で“*Tabunka kyosei?* Ethno-nationalism and human insecurity in Japan”という一章を割いて、多文化共生の理念に反するように見える日本社会の現実や新しい動向について論じている。そこでは、在日韓国（朝鮮）人・中国人および「部落民」に対する差別の実態や、３・１１以降高まってきたナショナリズムなどを取りあげ、これらが「不安」（insecurity）を生み出していると結論づけ、その中に「多文化共生」の言説を位置づけている。理念先行になりがちな多文化共生論に対し、過去から現在に未解決のまま持ち越されている社会の問題を対置させることは、きわめて重要である。

本稿では上述した「多文化共生」をめぐる社会的取り組みや批評を意識しながら、宗教（研究）の領域において、どのようなアプローチが可能なのかを、宗教教育に焦点を絞って論じていきたい。

２　宗教間教育とその周辺

①　多文化共生と宗教教育

そもそも多文化共生という課題に対し、宗教教育がどれほどの貢献をすることができるのだろうか。教育の多くは、特定の問題の解決に対し即効性を有するものではない。しかし、教育を通じて形成される人格や文化は、長い目で見れば、社会のあり方に大きな影響を与える。宗教教育もそうした教育的効果の一角を占めることができるはずであり、価値（特に宗教的価値）の対立が多くの問題を引き起こしている昨今の国際社会を見るなら、この分野における取り組みは過小評価されるべきではないだろう。

従来、宗教教育は（１）宗教知識教育（宗教の学術的側面）、（２）宗教情操教育（宗教的な情操と感情の育成）、（３）宗派教育（特定教派の教えの教育）に分類され、それぞれの役割や効果が検討されてきた（井上、一九九八）。近年も、宗教教育を担っている学校に対する調査や研究は継続されており、橘木（二〇一三）はそうした成果をまとめると同時に、宗教教育の歴史的変遷や現代の課題を整理している。橘木によれば、多かれ少なかれ、どの宗教系諸学校も学生・教職員における信者の割合が低下する中で、「宗教色」をいかに教育に反映させるかに苦労している。橘木が結論として、宗教に重きを置くだけでなく、「全人教育を行って善良な市民を生み出すこと」「弱者の教育に特化すること」（橘木、二〇一三、二一九頁）に注力する可能性（必要性）をあげている点は、多文化共生に寄与する宗教教育を考える際にも重要であろう。同志社大学を例にとれば、設立以来、同志社はキリスト教を教育の基礎としているが、「同志社大学設立の旨意」（一八八八年）にあるように、それはクリスチャンを増やすことを目的としているのではなく、「一国の良心」ともいうべき人物の輩出を目指している。

こうした目的のためには、狭い意味での宗派教育を行うだけでは十分ではない。宗教に対する客観的な知識と感覚を養い、多文化共生に寄与する教育的可能性の一つとして、「宗教間教育」を次に提示したい。

②　宗教間教育とは

宗教間教育（interfaith education）という言葉は、欧米ではキリスト教のエキュメニカル運動などを起点とし、異なる宗派間・宗教間での相互の学びという意味で広く使われてきた。しかし、日本での認知度はまだ低いので、最初に、隣接する概念との関係の中でその位置づけと目的を示したい。

宗教間教育が、広い意味での宗教教育の一部であることは言うまでもないが、両者の間には対象（宗教）との距離に関して違いがある。先にも述べたように、一般的に宗教教育が、信仰の有無にかかわらず、客観的な宗教知識教育を提供しようとする、あるいは、特定の宗教の内部教育（宗派教育 confessional education）であると考えられるのに対し、宗教間教育は信仰を前提としながら、それとは異なる信仰との関係に関心を向ける。つまり、宗教間教育は、その対象との距離に関して、宗教知識教育と宗派教育との間に位置すると言うことができる。

宗教間教育と表裏一体の関係にあるのが宗教間対話（interfaith dialogue）である。宗教間対話では、特定宗教の優位性を否定する多元主義（pluralism）モデルが理想とされることが多い。しかし、宗教間教育は必ずしも多元主義的な信仰理解を目指すものではなく、むしろ、排他主義（exclusivism）を克服しようとする包括主義（inclusivism）の立場に近いと言える。他の宗教をどのように理解するのかは、宗教間教育を考える上で重要であるために、宗教間対話における課題を素描しておきたい（詳細については小原［二〇一〇］第五章参照）。

③ 他宗教理解の三つの類型

先述した排他主義、包括主義、多元主義という三つの類型は、キリスト教神学の中で他の宗教との関係を扱う際に定式化されてきたもので、それらは「救済」をどのように考えるかによって区分されてきた。排他主義では、救済は自分の宗教によってのみ達成される。包括主義では、救済は他の宗教においても可能であるが、最終的な救済は自分の宗教によってのみ達成（完成）される。多元主義では、すべての宗教が等しく救済の可能性を有しており、その点に関して、宗教の間に優劣はないと考えられる。そして、多元主義者の立場からは、他の二つの類型は、他の宗教への寛容を欠いた望ましくない態度と見なされる。言うまでもないが、排他主義や包括主義という呼び名は、多元主義者の立場から与えられた「他称」であって、その呼び名を自らの他宗教理解の表示として、すなわち「自称」として積極的に使う人や集団はきわめて少ない。この落差は、「他称」としての排他主義や包括主義が、事実上、多元主義者から投げかけられた「蔑称」として機能していることを示している。その意味では排他主義者は、現代のメディアによって使われる「原理主義者」とも大きく重なっている。

リベラルな知識人に代表される多元主義者、すなわち、寛容や価値相対主義などの啓蒙主義的な精神を共有できる人々の間で対話が成立するのは当然と言える。問題は、対話の対象とされてこなかった人々との間に、どのようにしてコミュニケーションの糸口を見出していくことができるのか、という点にある。そして、この点こそが宗教間教育の意義と課題につながっていく。

排他主義者に分類される人々、あるいは原理主義者は、リベラルな西欧的価値からすれば後進的で前近代的に見られがちである。しかし、我々が見るべきなのは、排他主義者たちが西欧的価値や近代的価値のどのような部分に異議申し立てをしているのか、という点である。その点を見過ごしてしまうならば、彼らと信頼あるコミュニケーションを取り結ぶことは不可能であろう。価値観の違い、立場の違いによって、互いに罵倒し合う関係に陥るのではなく、違いを相互に認めた上で、なおも対話することのできる力は、二一世紀の教育が目指すべきものである。その意味では宗教間教育は、異なる宗教の間だけでなく、同じ宗教におけるリベラルな立場と原理主義的な立場の間の対話可能性をも問うことになる。個別の宗教それぞれの知識だけでなく、宗教相互の「間」、内部構造における「間」を問うことの必要性を、次に私自身の経験を素材にして提示してみたい。

④「間」を課題とする意味――私自身の経験から

私がドイツに留学していた一九八〇年代終わりから一九九〇年代始めにかけて、いくつかの大学の神学部でイスラームの授業がカリキュラムに組み込まれ始め、私も、その最初の学生として、それらの授業を履修した。トルコ移民を中心とするムスリム住民の増加にともない、様々な軋轢が生じ始めていたことが、その背景にあったと考えられる。ドイツでは宗教改革の時代から、イスラームに対する敵対的な感情があったため、それを現代において再現しないためにも、キリスト教とイスラームの「間」に対する学問的関心があったと言える。実際の授業でも、イスラームやクルアーンを教えるものだけでなく、キリスト教や聖書との関係を扱うものもあった。また、この時期を境に、キリスト教とイスラームの関係を論じた専門書も続々と刊行されてきた。

こうした変化には、その前史と、それに続くさらなる変化がある。「間」を問う前史とは、第二次世界大戦後のキリスト教とユダヤ教の関係である。ドイツではホロコーストへの反省を踏まえた神学教育が徐々に整えられ、未曾有の悲劇は、まさに両宗教の「間」の機能不全が引き起こしたという認識のもと、両者の関係の再解釈・再構築に大きな教育的エネルギーが注がれた。これはイスラームとの対話に先立つ宗教「間」教育と言えるだろう。

ところが、こうした宗教間教育がなされてきた一方で、9・11同時多発テロ事件（二〇〇一年）以降、ドイツ国内におけるムスリムへの態度は一変することになる。それまで一般的には「外国人労働者」（Gastarbeiter）として見られていたトルコ人たちが、突如として「ムスリム」という視角から見られるようになったのである。それは宗教的アイデンティティの「スティグマ化」を進行させることになった。

9・11以降のこうした変化は、ドイツだけでなく、多かれ少なかれ、ムスリム移民を抱えた他のヨーロッパ諸国においても見られた。その帰結として、二〇一〇年から翌年にかけて、ドイツのメルケル首相、イギリスのキャメロン首相、フランスのサルコジ大統領（いずれも当時）らが、立て続けに多文化主義の失敗を表明することになった。こうした混迷と緊張の中で、ヨーロッパにおける宗教間教育は困難な歩みを進めているが、それゆえに大きな社会的ニーズがあるとも言える。それは非ムスリムがイスラームについての基本的な理解を持ち、誤解や偏見を避けるためだけでなく、ムスリム移民の子どもたちがラディカルなイスラーム思想に吸引されないためにも必要なことである。

こうしたヨーロッパの状況に対し、現在の日本では緊張感を伴った宗教間の対立は存在していない。では、日本には宗教間教育の必要性はないのだろうか。その問いに答えるために、次に宗教教育、とりわけ宗教間教育に関係している事例を取りあげ、日本における課題を考えてみたい。

3　宗教間教育の事例

宗教系諸学校がそれぞれ独自の取り組みをしていることは言うまでもないが、ここでは狭い意味での宗派教育を超えたものを二つ取りあげたい。

①　同志社大学一神教学際研究センターおよび同大学院神学研究科一神教学際研究コース

ユダヤ教・キリスト教・イスラームといった一神教に対する個別の研究は、すでに膨大な蓄積を有しているが、相互の関係性に対する研究は必ずしも十分に発展してこなかった。それに対しては歴史的な軋轢など、様々な理由をあげることはできるが、これまで比較的独立してきた研究領域の間を橋渡しし、相互の関係づけや、新たな研究を促す役割を担うために二〇〇三年に同志社大学一神教学際研究センター（ＣＩＳＭＯＲ）が設立された。また、特にその目的を教育において担うために、同じ時期に大学院神学研究科に一神教学際研究コースが設置された。

三つの一神教は「アブラハム宗教」と呼ばれることからもわかるように、共通の起源を有しており、その中核には唯一なる神（創造者）への信仰がある。しかし、三つの宗教の間には共存の歴史と同時に対立・抗争の歴史も存在している。宗教の違いそのものが直接的に紛争の原因となることは、きわめて希であるが、いったん生じた紛争が長引く中で、宗教や宗派の違いが強調され、あたかも「宗教戦争」であるかのごとき様相を呈することは珍しくない。こうした課題と向き合うためには、一神教間の学問的対話だけでなく、宗教研究に隣接する諸学問、たとえば、地域研究や国際政治、人類学等の知見を借りながら、学際的な研究手法を取り入れることが時として有用である。ＣＩＳＭＯＲは、各一神教の専門家だけでなく、宗教研究以外の領域の専門家を有しており、大学院生は研究会やシンポジウムを通じて、多分野にわたる専門家の知見に触れることができるようになっている。

こうした研究および大学院レベルの教育は、学部教育の編成にも反映されている。従来、同志社大学神学部ではキリスト教神学が教授されてきたが、現在では、それを中心に据えつつも、ユダヤ学、イスラーム学の専門的な授業も提供されている。学生たちは、キリスト教を学ぶに際しても、ユダヤ教やイスラームとの対比の中で、キリスト教の輪郭を描くことになる。それが結果として、キリスト教の中に伝統的に存在してきた反ユダヤ主義や反イスラーム感情のようなものを克服する一助となれば、それを宗教間教育の成果として認めることもできるだろう。

②　京都・宗教系大学院連合

京都・宗教系大学院連合（K―GURS）は、二〇〇五年に設立された。大谷大学大学院文学研究科（浄土真宗）、高野山大学大学院文学研究科（真言宗）、種智院大学仏教学部（真言宗）、同志社大学大学院神学研究科（キリスト教・イスラーム・ユダヤ教）、花園大学大学院文学研究科（禅宗）、佛教大学大学院文学研究科（浄土宗）、龍谷大学大学院文学研究科（浄土真宗）の七つの大学院および大学がその加盟校となっている。二〇一四年、新たに皇學館大学が加盟することにより、仏教および一神教に加え、神道をも視野に入れた教育・研究活動を展開することができるようになった。K―GURSの中心的な事業は、単位互換制度、チェーン・レクチャー、研究会、院生発表会（交流会）、公開シンポジウム、加盟各校の行事等の情報共有と告知、機関誌『京都・宗教論叢』の刊行などである。

高野山大学や皇學館大学のように京都から遠隔地にある加盟校もあるが、ほとんどの加盟校は京都市内の近接する場所に位置し、K―GURSは交流する上で地の利を得ている。しかし、以前は近くにあっても、一部をのぞけば、相互の交流や情報交換はほとんどなされていなかった。つまり、将来の僧侶や牧師は自校の宗派的・宗門的伝統の中でのみ教育を受け、比較の視点から、自らの伝統を相対化して見る機会はきわめて乏しかったと言える。こうした状況に対する危機意識がK―GURS設立の動機付けの一つにあった。

K―GURS加盟各校は、それぞれが帰属する伝統の中で宗門・宗派の聖職者（研究者）を養成してきており、その専門性は今後も維持されていく。しかし、社会環境が急激に変化していく中で、専門性の保持が各教団とその伝統の存続、さらにはその社会的位置づけを将来にわたって保証してくれるわけではない。少なくとも、他の宗門・宗派と交流し、共通の課題を発見し、共有することによって、自らの伝統の輪郭をより広い社会的コンテキストの中で描き出し、社会とのインターフェイス（interface）を拡充することができるはずである。言い換えるなら、宗教間教育は専門性を汎用性や（真理の）普遍性へと接続していく試みでもある。

K─GURSに関連して、宗教間教育において考えるべき普遍性（国際性）という課題についても言及しておきたい。近年、サウジアラビアやカタール、ヨルダンなどが国策レベルで主導する宗教間対話のための国際会議が開催されてきた。9・11の影響であることは言うまでもないが、欧米のキリスト教主導ではない、新しいタイプの宗教間対話が進められていること自体は歓迎すべきであろう。問題は、日本宗教の位置づけである。イスラームから見れば、実質的に仏教や神道は「宗教」ではなく「文化」のカテゴリーの中で扱われることが多い。これはイスラームの宗教観や仏教・神道に対する理解不足を反映したものであるが、同時に、仏教や神道の関係者がこうした場で、自らの考えを適切に表明していないことも理由としては大きい。もし、K─GURSの宗教間教育を通じて、仏教諸派や神道に連なる大学院生が一神教世界の現実に触れ、対話の作法について理解を深めることができれば、将来的には、京都でなされた宗教間教育が国際舞台における宗教間対話へと結実する可能性もあるだろう。

以上のことから、日本の宗教界の次世代を担う人々がインターフェイス（interfaith）な学びを通じて、社会や世界とやり取りしてくためのインターフェイス（interface）を強化していくこと、そこで得られた知識と経験を自らの伝統へと柔軟にフィードバックしていくことを、宗教間教育の長期的な課題と考えることができる。

4　何を克服すべきなのか——「憎しみの文化」の問題

①　多文化社会が抱える困難

宗教間教育が持つ意義と課題について、これまで述べてきたが、それが多文化共生社会の形成に寄与するために克服すべきターゲットとして、次に「憎しみの文化」を取りあげたい。詳細は後述するが、ここでは特定の集団（多くの場合、マイノリティ集団）に対する憎悪を正当化するシステムを「憎しみの文化」と呼ぶことにする。宗教間の軋轢は現代の日本社会には目立った形では存在しない。しかし、各種のヘイト・スピーチは、現実世界においても、インターネットの世界においても現れてきており、冒頭で紹介した「多文化共生の推進に関する研究会」が想定するような近未来社会、すなわち、外国人住民が大幅に増えた社会においては、価値観の違いや宗教への誤解が問題の引き金となる可能性があることを、あらかじめ考慮に入れておくべきだろう。少なくとも、欧米社会は、そうした問題をすでに抱えており、従来の政教分離原則だけでは対処できないほどに事態は深刻である。欧米社会が抱える困難や教訓から日本社会も積極的に学んでいくべきであろう。

ヨーロッパは、多くの移民にとって、経済的な安定だけでなく、様々な自由を提供してくれる場所として映っている。その自由の中には表現の自由や宗教の自由も含まれるが、それらは多様な信仰者そして無神論者が混在する多文化社会にとって決して自明なものではない。そのことは、スカーフ問題や預言者ムハンマドの風刺画問題などを見れば明らかであろう。

表現の自由と宗教の自由の間の線引きは、ヨーロッパにおける多文化社会を維持するために必要な努力である。そもそも、ヨーロッパにおけるリベラリズムは、一七世紀の宗教戦争に対する反省を経て、宗教を私事化するプロセスに起源を有している。各国において、それは政教分離として展開されるが、私的領域と公的領域の分離は、移民の多くを占めるムスリムにとって必ずしも当然のことではない。今や差別イデオロギーは、人種的な差異ではなく、文化的な差異、とりわけ宗教的な差異によって作り出されている。ヨーロッパでは、いかなる宗教も侮辱できるほどの表現の自由が保障されており、男女は平等であり、政教分離のもとに社会秩序が守られている。それに対し、イスラームはどうなのだ、という語り方は文化ナショナリズムに属すると言ってよい。このように宗教的アイデンティティは、文化的差異に基づく差別イデオロギーに取り込まれやすい。そして実際、宗教的アイデンティティは、ヨーロッパの極右政党や移民排斥運動にとって、今や、なくてはならないカードである。人間には多様なアイデンティティがあるにもかかわらず、その一つだけが、すなわち宗教的アイデンティティだけが特別視され、「異質な他者」をあぶりだそうとする点に、アイデンティティ・ポリティクスの罠がある。公共領域における宗教の役割、あり方を模索しながらも、こうしたアイデンティティ・ポリティクスの罠に陥ることのない語りの作法を見出していく必要がある。ここでは、「異質な他者」をあぶりだそうとする文化装置を「憎しみの文化」と名付け、その分析と克服の道を探る。そして、長い目で見れば、まさにその道こそが、宗教間教育が示すべき道でもある。

②「憎しみの文化」とは何か

文化は個人の一時の感情の寄せ集めではなく、より安定的な構造を持っており、「憎しみの文化」といったものがあるとすれば、ある特定の諸集団への憎悪を正当化する仕組みを持っているはずである。一言で言えば、「憎しみの文化」とは「異質な他者」を際限なく生み出すシステムである。それは「私たち」と「彼ら・彼女ら」という境界線を生み出す文化と言ってもよい。「彼ら・彼女ら」は「私たち」とは異なるのだから、多少不当な扱いをしてもかまわないという論理がそこにはある。多くの国で、移民や外国人労働者、宗教的少数者がそのような立場に置かれがちであるが、性的少数者等、同様の立場に置かれる社会的弱者は他にも存在する。ヘイト・スピーチやヘイト・クライムが「憎しみの文化」の副産物であることは言うまでもない。

特定の宗教的アイデンティティをターゲットにしたヘイト・クライムを抑制するために、異なる宗教者同士が相互理解を深めるための対話は、確かに有益なものである。しかし、宗教の違いが憎しみの文化を生み出すのではない。実際には、宗教や宗派の教えの違いが人の憎しみに直結することは、まれである。むしろ、文化の管理者を自認する主流派によって歴史的に蓄積されてきた「憎しみの文化」が「宗教の違い」という境界線を生み出す。より正確に言えば、憎しみや暴力を正当化するために、宗教的アイデンティティの違いが強調され、利用されるのである。この課題を考えるために、二〇一五年一月七日にパリで起こったシャルリー・エブド襲撃事件とその背景を事例として取りあげてみたい。

③ シャルリー・エブド襲撃事件を振り返って

事件の詳細についてはここでは繰り返さない。事件後、多くの市民や各国首脳が「表現の自由」の大切さを訴えて、パリを行進した。シャルリー・エブドは事件後も預言者ムハンマドの風刺画を掲載したが、これに関してはフランスにおいても賛否が分かれた。イスラーム世界においても、シャルリー・エブドを襲撃したテロリストたちの暴力は批判されたが、風刺画掲載に関しては批判の声が各地であがった。フランスの中にも預言者ムハンマドの風刺画に対し嫌悪感を抱く者は少なからず存在するが、それを公然と表明することは、きわめて困難な空気があった。そこでは「表現の自由」というフランス的な価値への同意が、ムスリムとしての自然な感情より優先されるべきであると考えられた。この背景には移民をめぐるディスコースの変化がある。

かつて、ヨーロッパにおける「異質な他者」は人種差別的なイデオロギーによって社会から阻害されるケースが多かった。ユダヤ人、トルコ人、アルジェリア人といった人種の違いが、「私たち」と「彼ら・彼女ら」を分ける境界線となっていた。しかし、二〇〇一年の９・１１同時多発テロ事件以降、二〇〇五年の預言者ムハンマド風刺画事件やフランスのスカーフ問題を経て今日に至るまで、表現の自由や政教分離といった西洋のリベラルな政治文化が前面に出され、それとの対比の中でイスラームが語れることが圧倒的に多くなってきた。すなわち、今や差別イデオロギーは、人種的な差異ではなく、文化的な差異によって作り出されているということである。

もちろん、ＥＵ全体で反差別の法整備は進んでおり、反差別団体も多数存在している。それらの多くは民主主義や人権などの普遍的な概念に依拠して、反差別運動を展開してきた。ところが、ムスリムへの差別やヘイト・クライムに対する取り組みは十分とは言えない。ムスリムの一部は、ヨーロッパ的な民主主義や人権思想、あるいは表現の自由を理解していないという理由で、反イスラーム的な言動が見過ごしにされることが少なくない。つまり、表現の自由に代表される普遍的・包括的な価値のディスコースが、時として、排除の論理を内包しているのである（森、二〇一〇、一〇一頁）。

シャルリー・エブド襲撃事件直後の表現の自由を訴える大行進は世界の多くの人々を感動させたに違いない。しかし、この熱狂が結果として文化的差異のポリティクスに力を与えないとも限らない。表現の自由を求める熱狂が、将来のイスラモフォビアへと反転する危うさを含んでいることを、あの襲撃事件からしばらくの月日が経った今、冷静に考えてみるべきではなかろうか。

④ アイデンティティ・ポリティクスの罠

宗教間対話や宗教間教育をテーマとする際に、宗教的アイデンティティが論じられるのは必要なことである。しかし、宗教的アイデンティティは、人間のアイデンティティの一つに過ぎないことにも注意を払う必要がある。先に述べたように、宗教的アイデンティティは、文化的差異に基づく差別イデオロギーに取り込まれやすいからである。フランスや他のヨーロッパ諸国における移民排斥運動の中で、近年、出身国や人種ではなく、ムスリムという宗教的アイデンティティが強調されるようになってきた。先述したようにドイツでも、トルコ移民が、9・11以降、ガスト・アルバイター（外国人労働者）ではなく、ムスリムとして見られるようになった。

9・11以降、文明の衝突を避けるため等々の理由により、宗教がしばしば引き合いに出されてきた。しかし、宗教や文明という壮大な分類に振り回されると、実際の社会制度上の問題や、現実に人を動かしている細かな動機付けや思想が見落とされることにもなりかねない。また、宗教的アイデンティティを強調し過ぎると、宗教を「本質化」「ステレオタイプ化」する危険にも接近する。たとえば、真のクリスチャンは寛容であるはずだ、という言い方がなされ、真のクリスチャンとそうではないクリスチャンとが区別される。このような議論は寛容の精神に反する方向を向いていると私は考える。クリスチャンであろうとなかろうと、人間は相互に寛容であるべきなのであって、寛容を宗教的アイデンティティに強く結びつけることは、市民社会における寛容や平和をかえって阻害する危険性がある。

このような視点の重要性を確認するために、アイデンティティを単一的に理解することが暴力への接近を促す危険性を含むことを記したアマルティア・センの『アイデンティティと暴力』（原著二〇〇六年）から引用したい。

> あいにく、そうした暴力をなくそうとする多くの善意の試みもまた、われわれのアイデンティティには選択の余地がないという思い込みに縛られており、それが暴力を根絶する力を大いに弱めることになる。異なる人びとのあいだで良好な関係を築こうとする試みがおもに、（人間がお互いにかかわりあるその他無数の方法には目もくれず）「文明の友好」とか「宗教間の対話」、あるいは「さまざまな共同体間の友好関係」という観点から見られれば（現にその傾向は強くなっている）、平和を模索する以前に、人間が矮小化されることになる。（セン、二〇一一、四頁）

人間を矮小化して成り立つような平和を求めたいとは、誰も思わないだろう。センは、宗教的アイデンティティに依存しすぎることを人間の矮小化としてとらえているが、宗教的アイデンティティや宗教の固有の役割をどの程度強調すべきなのかは、それぞれの地域の状況による。民主化革命後の新しい国作りの中で、アラブ諸国では宗教的アイデンティティと市民的アイデンティティのバランスが模索されており、それは今も続いている。東アジアにおいては、宗教性を前面に出すことはおそらく好まれないだろう。いずれしても、個人を支え、人間を矮小化する諸力から個人を守る様々な共同体の存在は不可欠であり、その役割の一つを宗教共同体が担うことには十分な合理性がある。その上で、アイデンティティの単一化が暴力に結びつくというセンの指摘にも耳を傾けるべきであろう。

テロに対する戦いが声高に叫ばれる一方、「イスラームは平和の宗教である」「普通のムスリムはテロリストとは異なる」「テロリストはムスリムではない」といった主張も繰り返しなされてきた。こうした主張が、様々なテロ事件の直後に、明確な形でなされることには意義がある。社会に冷静な見方を促すことになるからである。しかし同時に、このように宗教的アイデンティティを強調することによって、貧困や経済格差など、現実の問題が見えなくなったり、センが危惧するように人間性が矮小化されてしまうとすれば、宗教と平和を直結させるような単調な語り方を安易に繰り返すことには、一定の注意が必要であろう。ヨーロッパに関して言えば、先にも指摘したとおり、リベラルなヨーロッパと、そうではないイスラームという誤った二元論的構図が近年拡大しており、この構図が安定して再生産されるとき、「憎しみの文化」が形づくられることになる。では、そうした事態を未然に防ぐために何ができるのだろうか。

⑤ 「憎しみの文化」にいかに対応すべきか

文化的な差異に基づいた差別感情、それらが恒常化した「憎しみの文化」は、多様な形態を取るが、「異質な他者」を単純化して描き、ステレオタイプなイメージを与えようとする点において共通している。そして、「異質な他者」を本質主義的に、言い換えれば、固定的なイメージで描くことによって、それが変化する生きた存在であるという事実から目をそらさせる働きが「憎しみの文化」にはある。そのような「憎しみの文化」を脱構築していくためには、「異質な他者」の実像をできる限り多様に伝える必要がある。イスラームに関して言えば、イスラームの多様性を国際社会に伝えることにより、イスラームという言葉にからみついた固定的なイメージを解きほぐしていくことができる。人々がイスラームの理念と現実の両方を受容するためには、イスラームを理想化するだけでなく、イスラーム世界の統一性と多様性の生きた、葛藤する姿を伝える必要があるだろう。

また、リベラルな西洋的価値と保守的なイスラーム的価値という二元論的な構図を脱構築していくためには、西洋中心主義的な考え方を批判的に検証していく必要がある。たとえば、ヨーロッパにおけるムスリム移民が問題にされるとき、フランスを筆頭に、政教分離がしばしば言及される。イスラームには政教分離の考え方がなく、遅れている、という批判が向けられる。しかし、イスラームには西洋とは異なる形で、いや、西洋にはるか先行する形で「世俗性」の伝統があるとも言える。それは一言で言えば、「人間を神格化しない」という伝統である。預言者ムハンマドは最大限の敬意を受けるが、あくまでも人間であって、それ以上でもそれ以下でもない。預言者ムハンマドの風刺画問題は、ヨーロッパではイスラームの後進性を象徴するものとして扱われることが多いが、少し視点を変えれば、ヨーロッパが政教分離にたどり着く、はるか以前に、イスラームでは人を偶像化・神格化して拝むことなく、人の領域と神の領域を厳格に分けるという考え方、すなわち、徹底した「世俗性」を内包していたと言えるのである。

近代ヨーロッパは「神からの自由」を求めたが、イスラームは「神と共にある自由」を重視する。ムスリムは神と共にあってこそ、人間は自由になれると考えるからである。今、ヨーロッパにおいて見られる様々な対立は、「神からの自由」と「神と共にある自由」の対立と理解することもできる。この価値観の対立を仲介するための対話が今求められているのであり、宗教者は宗教間対話のサークルの中だけに閉じこもっていてはならないのである。

5　おわりに――「憎しみの文化」の帰結と宗教間教育の課題

最後に「憎しみの文化」が生み出す最悪の帰結を示しておきたい。それは過去の教訓から推測される未来の可能性である。「憎しみの文化」が社会を覆うと、皮肉にも、人は憎しみの感情を持たないままに、「異質な他者」を排除することができるようになる。つまり、無関心のまま、特定の集団を社会から排除することが可能となる。近代の大量殺戮の多くは、憎しみが集積した結果ではなく、むしろ無関心により起動した暴力システムの結果である。

ユダヤ人の大虐殺（ホロコースト）をその一例としてあげることができる。一九三八年一一月九日、ユダヤ人の商店やシナゴーグが、ユダヤ人への憎悪にかられた群衆によって襲撃され、その日は「水晶の夜」として歴史に名が残されることになった。水晶の夜は大規模な略奪と殺戮の日であったが、ホロコーストを研究した社会学者ジークムント・バウマンは「いくつ〈水晶の夜〉を積み上げてもホロコースト規模の大量殺害は発想できないし、また、実行しえない」（バウマン、二〇〇六、一一六頁）と言う。すなわち、憎しみが大規模な暴力を生み出したのではなく、道徳的無関心が社会的に生産されたとき、憎しみを持たないままで「異質な他者」を徹底排除したというのである。

無関心によって起動する組織的な暴力は、近代以前には見られなかったものであり、また、それは「憎しみの文化」の最終形態であるとも言える。そして、その暴力はホロコーストで終わったわけではなく、今も世界の各地で続いている。無関心が持つ恐ろしさを、歴史的教訓や今世界で起こっている現実から学びつつ、我々は人々を無関心へと陥らせないよう、絶えず新たな語りの技法を探し続ける必要がある。「すべての宗教は平和を求めている」というメッセージは真実であったとしても、その単調さが人々を無関心へ追いやっているということはないだろうか。平和のメッセージが敵と味方を峻別する二元論に陥っているとすれば、それは皮肉にも「憎しみの文化」を補完することになっているのではないか。絶えざる自己批判と自己変革なしに、「憎しみの文化」の狡猾さに打ち勝つことは決してできない。

宗教の違いが「憎しみの文化」を生み出しているのではない。「憎しみの文化」が宗教の違い、あるいは文化的相違という境界線を生みだし、憎しみを正当化し、その果てには、憎しみすら持たないままに「異質な他者」を境界線の外側へと放逐していくのである。このような中で、「すべての宗教は平和を求めている」と繰り返すことは、一方で真理の愚直さを体現しているとも言えるが、他方、それは憎しみの文化によって生み出された境界線を強めるという意図しない結果に至る危険性もある。こうした危険性を避けるためにも、我々は宗教間対話のみならず、世俗社会との対話の中にも身を置き、人間のアイデンティティを豊かに語る技法を身につける必要がある。

これは宗教界が取り組むべき課題であるが、同時に、それは市民社会や公教育に深くかかわる課題でもある。広く宗教教育において、とりわけ宗教間教育において、このような課題が受けとめられることによって、そこから「憎しみの文化」を抑制することのできる新しい文化の担い手、多文化共生社会の礎となる人々が輩出されることを期待したい。

【文献一覧】


井上順孝編（一九九七）『宗教と教育——日本の宗教教育の歴史と現状』弘文堂。

小原克博（二〇一〇）『宗教のポリティクス——日本社会と一神教世界の邂逅』晃洋書房。

セン、アマルティア（二〇一一）『アイデンティティと暴力——運命は幻想である』（東郷えりか訳）勁草書房。

橘木俊詔（二〇一三）『宗教と学校』河出書房新社。

バウマン、ジークムント（二〇〇六）『近代とホロコースト』（森田典正訳）大月書店。

毛受敏浩（二〇一六）『自治体がひらく日本の移民政策——人口減少時代の多文化共生への挑戦』明石書店。

森千香子（二〇一〇）「多文化社会における反レイシズム文化構築の地平」、宇野重規編『つながる——社

会的紐帯と政治学』風行社、八六―一一五頁。
Shani, Giorgio (2014) *Religion, Identity and Human Security*, Routledge.

第Ⅱ部

宗教間・文化間の対話

サバンジュ・メルケズ・ジャーミィ（トルコ，アダナ）

第四章　宗教間対話運動と日本のイスラーム理解

塩尻和子

※　本稿で引用したクルアーンの日本語訳は、宗教法人日本ムスリム協会発行の『日亜対訳注解聖クルアーン』に依拠しているが、筆者が独自に訳した箇所もあることをお断りする。

1　問題提起

イスラームフォビア（イスラーム嫌い）

日本ではイスラーム世界との歴史的つながりが薄いために、イスラームは理解しにくい宗教だと思われることが多く、イスラームに関する客観的な知識を持つことは難しいと考えられている。しかし、今日の世界で最も緊急性を要するものは、イスラームとの対話に関する問題であるという点については、異論はないと思われるが、イスラームを理解することは、私たち日本人にとってその他の宗教を学ぶことに比べれば、かなり様相の異なったものになるであろう。イスラームが外側の世界から偏見と誤解をもたずに眺められるということは、この宗教が西暦六一〇年に始まって以来、ほとんどなかったからである。[1] 今日まで執拗に繰り返されてきたキリスト教世界からの非難中傷にもかかわらず、イスラームは世界に広がりつづけた。歴史的事実からみても、一九二二年のオスマン帝国の滅亡時まで、イスラームはある意味で世界の中心に位置していた。イスラームの外側では、あたかもイスラームが劣等な宗教として後進性や貧困、政治的混乱などと同義語のように語られるが、[2] イスラームの内側では、イスラームの教えと戒律のもとで多くの人々が穏やかに暮らしてきた。しかも、イスラーム世界は八世紀から一六世紀にいたるまでの長い期間、周辺諸国の伝統や技術を柔軟に取り入れて、近代科学につながる輝かしい文明を発展させ、今日の科学技術の礎を作ってきた。この地域の後進性や貧困、政治的混乱が問題視されるようになったのは、オスマン帝国の滅亡以降のことである。[3]

このような、イスラームの内と外とで相反する意識が、現代社会の政治的、経済的混乱の背後に横たわっており、しばしば複雑な民族紛争や宗教対立の引き金になっている。したがって、イスラームは、現在の時点で信徒数が一六億人から二〇億人に迫るという世界第二位の宗教勢力を擁しながら、あたかも非人間的で反社会的なカルト集団に対するような扱いを受けているといっても過言ではない。

そもそも日本に伝えられるイスラームに関する情報の多くは、欧米のメディアを通してもたらされるものであり、イスラームとイスラーム教徒、ムスリムに対する偏見や蔑視、無理解などを含んでいることが少なくない。このような欧米からの情報によって増幅されたイスラームフォビア（イスラーム嫌い）は日本人にも大きな影響を与えている。

たとえば、一九九一年一月に始まった湾岸戦争の際に、海岸に設置された石油タンクが破壊されて、

大量の重油がペルシア湾に流れ出たことがあった。この重油にまみれて真っ黒になった水鳥の写真が

1　預言者ムハンマドは自らが興した宗教がユダヤ教やキリスト教とは異なる新しい宗教であるとは考えていなかったが、先行する二宗教は歴史の過程で歪曲されてしまったので、イスラームは一神教の改革運動、あるいは復興運動として啓示されたと主張するようになり、アラビア半島に居住していたユダヤ教徒やキリスト教徒から対立し非難されるようになった。その後、十字軍運動を通じて、ヨーロッパにはイスラームはキリスト教の異端であり、ムハンマドは反キリストであると非難され、イスラームのほうではヨーロッパのキリスト教徒だけでなく、中東地域で共存していた東方教会のキリスト教徒にも不信感を抱くようになっていった。これらの経緯については拙著『イスラームを学ぼう』（秋山書店、二〇〇七年、一二四―一二九頁）を参照されたい。十字軍運動については『聖戦の歴史』（カレン・アームストロング著、塩尻和子・池田美佐子訳、柏書房、二〇〇一年）に詳しい。

2　イスラームについて劣悪で野蛮な宗教であると断じる知識人は少なくないが、最も典型的な主張は、サミュエル・ハンチントンによるもので、「イスラームとの境界線上は血なまぐさいが、内側もそうである」と言い切っている（Samuel Huntington, *The Clash of Civilization and the Remaking of World Order*, Touchstone by Simon & Schuster, 1997, p. 258）。彼はイスラームと西洋とは古くからの敵同士という固定観念に陥っているが、しかし、これはハンチントンに限ったことではない。

3　現代の科学技術の基盤となったイスラーム文明については、以下の文献が参考となる。『地中海世界のイスラム――ヨーロッパとの出会い』（W・モンゴメリー・ワット著、三木亘訳、筑摩書房、二〇〇三年再版）、『失われた歴史――イスラームの科学・思想・芸術が近代文明を作った』（マイケル・ハミルトン・モーガン著、北沢方邦訳、平凡社、二〇一〇年）、『イスラム技術の歴史』（アフマド・Y・アルハサン、ドナルド・R・ヒル著、多田・原・斎藤訳、平凡社、一九九九年）、『イスラームを学ぶ』（塩尻和子、NHKカルチャーラジオ、二〇一五年、九七―一〇九頁）。

世界各地の新聞に大きく掲載され、イラク軍の無謀ぶりが喧伝されたが、実際にはアメリカ軍が撃ったミサイルが原因だったことが明らかとなった。これについて、当時の日本のある新聞のコラム欄では「イスラームには自然を保護する意図はないので、重油を海に流しても平気なのだ」といったイスラーム批判の筆陣をはっていたことを思い出す。この報道が間違っていたことが明らかとなったのちも、その新聞が訂正記事を掲載したとは私の記憶にはない。

最近では、二〇一五年一月にフランスの週刊誌シャルリー・エブド社で起きたテロ事件はムスリムの犯人たちによって記者ら一二人が殺害されるという悲惨な結果となった。この事件は「イスラームはあらゆる偶像作成を禁止している」ことが原因であり、「表現の自由」は、いつ、いかなる場合であっても守られなければならない金科玉条であるとして、イスラーム批判が広がった。シャルリー・エブド社の過去の誌面には、他の宗教の指導者や政治家などの風刺画も見られるが、預言者ムハンマドを描いたものは、誰よりも不道徳で醜悪な姿に描かれていた。民衆の不満を風刺画に託す伝統を持つフランスであっても、特定の人物を批判するために描かれる風刺画は、少なくとも人間としての尊厳が守られたものであってしかるべきであろう。テロは決して許されるものではないが、多くの信徒から篤く尊敬される預言者が性的に不潔で不道徳的な姿に描かれることは、ムスリムでなくても目を背けたくなる。

そもそもイスラームは肖像画の作成を禁止していない。禁止されているのは、絵画や像を「崇拝する」こと、つまり偶像崇拝であり、イスラームの教えの原点であるクルアーン（コーラン）には、どこにも「絵を描いたり像を作成したりしてはならない」とは記載されていない(4)。イスラーム世界ではモスクやマドラサ（高等宗教教育機関）などの宗教的施設では絵画も像も用いられないが、王宮や個人の住宅などでは絵画や肖像画が飾られ、歴史書などにはムハンマドの顔や姿も描かれてきたのである。

欧米のメディアからの受け売りによるこのような偏見だけでなく、日本人研究者の中にも、声高に非論理的なイスラーム批判を繰り返すことで高い知名度を得ている識者もあり、そういった意見が「分かりにくいイスラームについて、とてもわかりやすい解説である」として世間的にもてはやされる風潮も根強い。日本も欧米に負けずイスラームフォビア（イスラーム嫌い）が蔓延している国の一つであるということができよう。

イスラーム政治思想の専門家である池内恵はキリスト教社会とイスラーム社会を比較して、キリスト教社会は寛容で平和的であり、イスラーム社会は後進的で野蛮であると主張する論客であるが、以下の発言でもイスラームフォビアを煽っている。

> 西欧が自由と平等を掲げる以上、イスラム教にも様々な権利を与えるべきだと考える人は多いでしょう。では、そのイスラム教は西欧のような自由を認めているでしょうか。イスラム社会で他の宗教を信じることが許されますか。

4　偶像崇拝の禁止と肖像画については、拙稿「偶像崇拝禁止なら肖像画も禁止なのか」（『季刊アラブ』二〇一五年春号、一〇一一二頁）を参照されたい。

イスラム教の教義が主張しているのは、正しい宗教、つまりイスラム教を信じる『自由』です。

（朝日新聞、オピニオン＆フォーラム、二〇一六年一〇月二一日）

池内が主張するように、すべてではないにしても現在のイスラーム社会には多くの抑圧があり、それぞれの地域や国家における宗教法の解釈によっては、人権無視となる点も多々あることを、否定はできない。しかし、同時に近代の「西欧が自由と平等を掲げて」いるとしても西洋社会が自由で平等であるとは単純には言い難いと思われる。今日、難民の排斥やムスリム女性のベール問題だけでなく、多くのキリスト教徒やユダヤ教徒にとっても、貧富の差や男女格差、学歴差、宗派間の対立、武器や麻薬の対策、犯罪の多発などの深刻な問題を抱える西洋社会が、短絡的に自由で平等であるとは言えない。たしかにイスラームの教義では多神教や偶像崇拝が否定されており、中東地域でイスラームを国教と定めている国々に限定すれば、多神教で偶像崇拝だとみなされる仏教の寺院建設は許可されていない。ワッハーブ派(5)の厳格な教義を掲げるサウジアラビア王国や、ターリバーン政権が支配していた時代のアフガニスタンなどでは、多神教徒だけでなく、啓典の民とされるユダヤ教徒もキリスト教徒も抑圧されている。しかし、その他の地域では、ムスリムが多数を占める社会であっても、現実に仏教やヒンドゥー教が排斥されているとは限らない。

人口統計学者のエマニュエル・トッドはイスラームフォビアがイスラーム教徒の若者を過激派の戦士として送り出す要因となっているとその危険性に言及している。

理解すべきは、仮に一部の若者が「意味」に飢え、「宗教的なもの」に飢えているとすればイスラム教を罪あるものとして標的にするのは、その若者たちにイスラム教を現実からの理想的な脱出口のように見せるだけだ、ということである。（『シャルリとは誰か?』堀茂樹訳、文春新書、二〇一六、二八二頁）

しかも、フランスの内務大臣の発言によれば、イスラーム過激派を志願する若者のうちの二〇％はキリスト教徒出身者である（前掲書二四六頁）という。「自由と平等」があるはずのヨーロッパでキリスト教徒の若者まで「意味」に飢えているということは、何を意味するのであろうか。

日本の宗教観とイスラーム理解

イスラームは日本人にとって最も遠い宗教であるといわれるが、実はイスラームの教えのなかには、日本古来の伝統的な道徳や社会的倫理と同様の教えが多くみられる。例えば長幼の序を守ること、隣人との相互扶助が義務として奨励されること、相手の宗教を問わず旅人に親切にすること、正直な商

5　ワッハーブ派とは、アブドゥル・ワッハーブ（一七〇三―一七九二）によって唱えられた急進的イスラーム改革主義運動を指す。初期イスラーム共同体（ウンマ）の思想に戻り、クルアーンとスンナ（預言者ムハンマドの生前の言行録から得られる知識）を字義通りに解釈すべきであると主張する思想である。アラビア半島のサウード家がこのワッハーブ派思想を政治的軍事的に支援してその普及に努め、一九三二年に、この思想を国是とするサウジアラビア王国が建国された。

売を心掛けることなどの倫理規範は、古きよき時代の日本に息づいていた公共道徳を彷彿とさせる。それだけでなく、イスラームの掲げる一神教と、日本の神道にみられる多神教や、仏像という偶像を崇拝する仏教は、その信仰形態において相容れないといわれるが、後述のように、実際には表現の方法が異なるだけで、同じことを象徴していると思われる。

日本人の多くは、第二次世界大戦中の国家神道政策の失敗によって大きな痛手を受けた苦い経験から、宗教そのものに対して一種のアレルギーを持っている。宗教と国家の結びつきによる最悪のケースを経験したことによって、人々は特定の宗教的態度を避けるようになった。公共の教育現場や芸術にさえ、宗教の影は排除される傾向がある。政教分離の優等生であるかのような環境の下にある日本では、神の道に身を捧げるという大義名分のもとに自爆テロを決行するムスリムの若者たちの姿はどのように映るのであろうか。イスラームにおいても、現今の政治的混乱と宗教的教義とは、全く別の次元で考えなければならないが、戦闘的なイスラーム集団によるテロの報道に接する日本人の多くが、イスラームに対する嫌悪感や拒絶意識を持ったとしても、それを単なる誤解だとして非難することは、難しい[6]。中東地域におけるこのような破壊的な暴力行為は、一九四八年のイスラエル共和国の成立に端を発し、二〇〇三年のアメリカを中心とした有志連合によるイラク戦争で拡大し過激化したものである。ムスリムの戦闘員たちは、自らの行為を正当化するためにイスラームの旗を掲げて大義名分を主張しているのである。

しかし、その背景にはイスラーム社会の外側から加えられた政治的圧力に起因する問題が横たわっている。一九二二年のオスマン帝国滅亡以降の世界で、中東イスラーム地域は急速に過去の栄光を失い、欧米列強の植民地や委任統治領として宗主国からの支配下に置かれた。それまで自由に行き来できた広大な領土は、西洋列強によって恣意的な国境線で分割されてしまい、人々の共同体も文化や伝統、言語まで徹底的に分断され、苛烈な搾取や抑圧を受けてきたという屈辱の歴史も横たわっている。その際の苦悩の歴史は、独立以降もいまだに何ら解決を見ないまま、パレスチナ問題をはじめ、イラクやシリアの内戦などが次々と発生して、人々をますます苦しめている。こういった歴史的背景が今日の紛争を引き起こし、継続させていることを忘れてはいけない。イスラーム過激派への対応も、イラクやシリア、リビアなどの内戦や紛争を解決するための道筋も、このような歴史的背景を考慮することから始められなければならない。

ところが、近年、これらの内紛は、国際社会の無謀な「再介入」によって、ますます泥沼化しており、解決の糸口さえ見つからない。これらは中東という遠い地域での紛争であるとして、日本は無関

6　アル・カーイダやＩＳＩＳ（いわゆる「イスラーム国」）が起こす暴力的戦闘行為は、彼らが宗教を大義名分としていても、まさに政治的権力闘争である。これらの戦闘は宗教とは次元を異にして国際政治の中で論じられるものであり、早急な終息のためには軍事力だけでなく国際的な協力が必要である。イスラームの教義に「ジハード」思想があることを理由として、彼らの暴力をイスラームの教義に由来するものであると批判する知識人も多いが、宗教的に定義されている郷土防衛のためのジハードは歴史上、一度も実施されたことがない。ジハード論については、拙稿「ジハードとは何か――クルアーンの教義と過激派組織の論理」（『変革期イスラーム社会の宗教と紛争』塩尻和子編、明石書店、二〇一六年、三七―六一頁）を参照されたい。

係だなどと深刻な事態を無視することは、グローバル化の時代を生きる私たちには、不遜な考えである。こんにち、日本でも外国からやってきたムスリムの人口が増え続けていることと、日本人の中にも信仰を持つ人が出てきていることによって、イスラームが社会の中でますます身近になってきており、日本人のイスラーム理解の重要性が高まっている。また、日本だけではなく、今日の世界全体を覆う近代主義の行き過ぎによる後退と、それに基づく複雑な政治的かつ経済的な問題がイスラーム蔑視と同一視される危険性を避けるためでもある。

2　キリスト教を受け継ぐイスラーム

共通の教義と共存の歴史

このような情報下にあると、人々には、イスラームがユダヤ教とキリスト教の伝統上に成立した宗教であり、これらの三宗教には相互に関連しあう教義やよく似た戒律が存在することによって、過去にも共存が可能であったということを知るすべがなくなる。クルアーンでは、イスラームがユダヤ教、キリスト教の伝統を受け継いで建てられていることが明示されている。イスラームの支配下では、ユダヤ教徒もキリスト教徒も共に「啓典の民」として保護の対象となり、保護民（ズィンミー）として一定の税金を納めれば信教、職業選択、移動などの自由が与えられた。その制度が最も機能的に運用されていたのは、一二九九年から一九二二年まで続いたオスマン帝国の時代であった(7)。

言え、「わたしたちは神を信じ、わたしたちに啓示されたものを信じます。またイブラーヒーム、イスマーイール、イスハーク、ヤアクーブと諸支部族に啓示されたもの、とムーサーとイーサーに与えられたもの、と主から預言者たちに下されたものを信じます。かれらの間のどちらにも、差別をつけません。神にわたしたちは服従、帰依します」。（クルアーン二・一三六）

ここで述べられているイブラーヒームは聖書ではアブラハム、イスマーイールはイシュマエル、イスハークはイサク、ヤアクーブはヤコブ、ムーサーはモーセ、イーサーはイエスのことである。したがって、イスラームでは最も聖なる聖典は神の言葉クルアーンであるが、同時にモーセの律法（トーラー）、ダビデの詩篇、イエスの福音書も聖典に指定されている。また聖書に登場する預言者のうちイエスを含む二〇名の預言者の存在を信じることも義務とされている。(8)

7　オスマン帝国では、帝国支配の当初から啓典の民を保護するために「ミッレト」制度が設置され、同じ宗教を信奉する共同体に分けた区域、ミッレトが設置された。オスマン帝国のミッレト制度がどの程度、効果的に運営されたのかについては議論があるが、ユダヤ教徒、キリスト教徒、ムスリムを「啓典の民」とする共存思想が、帝国が滅亡した一九二二年まで機能的に運用されてきたことは評価される。

8　イスラームの基本的な教義は六信五行と呼ばれるが、六信とはその存在を信じなければならない事柄で、神、天使、聖典、預言者、来世、予定であり、預言者の存在を信じることは四番目に置かれている。クルアーンには最後の最大の預言者であるムハンマドを含めて、二五名の預言者の名前が記されているが、そのうちのヘブライ語聖書と共通の預言者が二〇名である。イエスも尊敬すべき立派な預言者であったとされている。

日本人は一般に、ユダヤ教についてはあまり関心を持たないが、イースターやクリスマスなどの行事を通じて、あるいは、教会での結婚式の影響やキリスト教系の学校を卒業した人も多いことなどから、キリスト教については親近感を感じることは珍しいことではなく、西洋の学術や文化はある意味であこがれをもって親しまれている。したがって、キリスト教であれば学びたいという気持ちを持つが、キリスト教とほとんど同じ教義をもつイスラームについては、後進的で野蛮な宗教であるという誤解から、イスラームを学ぼうとする人の数はかなり少ない。つまりキリスト教に対しては、何かしらの尊敬の気持ちをもって接するが、イスラームに対しては非人間的な宗教であるという蔑視、つまりイスラームフォビアが先に立ってしまうのが現状であろう。

そのような環境下で日本人のイスラーム理解を進めるためには、新しい視点から構成される、相互に効果的な対話の試みが実施されることが重要であるが、それは、たんにイスラームとはなにか、を知ることだけでなく、日本では多数派である仏教徒との効果的な対話も提案されるべきである。一部の仏教徒の中には、イスラームは、正しく理解したり学んだりすることが難しい宗教で、自分たちとは無関係で奇妙な宗教であると蔑視的に見られる傾向があるからである。

しかし、それでもキリスト教を学ぶことは、実はイスラーム理解への近道の一つでもある。仏教家のなかにはキリスト教を学び聖書を愛読する人も少なくない。イスラームの教義はキリスト教から受け継いだものが多く、世界観や人間観、死生観など、人間が生きていく基本的な問題に関しては、同じような教えがみられるからである。高名な仏教学者で東洋大学学長でもある竹村牧男は以下のように仏教とキリスト教を対比している。

キリスト教では、人間は罪を背負っていて、そこからいかに救われるかが大きな主題となっていますが、仏教の場合は、苦しみという現実があり、そこからいかにその境遇を打開していくかということが主題となっています。（『心とはなにか』春秋社、二〇一六年、三四頁）

イスラームにはキリスト教の「原罪」思想は見られないが、人間は本来、誘惑に負けやすい弱い存在であるとされているので、この対比をイスラームに重ねてみることも可能であろう。イスラームでは、いかにして神が定めた倫理的秩序に従って正しい道を歩むことができるか、という点が主題となる。仏教でいわれる「生老病死」などの苦しみを打開した先に見えてくるものを、竹村は「悟りの智慧」と呼び、それは煩悩を完全に脱却した心が働くことであり、そこから「発菩提心」、つまり他者を救済する心が出てくるとする。他人を救おうという心は人が本来持っていたものかもしれないが、それに気づくのは「仏の側からの働きかけによって実現するのです」という（前掲書、九八頁）。

発菩提心から利他へ向かうような心の道筋は、別に仏教に限るものではありません。キリスト教でも、自分がイエスの神の使いになるとか、隣人愛を実践していくことに自分の使命があるとかというように思うならば、自己の意味を了解したという点で同じようなことになります。そのため、仏教に限らず、宗教全般に広くいえることかもしれません。（前掲書、九九頁）

竹村はさらに、自分が神に愛されていることに気づき、他者を愛することが自分の使命であると自覚させられて自己も救済されるのであれば、キリスト教も仏教も同様である、と述べている。隣人愛を実践していくことは、イスラームにおいても基本的な義務であり、神の慈悲のうちで他者も自己も救済されると教えられている。つまり、宗教的にみれば、世界宗教である仏教もキリスト教もイスラームも、いずれも同様の救済策を持っていると考えられる。神学思想については、本稿ではこれ以上は深入りをしないが(9)、表面的な事象に惑わされて、それぞれの宗教が本来、教えている奥義を見落とすことがないことを期待したい。

3　一神教と多神教は区別できるのか

風土説の弱点

日本でのイスラーム理解を進めるうえで避けて通れない問題がある。それは、一般に多神教的世界である日本で、ユダヤ教、キリスト教、イスラームのような一神教を理解したり評価したりすることは難しいという姿勢である。その理由として、我が国では、世界の宗教を語る際に、風土の影響を取り上げる人が多い。たとえば、全般的に乾燥地で砂漠がひろがる地域には、峻厳で絶対的な一神教が興り、温暖で降雨の多い地域には、多神教が興りやすい、と主張される。自然環境が厳しい中東の砂漠からはユダヤ教、キリスト教、イスラームという一神教が生じたが、アジアや日本のように自然に恵まれた緑豊かな地域では、あらゆるものに神性を求めて崇拝するアニミズム的な多神教が発生したという。

これに関連して、西洋的な一神教的世界観と、アジア、とくに日本的な多神教的世界観とを対比して、最近、後者のほうが平和的で自然保護の観念からみても優れている、という主張が強くなってきている。

このような「風土説」は一見、まともなような感じがするが、決して正しい見解ではない。世界宗教史を概観すれば、一神教か多神教かという区別を自然環境に起因するものと考えることには、根拠が乏しいからである。自然環境が峻厳な地域には一神教が発生しやすい、とすれば、インド亜大陸に多神崇拝のヒンドゥー教が発生したことについて明確な説明ができない。一神教が興ったとみられている中東の砂漠地域でも、じつは多神教と偶像崇拝はユダヤ教やキリスト教、イスラームという一連の一神教が発生したのちも、強固に分布していたことは、聖書やクルアーンの記述からも読み取れるが、考古学的研究からも証明されている。

また、世界の歴史を概観してみただけでも、一神教はつねに他者に対して排他的で不寛容であり、多神教が寛容で平和的であったとは、言い切れない。ローマ帝国の支配が多神教時代に寛容であり、一神教のキリスト教を国教として採用した後に、一転して厳格で不寛容となったとは言いえないであろう。歴史上のどの帝国であっても、支配者は排他的で不寛容であり、反乱者に対しては極めて野蛮

9　イスラームの神学思想については、拙著『イスラームの人間観・世界観』（筑波大学出版会、二〇〇八年、電子版発行、二〇一六年）の第三章、第四章を参照されたい。

であったことは、容易に理解できることである。我が国でも、戦前の国家神道という政策が自国民に対しても対外政策においても、寛容で平和的であったとはいえない。

イスラーム神秘主義思想の研究家である鎌田繁[10]は、日本の伝統的宗教についての豊富な知識を駆使しながら、その著書『イスラームの深層――「遍在する神」とは何か』（NHKブックス一二三三、二〇一五年）の中で一神教と風土の関連性について、以下のように説明する。

和辻哲郎は風土論的に宗教に触れるが、視点は人間に置かれており、一神教・多神教という概念を用いていない。「砂漠」の風土では人間は自然と敵対関係にあり、（個人ではなく部族という）全体への服従を特質とし、自然を支配する人格神への服従という生き方を生んだとし、ムハンマドにその典型をみる。ヤハウェにも一神教の枠組みを用いず、部族神としか描いていない。しかし、戦闘的な性格を指摘しており、多神教はたくさんの神をもつので他者の神も認め寛容な文化を生み、一神教は他の神を認めないので排他的であり不寛容な文化を生むという、一神教不寛容説を支える素地はあったかもしれない。……寛容か不寛容かという問題意識は現実の社会と人びとの行為に向けられたものである。違うことを信ずる人を認めるか、あるいは迫害するかという実際の行動の区別を、その人の信仰する宗教が〝一神教〟と呼ばれる宗教であるか否かという理念的な区別に直結させてしまう思考は、論理的な飛躍を孕んでいるように思う。（一三五―一三六頁）

したがって、日本のように自然に恵まれた国では、一神教は生じにくいという結論には、十分な根拠はないと思われる。その例を次に神道の中に見よう。

「すがた」を持たない神

日本の神道は、宗教の分類からみると「民族宗教」であり、「多神教」のなかに配置される。一般に神道は、日本古来の伝統を取り込んで自然発生的に成立し、八百万の神々を崇拝する宗教であると定義される。私もこの定義を否定するつもりはない。しかし、日本神道の神観念には、単に多神教や偶像崇拝とは言えない独自の様相がある。

神道の神（神々）は「すがた」を持たず、通常、神殿内には像もイコンなども飾られてはいない。わずかに一般人の目に触れない至聖所に「ご神体」として、古代の鏡、勾玉、剣の三種の神器が納められているのみであり、一つの社には、一柱の神しか祀っていないことが多い。崇拝対象としての

10　鎌田繁（東京大学名誉教授）はイスラームとの対話において、「同一の社会の中でのよりよい共存のためには、それぞれの宗教の教義などあまり知らなくても人格的な交わりが重要であると「非ロゴス的対話」を強調する立場もある」と述べている（鎌田繁「イスラームの知と宗教間対話の意味」『グローバル時代の宗教間対話』二〇〇四年、六七―七四頁）。それぞれの教義や思想について専門的に学ぶ機会がなくとも、人間同士としての平和な日常的なつきあいを行なうことも、もちろん、重要であり、私もこの立場に賛同するものであるが、同時に、それぞれの思想を、偏見を排して客観的に学ぶことはさらに重要なことであると考える。

神々の木像や銅像が造られないだけでなく、絵画さえも描かれることもない。また、参拝をする人々も、一度の祭事で多数の神を同時に崇拝することはない。伝統的な神社の多くは、鎮守の森と呼ばれる森林の中に建設されていることが多く、神殿が自然の霊気を取り込んでいることも、エコロジカルな宗教であると主張される所以となっている。このような多神教は、世界でも独自の多神教として理解されるが、神道の独自性を最もよく表しているのは、伊勢市の「神宮」（「伊勢神宮」は通称）である。

神宮には天皇家の祖先が祀られていて、日本で最も高位の神社として知られている。内宮の中心にある皇大神宮御正宮には天照坐皇大御神と二座の相殿神が東西に合祀されている。外宮の豊受大神宮御正宮には豊受大御神が祀られ、東西に三座の御伴神が祀られている。しかし、内宮でも外宮でも、一つの神殿には中心となる一柱の神しか祀られていない、と言っても言い過ぎではない。どちらも相殿神を合祀しているが、あくまでも主神はそれぞれ、天照坐皇大御神と豊受大御神である。神職たちが奉仕をするのも、これらの主神だけであり、神事は一つの神にだけ捧げられる。したがって、一つの神殿には一柱の神しか祀られていない、と言うことができる。神宮の神殿は、式年遷宮という儀式を継承することによって伝統的な宮大工の繊細な建築技術を継承しつつ維持されている。広大な森の奥深くに鎮座する社は色彩を排した白木造りの清楚な神殿であり、色彩を排することによってより強く森羅万象に溶け込んでいる。これらの特徴も、神宮が日本神道の神観念の独自性をよく表していることを示している。

４　仏教学者の一神教批判

一神教には救いがないか？

今日の日本の仏教学者の中には、イスラームと一神教とに対して厳しい目を向ける人も少なくない。例えば、町田宗鳳は一神教について「近代文明の根幹にある一神教的コスモロジーが父性の神を仰ぐがゆえに、その疲弊した魂をいやす役割をはたすことができないでいる[11]」として、一神教世界観を厳しく批判している。

また東隆眞の書著『日本の仏教とイスラーム』（春秋社、二〇〇二年）は、日本の仏教界から開かれた初めての「イスラーム研究書」である。この中で東は、中村元の文章、「世界創造神を想定する多くの宗教においては、たとい人が神に救われたとしても、神と人との間には絶対の断絶がある。……仏教においては、仏がわれわれ凡夫を救い取ったあとでは、凡夫は仏そのものとなるのである[12]」な

11　町田宗鳳「ダライラマと近代文明」（『宗教と現代がわかる本』平凡社、二〇〇八年、七八頁）を参照されたい。なお、若手の仏教学者の中には「信者の信仰実態から遊離している『一神教』と『多神教』というカテゴリーはもはや不要になっているように思われる」という立場も見られる（藤井淳「一神教と多神教の概念再考」『春秋』春秋社、二〇一六年一二月、一—四頁）。

12　中村元『慈悲』（平楽寺書店、一九九四年）（未見、ページ数は不明）、『日本の仏教とイスラーム』一八〇—一八五頁に紹介されている。

どを引いて、控えめな表現ながらも、神と人間との間に絶対的な差別があるのなら、イスラームの神の「慈悲」は絶対的なものではないとする（前掲書一七六―一八五頁、一九五頁）。

東はまた「週刊仏教タイムス」の紙面で、日本ムスリム協会の名誉会長、樋口美作と対談された際に「ブッダは目覚めた人で、法に目覚めるということなんです。法に目覚めれば、誰でもブッダになれる」（二〇〇五年八月四日、第二面、「イスラームの一〇〇年」）という。

東は、ここでは「イスラームの神」と限定しているが、人間との間に絶対的な断絶があるのはユダヤ教、キリスト教も含む「一神教の神」の特性である。一神教の教義では、この絶対的断絶をさまざまな工夫によって乗り越えようとしてきた。ユダヤ教では信徒を「神の選民」とし、「約束の地を与える」という囲い込みによって神との結びつきを図ろうとしてきた。キリスト教では、いうまでもなく、創唱者イエスを「救い主・神の子」として神と人間の仲保者とみなした。信徒は神の子イエスを通してのみ、天の父なる神の救いを得ることができる。イスラームでは、神は人間に神の言葉クルアーンを与えることによって、神の意志を地上に実現させようとした。

ある意味では、キリスト教の「神の言葉」としてのイエスは、イスラームではクルアーンにあたる[13]。このような図式化は単純すぎるかもしれないが、唯一の絶対者に立ち向かう人間の側からみれば、これらの工夫は信徒にとっては精神的な救済装置となり、社会のなかで生きるための指針となる倫理規範でもある。

ダルマ（法）と神

一神教の神についてのこのような工夫は、仏教の天地自然の法則「ダルマ」の考えと似ていないであろうか。「法」（ダルマ）は宗教的な解脱にいたる道へと人びとを導く正しい教え、あるいは「真理」を意味するといわれるが、これを一神教の神の導きや神の教えと同様に考えることはできないであろうか。仏教は世界中にさまざまなかたちで展開しているので、一概に「仏教では」と断言することはできないが、一般に仏教では、「神」のような恒久的な実体の存在を認めない反面、「法」には絶対的な価値があると考えられよう。

13　シカゴ大学の高名な宗教学者であったW・C・スミスがキリスト教とイスラームを対比して次のようなチャートを作成したことはよく知られている。

クルアーン……イエス・キリスト
ハディース……聖書
ムハンマド……パウロ

イスラームの聖典クルアーンにイエス・キリストが対応するのは、どちらにも「神の言葉」であり、クルアーンは一語一句紛れもない神の言葉を啓示されたままに書きとめたものであるとされる。いっぽうのイエスは、「ヨハネによる福音書」第一章一節にみられるように、キリスト教の創始者であると同時に「神のロゴス」として神の言葉が地上に顕現したものと考えられている。ハディースは預言者ムハンマドの言行録であり、いうなれば彼の生涯の記録である。創唱者の一生の記録としては、聖書、とくに新約聖書の最初の四福音書に対応する。最後の最大の預言者であるムハンマドはキリスト教ではパウロと対応される。ムハンマドが、パウロと対比されるのは、それぞれの宗教を民族の枠を超えて普遍的な世界宗教へと拓く契機を作ったからである。両方の宗教とも、真の意味の創始者は「神」であると考えるなら、スミスの対比は意義深い指摘である。

前述の鎌田は自身について「仏教徒である」と表明し、仏教学にも造詣が深いが、ダルマとイスラームの神との類似性を以下のように述べている。

自分を超えた力をもつ何らかの存在一般、という意味でのカミサマは、心的な存在を総体として一つのものと捉えていた場合、イスラームにおける神と非常に近いものになってくる。違うのは、それを唯一の創造神であると明確に認識しているか否かという点である。

仏教にはこれに類する考え方がある。例えば、法《ダルマ》（真理）の集まり、あるいは法を身体とする存在のことを法身《ほっしん》という。……真理そのものが身体であれば、それは時間や空間によって変わるものではない。（『イスラームの深層――「遍在する神」とは何か』一三一頁）

この絶対的真理「ダルマ」に覚醒した人間が「仏」となる、ということは、全身全霊で「法」に従う人が「仏」となることと同じことではないかと思われる。そうであれば、「魂の救済」という意味においては「神に従う者」と「法に従う者」は同じ次元にあるのではないか。神と人間、法と人間、それぞれの間には大きな断絶があるが、「従う」あるいは「悟る」という行為によって、どちらの側の人間も救われるのではないであろうか。

ここで、一神教の「神」は、仏教では仏ではなく「法」と対比されるということに気づく。それでは「仏」は何に対比されるであろうか。仏は覚者か聖者にあたり、普通の人間には得ることのできない聖性を与えられた特別な存在であると考えられる。このような対比には批判もあるかもしれないが、聖書の記述にもあるような「人の子」というように、広い範囲で考えるなら、人間だれでもいったん救われると、なることができるという「仏」と対比され得よう。人間は、誰でもが真理に目覚めることによって、「人の子」にも「聖者」にも「仏」にもなる可能性がある。しかし、「真理に目覚める」ことは極めて難しいことであり、実際には誰にでもできることではない。

誰にでもできることではないために、イエスやブッダの存在が特別な聖性を体現したものとなる。キリスト教はイエスを三位一体説にしたがって「神の子」となし、救い主「イエス・キリスト」としているが、仏教、特に大乗仏教においては、ゴータマ・シッダルタは死後、ダルマを身にまとった「法身」であったとされ、仏教における最高仏、大日如来として崇拝される。大日如来は時間や空間に支配されず、生成消滅もしない不変で永遠の絶対者である。神を立てない宗教である仏教において、不変で永遠の絶対者を崇拝し、それに心身ともに従うことは、まさに一神教の神への信仰と変わりはない。

こうして、イスラームの神に従う者も仏教の法に目覚める者も、どちらの魂も信仰によって救済されると考えるなら、一神教の神が無慈悲で、仏教の仏こそが慈悲深い、と断言することはできない。「存在の苦しみ」はダルマのもとにある仏教徒にも平等に降りかかるからである。一神教の神の「愛」と仏教の「慈悲」との相違点については、さまざまな立場があると考えられるが、私は突き詰めて考えれば、どちらも同じく究極の理想であり、宗教を支える原動力ではないかと思う。そこでは、もはや一神教と多神教との相違も問題ではなくなるであろう。

5　一神教の中の多神教性

一神教と聖者崇拝

ユダヤ教、キリスト教、イスラームという三つの一神教は、その教義や宗教儀礼においても一貫して一神教的な性格を堅持しているであろうか。じつは、これらの中でも最も厳格な一神教であるイスラームにも、根強い民間信仰として聖者崇敬が存在する。聖者崇敬は、イスラーム世界各地でそれぞれの地域の独自性をもって広く根づいている民衆的信仰であり、これを正統的ではないとして否定的にとらえる指導者がいることも事実である(14)。

イスラームでは、人々の尊敬と信頼を集めた宗教指導者や神秘主義の導師がその死後、聖者と認められることが多いが、興味深いことに、聖者のリストには勇名を馳せた将軍と並んで誰ともわからない漂着死体、生前に大泥棒であった人などまで幅広く含まれる。シーア派では歴代のイマーム（最高指導者）も聖者とされる。聖者は特別な覚者でなくとも、その死後、墓などに超自然的な霊力の発出が認められると、現世利益を求める民衆の崇敬を集めることになる。

人類史を通して、宗教の歴史は多神教の歴史でもあるが、その中で「一神教革命」とも呼ばれる困難な事業を遂行したのが、同一のセム的一神教の系譜につながるユダヤ教、キリスト教、イスラームである。預言者ムハンマドがイスラームを確立したことについて、アラビア半島の「一神教革命」であると主張する研究者もいるが、この厳格な一神教も、ムハンマドが生きているうちから多神教時代の多くの風俗習慣を取りこんで体制化されていくことになった。もちろん、イスラームの儀礼として採用された多神教の残滓は、イスラームのもとに新しい意味と儀礼を与えられており、以前の多神崇拝のままで取り込まれたものではない。しかし、そこに明らかに多神崇拝の要素が残っているのは、否めない事実である。[15]

キリスト教を例にあげれば、私たちがもともとキリスト教の祭りだと信じて疑わない世界的な行事、クリスマス、イースター、最近ではハロウィーンも含まれるかもしれないが、これらは、実はローマや北欧の異教文化がキリスト教と習合したものである。聖者や聖遺物の存在を公式に認めるカトリックや正教の教会では、イエスの像よりも多く華々しく聖者の像やイコンが飾られている。世界各地でいまなお盛んに行なわれている聖者崇敬は、一神教・多神教の区別なく存在し続けているのである。

これらの現象を見ていくと、一神教と多神教を明確に区別することはできないのではないかと思わ

14　代表的な批判は注（5）で紹介した。アブドゥル・ワッハーブは聖者崇敬を激しく批判し聖者廟やシーア派のイマーム廟なども破壊している。アフガニスタンのターリバーンも偶像崇拝を否定して、バーミアンの仏教遺跡まで破壊した。

15　代表的な例として、キリスト教ではクリスマスはもともとローマの太陽神の祭りであったといわれ、クリスマスツリーは北欧の常緑樹信仰の名残である。イスラームでも義務の巡礼の行程の中に多くのイスラーム以前の行事が取り込まれている。例えば、悪魔の柱に小石を投げつける行事は、アラビア半島に根づいていた悪魔祓いの行事を採用したものであるが、イスラームではアブラハムが神からの離反を囁く悪魔を小石を投げて追い払ったという故事に基づいていると説明されている。

れる。一神教を掲げるユダヤ教もキリスト教もイスラームも、多神教の伝統や風俗習慣を、このように安易に大量に儀礼に導入していることを考えると、これらの三つの一神教は、歴史の過程の中で唯一の創造神との契約に基づいて、「一神教」を標榜しているに過ぎないと考えることもできる。結局、日本人が神社や寺院で神々や仏に向かって祈るとき、その祈りの対象は、一神教の信徒が祈る唯一神と異なるものではなくなるのである。

前にも述べたが、一般にイスラームは日本人の宗教観からは遠い宗教だと考えられやすいが、イスラーム思想の中には、道徳や社会的倫理の観点のように、仏教や神道に近い多くの教えや教訓が見つかる。このように考えると、多神教である日本の伝統宗教と、一神教のイスラームは、ともに同様の宗教的真髄を表象しており、日本の伝統宗教とイスラームとの相互理解も共存も不可能ではないように思える。人間も含めた森羅万象がすべて神の被造物であると同時に、神の存在を証しするものであるというクルアーンの教えと、神殿を宇宙の中心と位置づけ、自然界の営みに神性を見ようとする神道の教えとは、相互に矛盾しない。また、神を立てない宗教である仏教においても、不変で永遠の絶対者を崇拝し、それに全身で従うことは、まさに一神教の神への信仰と変わりはない。

魂の救済を求める人々にとって、「神あるいは神々あるいは仏との応答」の場が、宗教であることを考えると、日本に生きるイスラームにとって、日本の伝統思想を互いに理解しあうことを通じて宗教の新しい地平が開けてくるように感じられるのである。

6　他宗教を重んじていたイスラーム

一般に仏像を崇拝する仏教は、イスラームではもっとも嫌悪される「偶像崇拝」にあたり、多神教徒として排除される対象になると考えられてきた。しかし、イスラーム支配下では、初期から他宗教には寛容な政策がとられていたことは歴史的に明らかにされている。特にアッバース朝期のイスラーム世界では、現実には多くのヒンドゥー教徒や仏教徒が商取引の関係上、インドや中国などから入り込み定住して暮らしていたことが知られている。またムスリムも遠征や商取引のために近隣諸地域へ赴くことが多かった。ヒンドゥー教徒や仏教徒、ゾロアスター教徒などは、文言上は「啓典の民」でもなく、異端の多神教徒であるが、実際には「啓典の民」と同様の扱いを受け、イスラーム支配下では定住や信教の自由も保障されていた。特にアッバース朝期のユダヤ教徒は、保護民としての扱いを享受し、イスラーム政府の支援を受けて、今日に続くラビ・ユダヤ教の伝統を築き上げている(16)。

中世のイスラームと仏教との相互関係については、世界的にもまだほとんど研究されていないが、このような交流については当時の数少ない文献からも読み取れる。イスラーム神学者たちは、インド

16　アッバース朝期のバグダードでは、イェシヴァとよばれるユダヤ学院が三校、イスラーム政府からの資金援助を受けて運営されており、膨大なバビロニア・タルムードの研究も行われ、後世のラビ・ユダヤ教の基礎となる高度なユダヤ哲学を展開させていた。拙著『イスラームを学ぼう』一五二―一五四頁、イェシヴァの活動や研究については『イスラームの人間観・世界観』二五八―二六三頁を参照されたい。

仏教を「偶像崇拝の多神教」として批判するのではなく、「預言者の存在を認めない、理性主義的な宗教」として、むしろ評価を与えていたことが理解できるのである。[17]

ムスリムにとっては、ヘブライ語聖書から受け継いだ多くの預言者の存在を認めることは、基本的な信仰箇条「六信」(その存在を信じなければならない信仰箇条で、神、天使、啓典、預言者、来世、予定)のひとつでもあり、また最後の最大の預言者であるムハンマドは人間としてもっとも尊敬される人物として信者の模範となっている。したがって神の啓示を預かる「預言者」の存在を認めるか認めないかという点に、ムスリムの学者たちがイスラームと仏教の最大の争点をおいたことは、充分に理解できる点でもあり、また興味ぶかい点である。

今日、イスラームはアジアの宗教と呼ぶことができるほど、アジア地域に信徒数が多いが、国民の九〇%近くがムスリムであるインドネシアやイスラームを国教としているマレーシアでも仏教とイスラームは共存している。

7　仏教用語の使用問題

仏教学者の東は前掲書において、イスラーム研究者がイスラームの教義を日本語で解説する際に、あまり深い意図を持たないまま仏教用語を多用してきたことについて、鋭い疑問を呈している。たとえば、イスラームの基本的な宗教儀礼の「五行」(信仰告白、礼拝、ザカート、斎戒、巡礼)の三番目にくる「ザカート」を「喜捨」とすることについて、仏教学の立場から異論を唱えている(『日本の仏教とイスラーム』一〇二—一〇三頁）。

たしかにザカート（ザカー）は一定の税率が決まった税金であり、ムスリム同士の相互扶助のために用いられる公益福祉税ともいうものである。これを「宗教税」と訳すこともあるが、日本語に当てはめることは難しい。しかも、二〇世紀以降、各地に国民国家が成立して、国家財政上の所得税法が施行されている現代世界にあっては、多くのイスラーム国・地域では、現実にザカートは義務の献金ではなく、任意の献金となっているという実情があり、ザカートの訳語として適切な日本語を探す作業は、ますます困難になっている。拙著の中でも、ザカートを「喜捨」としながら「一定の税率があり宗教税の役割をもつ」と記してきたが、これも苦しい言い訳である。

東は、さらに「慈悲あまねく慈愛深き神の御名において」（「ビスミッラーヒ・ラフマーニ・ラヒーム」クルアーン一・一）に触れて、仏教用語の「慈悲」がイスラームやキリスト教の神の愛と同じかどうか、ということを検討している（前掲書一七六—一八五頁、一九五頁）。前述のように東は、世界を創造した唯一の神について、神と人間との間に越えられない差別があるのなら、その神の「慈悲」は絶対的なものではないと言う。そして、この「慈悲」を、「その性格や教義が全く相違するイスラームのアッラーに当てるのは、少なくとも仏教の側からみると、不適正であるといわなければなら

17　イスラーム神学の仏教理解については、拙著『イスラームの人間観・世界観』二九一—二九九頁。乏しい中世の資料から、イスラーム神学の仏教に対する立場を明らかにしようと試みた論文であるが、この研究にはサンスクリットを駆使するインド仏教の専門家とアラビア語の資料が読めるイスラーム神学思想の専門家との共同研究が必要である。

ない」(一八五頁、一九五頁にも)と批判する。

しかし、前にもみたように、仏教と一神教の崇拝対象には、共通する思想があることを考えるなら「その性格や教義が全く相違する」としてイスラームの神に「慈悲」を当てることを不適切だということはできない。しかも、日本語の中でも、宗教に関連する用語のほとんどは仏教用語であるといっても過言ではない。もともとアラビア語で記されたイスラームの思想を日本語に翻訳することは、極めて難しい作業であり、新しい用語を発案するより、それらしい仏教用語をあてはめることのほうが、多くの人びとの理解を得やすい、もっとも安易な方法であったことも事実である。新しく異文化を導入する際に、このような作業が行なわれたことは、やむをえないことであったと言えないであろうか。最近では、イスラーム独自の意味を含有する用語はカタカナで示すことも多くなってきているので、次第に原音に近い表記を採用する傾向が進むことと思われる。

一神教の神の「慈悲」と仏教の「慈悲」との相違点については、さまざまな立場があるが、私は突き詰めて考えれば、どちらも同じことではないかと思う。言い換えると、イスラームの神に従う者も仏教の法に目覚める者も、どちらの魂も信仰によって救済されると考えるなら、一神教の神が無慈悲で、仏教の仏こそが慈悲深い、と断言することはできないように思われる。中村元は「世界創造神」は慈悲深い神ではあり得ないというが、「存在の苦しみ」はダルマのもとにある仏教徒にも平等に降りかかるからである。

宗教において「世界創造神」に「絶対的な慈悲」や「絶対的な愛」をあてるのは、神は正しいことしか行なわない、という神義論が基盤となっている。しかし、この「絶対的な慈悲」や「絶対的な愛」などは、現実の世界では実現不可能な究極の理想であるとしか言えない。実現不可能な理想は、現実の社会の中では、机上の空論にすぎないが、宗教においては、理想が実現不可能であればあるほど、尊くありがたい教えとなる。なぜなら、社会も現実も超越した高い次元に魂の救済を求める精神の働きこそが信仰となり修行となるからである。この点は、日常性・社会性を重要視するイスラームにおいても同様である。イスラームでは、この理想を集中的に追い求めた者たちが神秘主義修行者「スーフィー」と呼ばれたのである。

８　宗教間対話の可能性へ向けて

ある仏教家の対話運動

世界中で多くの紛争が絶え間なく発生し、各地で貧富の格差が広がり、命の価値の差異が拡大する今日、新たな挑戦として、日本の仏教や神道とイスラームとの対話を成功させることは、日本だけでなく、世界におけるイスラームに対する偏見や無理解を取り除くことにつながる。宗教間対話は何度開いても効果が乏しいという意見もあるが、いかに効果が限定され困難であっても、宗教間対話を継続することが重要であると考えられる。

ここで、仏教徒の手による宗教間対話運動の一つを紹介したい。群馬県にある曹洞宗長楽寺の住職である峯岸正典は、二〇〇六年に長楽寺に事務所を置くかたちで宗教間対話研究所を開設し、精力的に月例の対話セミナーを重ねている。彼は仏教寺院の後継者としては珍しく上智大学文学部哲学科に学び、ベネディクト派の修道院で修行を体験している。この経験から、「東西霊性交流」を掲げて、各界各宗派から知識人を招聘して、共に学び意見を戦わせる場を設けたのである。彼の魂を込めた活動によって、長楽寺は世界中から多くの宗教家が訪れる「対話の場」となっている。この研究所について、峯岸は次のように言っている。

　こうした経験も励みとなって、私は一〇年前、自分のお寺に宗教間対話研究所を設立いたしました。宗教間対話促進の必要性に鑑み、先達の学識に学び、それを社会に反映させることが必要だと考えたからであります。特定の機関の働きかけによって設立されたものではありません。紛争の根源に宗教の違いがあるといった、社会の一般的な見方が是正され、異なった宗教間で誤解に基づく争論が起きないように提案していくことを課題としています[18]。

　この研究所の月例会では、イスラームに関する研究発表や対話は二〇一六年八月までに一九回に及び、ユダヤ教についても六回の連続講義が行われた。前述の東隆眞の研究にみられるように、仏教家の多くが一神教やイスラームを、峯岸のように寛容な態度で理解しようとしている訳ではない。むしろ、前述の町田のように一神教について「父性の神を仰ぐがゆえに、その疲弊した魂をいやす役割をはたすことができないでいる」として、一神教世界観を批判することが多い。

　また、前述の「仏教においては、仏がわれわれ凡夫を救い取ったあとでは、凡夫は仏そのものとなるのである」という立場からも理解できるように、一神教では、人間は決して超越的で唯一の神になり替わることなどできない、とされる。人間との間に絶対的な断絶を置く神は、人間に対して、決して慈愛深い神ではないと批判される。

しかし、今日、急激に変化する世界においては、互いに批判しあうのではなく、それぞれの思想を、偏見を排して客観的に学ぶことは重要なことであると考える。峯岸は、このような立場から「東西霊性交流」は時代の希求としての宗教間対話であるとして、自らの経験を踏まえて次のように言う。

およそ異質なものと触れ合わない限り、組織はよどんでいくものと一般的に言われている。修道士と禅僧という違った立場に立つ者同士の交流は教団という組織に生きる者に、自分たちの足元を見つめなおすきっかけを作ると言えよう。

……宗教の違いは教義の違いとなり、教義は異なった宗教に属する人々を分断し、対話において共通の分母を持つことをまだ許してはいない。だからこそ、異なった宗教間の出会いと対話が新しい時代のパラダイムを開く可能性を持つ[19]。

こうして峯岸の研究所では、キリスト教だけでなく、イスラームやユダヤ教、その他の宗教の研究

18　アシジ会議「平和への渇望」(Assisi 30 Thirst for peace, Panel 3: 1986–2016 Yesterday as Today The Relevance of the spirit of Assisi, 2016,9,20) で発表された「アシジから三〇年」から引用。

19　峯岸正典「東西霊性交流――時代の希求としての宗教間対話」(『現代社会と宗教』愛知学院大学国際研究センター叢書四、二〇一三年、一八五―一九八頁)

者や宗教家を招聘して、毎月一回の研究会が滞ることなく、実施されている。研究会に集まる人々も仏教家をはじめ、新宗教の導師や宗教学の研究者や学生、ジャーナリスト、文筆家など多彩である。

イスラームとの共存を目指して

多元化とグローバル化した世界において、イスラームとはなにか、どのような意味をもつのか、どのような役割を果たすのか、どうすればムスリムとの平和的共存が可能となるのか。日本国内でも増えてきたムスリムとともに、これらのイスラームについての諸問題を、私たちは日本人として改めて考えることが必要である。今日、急激に変化する世界においては、それぞれの思想を、偏見を排して客観的に学ぶことは重要なことである。

宗教というものは、哲学や倫理思想も同様であるが、じつにさまざまな解釈ができる。イスラームに限ったことではないが、聖典や戒律は、時として非人間的な解釈をもたらすことがある。イスラームについても、どの解釈が正しい、あるいは正しくないと決めつけることはできない。しかし、宗教としてのイスラームは決して好戦的でも、非人間的な教えでもない。この私の考えは、優れたムスリムの学者たちも主張している立場であり、多くのムスリムの考えにも共通していると思われる。そうでなければ、情報や交流の技術が発達した現在、イスラームの信徒数が激増するという現象は説明がつかないことになる。ムスリムの若者が参加する過激派の問題は確かに深刻であるが、その背景には国際関係の根深い要因があり、短絡的に宗教教義の問題に帰することはできない[20]。

私たちは一神教と多神教といった枠を作ってしまうことなく、人間としての共通性を基盤として、イスラーム世界と日本との対話を続けていきたい。お互いによく話し合い、理解しあうことは、効果的な宗教間対話を実施し、グローバル化したこの世界に平和的な共存関係を築き上げるために、極めて重要なことである。

20　イスラーム過激派の問題は、ジハードとの関連で説明されることが多いが、イスラーム法学者の四戸潤弥は本書第六章一七五頁で「戦争との対比概念は条約であり、条約が我々の言う平和概念であるが、そこにはイスラーム信仰は直接関係がない」と述べており、一般に戦闘的ジハードが「防衛戦争」を意味するという理解は、イスラーム法学では成り立たないとしている。まして、戦闘的過激派集団が自らの行為を正当化するために宗教の旗を掲げ、ジハードを宣言することは、本来の宗教教義や宗教法の規定から外れたものであり、彼らの行為を安易にイスラームに結び付けて宗教批判をすることは、不毛なイスラームフォビアにつながる。中田考はジハードについて「イスラーム法に従うならば、ジハードとは異教徒の攻撃からの自衛に限定される戦闘行為だからです」と説明している（『イスラーム、生と死と聖戦』集英社新書、二〇一五年、二八頁）。イスラーム過激派については、拙稿「ジハードとは何か——クルアーンの教義と過激派組織の論理」（『変革期イスラーム社会の宗教と紛争』塩尻和子編著、二〇一六年、明石書店、三七—六一頁）。

第五章　エジプトにみる聖家族逃避行伝承をめぐる宗教共存
――ムスリムとコプト正教徒の関係

岩崎　真紀

１　はじめに

「中東の宗教」と聞くと、一般の人々は何を思い浮かべるだろうか？　おそらく世界中の多くの人の頭に浮かぶのはイスラームだろう。しかし、実際には、中東の多くの国はムスリムが大多数を占める一方で、ユダヤ教、キリスト教、ゾロアスター教、ヤズィーディー教、バハーイー教など、さまざまな宗教を信仰する人々が存在し、そのうちのいくつかは、七世紀にアラビア半島でイスラームが誕生し、各地に到来する以前から存在しつづけている。とくに、キリスト教は、一世紀にパレスティナで誕生した直後から行われた布教活動によって早い段階で中東の近隣地域に広がり、各地で異なる宗派として独自の発展を遂げてきた。エジプトのコプト正教会、シリアのシリア正教会、レバノンのマロン派カトリック教会、メソポタミア一体に信仰圏を持つアッシリア教会、かつては中東全域に信徒がいたアルメニア使徒教会など、中東においてこうしたいくつものキリスト教の宗派が誕生し、持続し、一四〇〇年以上にわたりムスリムと共存してきたことは、本書のタイトル『宗教と対話』に即せば、異なる宗教や宗派に属する人々のあいだの絶え間ない対話の歴史といえるだろう。

　翻って、欧米諸国におけるイスラームフォビアの台頭や、近年のシリアやイラクにおけるＩＳによる他の宗教や宗派に属する者への残虐行為、そして、そうしたことばかりが強調されるメディアの急増は、事情に精通していない人々に対して、異なる信仰を持つ者同士のあいだには対立しか選択肢がないような印象を容易に与えかねない。そこで本稿では、筆者が一九九九年から現地調査を行っているエジプトを対象として、多数派であるムスリムと同国の宗教的マイノリティの中心を占めるコプト・キリスト教徒の関係に着目し、異なる一神教を信仰する人々がともに暮らす土地において、ある宗教的マイノリティがどのような立場で存在し、民衆間ではどのような宗教共存のかたちが存在するのか考察を深めてみたい。事例として、聖家族逃避行伝承、すなわち幼子イエスを連れたマリアとヨセフが迫害を逃れてパレスティナの地からエジプトへ旅したという聖書の記述をめぐるコプト・キリスト教徒のあいだに伝わる伝承と、それに基づく聖地におけるコプトとムスリムの共存を取り上げることとする。

　なお、本稿は二〇一一年にエジプトで起きた民衆による民主化を求める大規模抗議活動（一月二五日革命）前に焦点をあてていることを申し添えておく。二〇一一年に中東諸国で起きた一連のいわゆる「アラブ革命」（別名「アラブの春」）と呼ばれる政治や社会の大規模な変動のなかで、エジプトは中心国のひとつとなった。この革命により、約三〇年間つづいたムバーラク政権が倒されたが、その後はムスリム同胞団系政権の樹立と崩壊、元エジプト軍最高評議会議長シーシーによる政権の誕生、シナイ半島等での治安部隊と過激派組織との度重なる衝突など、エジプトは政治的、社会的に不安定な状況がつづいている。本稿では、筆者が二〇〇三年から上エジプト（エジプト南部）で行っているフィールドワークで収集したデータをもとに、一月二五日革命以前のムスリムとコプト正教徒の関係に焦点をあて、従来のエジプトにおける宗教共存がどのようなものであるかを改めて確認し、対立ばかりが強調される一神教をめぐる言説に一石を投じたい。

2　現代エジプトの宗教状況とコプト正教徒の立場

エジプト政府の統計によると、同国では人口の約八五—九〇％をスンニ派ムスリムが占め、残りの一〇—一五％はキリスト教徒を中心とする宗教的マイノリティが占める[1]（写真1）。後者のカテゴリーには、コプト・キリスト教徒、ローマ・カトリック、プロテスタント諸派、ギリシア正教徒、アル

1　エジプトの宗教人口比は、統計機関によっても数値が異なることも多く、不明な点も多い。二〇一一年一〇月三一日付のエジプトの政府系新聞アル＝アハラームによれば、もっとも最近の政府統計がエジプトのキリスト教徒人口を総人口八三〇〇万のうちの三三〇〇万（約四％）とする一方、当時の総主教シュヌーダ三世はこの数字を否定し、コプト正教徒人口だけで一二〇〇万（約一五％）に達すると述べている（http://english.ahram.org.eg/NewsContent/1/64/25627/Egypt/Politics-/Egypt-Pope-orders-first-postrevolution-count-of-Ch.aspx　最終閲覧日二〇一六年一〇月三〇日）。こうした事実は、エジプトにおいて宗教人口比について公の場で語ることの難しさ、そして宗教的マイノリティの立場の危うさを表わしているといえよう。

写真１　コプト、ムスリマ、バハーイーが集ったコプト正教会での結婚式　ミニヤ県ミニヤ市、2005年7月12日（特別な説明がない写真以外はすべて筆者撮影）

メニア使徒教徒などのキリスト教諸派の信徒、ユダヤ教徒、シーア派ムスリム、バハーイー教徒[2]などが当てはまり、このうち大多数を占めるのがコプト・キリスト教徒である。「コプト」（al-qibṭ, qibṭī）という名称はギリシア語でエジプトを意味するアイギュプトスという語に由来する。一世紀にパレスティナで誕生したキリスト教はすぐにエジプトにもたらされ、七世紀にアラブ人ムスリムが到来したころのエジプトは民の大半がキリスト教徒であった[3]。そのため当時のアラブ人ムスリムは自分たちとの差別化を行なうため、土着のエジプト人（当時はキリスト教徒と同義語）のことをコプトと呼んだ[4]。現在のエジプトでは、コプトとは「エジプト人キリスト教徒」を意味し、そのなかにはコプト総人口の約九〇％を占めるコプト正教徒のほか、一九世紀以降の欧米からの宣教活動により分派したコプト・カトリック、コプト・プロテスタントといった宗派も存在する[5]。本稿ではこのうちのコプト正教徒を対象とし、とくに説明がない場合コプトとはコプト正教徒もしくはコプト正教会を指す。

コプト正教会は、西暦四五一年にカルケドン公会議の神学論争において西欧キリスト教世界と袂を分かって以降、独自の伝統を築いてきた。聖マルコを初代とし現在では一一八代目となる総主教の系譜、年間計約二五〇日間の断食[6]、独自の暦である殉教暦[7]、そして、後述する聖家族エジプト逃避行

2　バハーイー教（アラビア語：al-Dīn al-Bahā'ī　英語：Bahā'ī Faith）は、一九世紀半ばにイランのシーア派内の分派であるシャイヒー派の信徒であったセイィエド・アリー・ムハンマド（のちのバーブ）が開いたバーブ教を、彼の追随者であったミールザー・ホセイン・アリー（のちのバハー・オッラー）が発展させた一神教。現在は世界各地に信徒を持ち日本にも信徒がいる。「日本バハイ共同体」は信仰の名称も信徒もともにバハイと称し、前身であるバーブ教はバブ信教と称しているが、本論ではより一般的な名称を用いた。エジプトにおけるバハーイー教徒の信仰生活と宗教的マイノリティとして直面する問題についてはつぎの拙稿を参照のこと。岩崎真紀「イスラーム社会における宗教的マイノリティ——エジプトのバハーイー教徒を事例として」『宗教学・比較思想学論集』第八号、四四—六一頁、二〇〇七年三月、岩崎真紀「イスラーム社会における改宗——宗教という境界をめぐって」荒川歩・川喜田敦子・谷川竜一・内藤順子・柴田晃芳編著『〈境界〉の今を生きる——身体から世界空間へ　若手一五人の視点』東信堂、二〇〇九年、四一—五五頁。

3　Makari, P. E., *Conflict & Cooperation: Christian-Muslim Relations in Contemporary Egypt*, New York: Syracuse University, 2007, p. 41.

4　Hasan, S. S., *Christians versus Muslims in Modern Egypt: The Century-Long Struggle for Coptic Equality*, Oxford: Oxford University Press, 2003, p. 17.

5　*Ibid*, p. 20.

6　コプト正教会のおもな断食の名前と日数は以下のとおり。使徒断食（一五—四九日間）、ヘラクリウス断食（七日間）、ヨナの断食（三日間）、四旬節断食（五五日間）、降誕節断食（四三日間）、聖処女断食（一五日間）、毎週水曜と金曜の断食。コプトの断食とはイスラームのそれと異なり、肉類、乳製品、動物性油脂、卵を断つ断食であるが、ヨナの断食、四旬節断食、聖処女断食の際には魚類も避けられる（Basilios, A., "Fasting," Atiya, A. ed., *The Coptic Encyclopedia*, vol. 4, New York, Macmillan Publishing Company, 1991, pp. 1093–1097）。

7　古代エジプト時代の暦を元にしつつ、キリスト教徒を峻烈に迫害したローマ皇帝ディオクレティアヌスが即位した二八四年を元年とする暦。月の名には古代エジプト語が用いられている（Hasan, *op.cit.*, p. 25.）。

伝承への信仰など、これらはみなコプト正教会独自の歴史認識や宗教実践であり、現在では人種的・民族的にはムスリムとほとんど差異がないといわれているコプトをムスリムとは異なる独自の宗教的・文化的存在たらしめている要素でもある。[8] いわば、これらの要素はコプトの宗教的アイデンティティの源泉となっており、彼らがエジプトにおいてムスリムに同化することなく、独自の信仰世界を維持することを可能にしているものといえるだろう。

3　コプトにとっての聖地エジプトと聖家族逃避行伝承

3―①　コプトにとっての聖地エジプト

コプトはみずからが住まうエジプトという土地に対して特別な宗教的意味を見出している。その背景にあるのは、新約聖書のマタイによる福音書二章一三節から一五節にかけて記された聖家族のエジプトへの逃避行である（写真2）。この章句にはローマ支配下の属州であったイスラエルに住んでいたヨセフとマリアが、ユダヤの王ヘロデ[9]による幼児虐殺[10]を避けるために幼子イエスを連れてエジプトへと逃れたことが以下のように記されている。

占星術の学者たちが帰って行くと、主の天使が夢でヨセフに現れて言った。「起きて、子供とその母親を連れて、エジプトに逃げ、わたしが告げるまで、そこにとどまっていなさい。ヘロデが、この子を探し出して殺そうとしている」。ヨセフは起きて、夜のうちに幼子とその母を連れてエジプトへ去り、ヘロデが死ぬまでそこにいた。それは、「わたしは、エジプトからわたしの子を呼び出した」と、主が預言者を通して言われていたことが実現するためであった(11)。

聖書において聖家族のエジプト逃避行に関する記述はほかになく、唯一の記述であるこの章句すら、彼らがエジプトのどこを訪れ、どのような生活を送ったかなど詳細は一切書かれていない。つづく二章一六節から一八節ではヘロデの蛮行が描かれ、二章一九節においては、ヘロデの死とそれにともなう天使の導きにより、聖家族がイスラエルに戻る姿が描かれているだけである。

こうしたこともあり、聖家族のエジプト来訪は、西洋近代的歴史観に照らし合わせると史実として認識するには実証的根拠に乏しいとされることが多い。たとえばローマ・カトリックにおいて、それは史実として受容されるよりも、白いロバに乗るマリアに抱かれた幼子イエス、手綱を引くヨセフと

8　コプトはしばしばみずからを古代エジプト人、ムスリムをアラブ民族の末裔として差異化するが、身体的特徴から両者を判別することはほぼ不可能である（谷垣博保「現代エジプトにおけるコプト——中東最大のキリスト教コミュニティの状況」『現代の中東』二八号、二〇〇〇年、五〇—五一頁）。

9　ヘロデは正教会ではイロドと表記されるが、本稿ではより一般的なヘロデという名称を用いることとする。

10　ヘロデによる幼児虐殺はマタイによる福音書二・一六に記されているが、西方キリスト教世界や日本においては多くの場合、史実ではなく伝説とみなされている（佐藤研「ヘロデ」大貫隆・名取四郎・宮本久雄・百瀬文晃編『岩波キリスト教辞典』岩波書店、二〇〇二年、一〇二五頁）。

11　『聖書　新共同訳』日本聖書協会。以下、聖書の引用はすべて本書からのものとする。

写真2　マリア、ヨセフ、幼子イエスが天使に導かれてエジプトを旅するイコン　ミニヤ県デール・ジャバル・テール村聖処女教会、2008年12月22日

いう定式化された図像を通じた美術の対象として認識される場合が多い。このことは、『キリスト教大事典』[12]や『岩波キリスト教辞典』における聖家族そのものや彼らのエジプト逃避に関する記述が、図像学的見地にのみ立ったものであることにも端的に表われている。[13]『カトリック大事典』においては、「この伝承は、史実よりも、むしろ神学を伝えている」と明確に述べられており、聖家族のエジプト逃避行は実証的な歴史上の史実としてではなく、ある種の象徴とみなされている。[14]こうした西方キリスト教会の姿勢に対して、コプト正教会においては、教会権威も一般信徒もともに、マタイによる福音書のエジプト逃避行はまぎれもない歴史的事実とみなしている。

さらにマタイによる福音書二章一四節の「それは、『私は、エジプトからわたしの子を呼び出した』と、主が預言者を通して言われていたことが実現するためであった」という部分は、エジプトについての言及がある旧約聖書のイザヤ書一九章一――二五節やホセア書一一章一節で預言された、神とエジプトとのかかわりが成就した証左としても理解されている。つまり、イザヤ書一九章一節の「エジプトについての託宣。見よ、主は速い雲を駆ってエジプトに来られる。主の御前に、エジプトの偶像はよろめきエジプト人の勇気は、全く失われる」と、ホセア書一一章一節の「まだ幼かったイスラエルをわたしは愛した。エジプトから彼を呼び出し、わが子とした」という章句は、マタイによる福音書に描かれた聖家族のエジプト逃避行によって実現されたと理解されているのである。(15)

実際に筆者がフィールドワークを通じてみる限り、コプトにとってみずからが住まうエジプトという土地は、キリスト教最大の聖地であるエルサレムよりも重要な聖地とみなされているように思われる。コプトが聖地や巡礼について語る際、その対象はエジプト国内にある聖家族や聖人に関係した場所である場合がほとんどで、エルサレムに言及することはほとんどない。もちろん、そこにはエルサレムとエジプトの地理的隔たりとともに、一九七九年に当時のエジプト大統領サーダート（在任一九七〇―八一年）とイスラエル首相ベギン（在任一九七七―八三年）とのあいだに締結された和平条約キャンプ・デーヴィッド合意後、当時の総主教シュヌーダ三世（在位一九七一―二〇一二年）が「シオニ

12　日本基督教協議会文書事業部・キリスト教大事典編集委員会編「聖家族図」同編『キリスト教大事典改訂版』教文館、二〇〇〇年、六〇七頁。
13　名取四郎「エジプトへの逃避」前掲『岩波キリスト教辞典』一四二―一四三頁。
14　三好迪「エジプトへの避難〔聖家族の〕」学校法人上智学院　新カトリック大事典編纂委員会（代表高柳俊一）『新カトリック大事典』三、研究社、一九九六年、七八二頁。
15　Meinardus, Otto F. A., *Coptic Saints and Pilgrimages*. Cairo, The American University in Cairo Press, 2002, p. 83, Hulsman, Cornelis, "Tracing the Route of the Holy Family Today." Gabra, Gawdat ed., *Be Thou There: The Holy Family's Journey in Egypt*. Cairo, The American University in Cairo Press, 2001, p. 32.

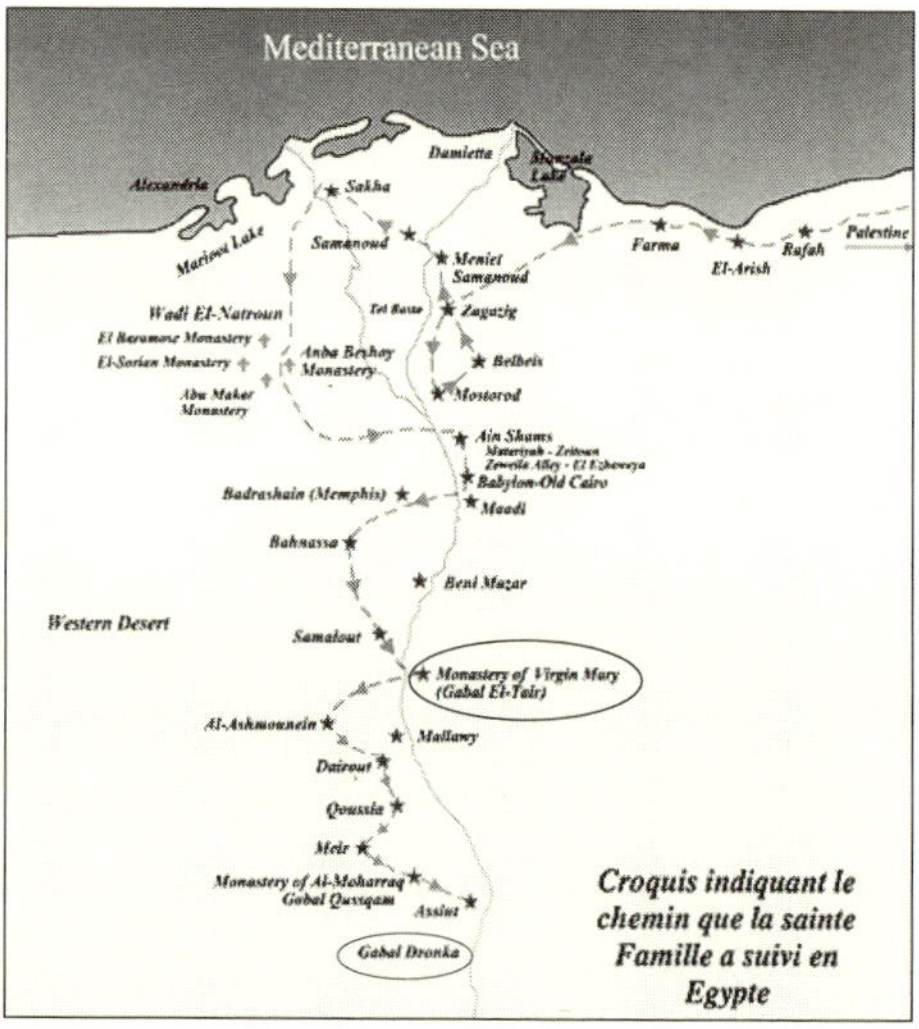

図1．エジプトの政府系新聞『アル＝アハラーム』オンライン版に掲載された聖家族エジプト逃避行路とされているルート。最南端のGabel Dronka（ドロンカ）は本地図上では立ち寄ったことを示す星マークがついていないが、コプトに伝わる伝承でも、本記事上も聖家族が立ち寄ったとされている。丸印は第３節で取り上げた聖地（出典：http://weekly.ahram.org.eg/Archive/2003/670/tr3.htm　最終閲覧日 2016年10月31日）

ストがアラブ・エルサレムを占領している限り[16]」と述べ、信徒のエルサレム巡礼を強く禁じたという政治的事情も考慮する必要があるだろう[17]。しかし、コプトがみずからの土地エジプトをエルサレム以上に大きな意味を持つものとして受け取っているのは、エルサレムをめぐるイエスの生涯よりも、幼子イエスがマリアとヨセフともにパレスティナを逃れて旅した場所がエジプトであったことと深く関係しているだろう。

そして、そうした感覚をつねに担保しているのが、後述する聖家族巡礼地での様々な実践であるといえる。

3—② 聖家族逃避行伝承をめぐるエジプトの聖地

聖家族のエジプト逃避行に関する聖書の言及はきわめて少ない。しかし、コプトたちは外典をもとに、まず口頭で、のちに文書によって聖家族の旅路をより詳細に描きだし、後世へと伝えたとされる[18]。現在まで伝わる伝承によれば、ヨセフのひくロバに乗ったマリアとイエスは、ベツレヘムからガザへ、その後、シナイ半島にあるラファ、アル＝アリーシュ、テル・アル＝ファラマ、エジプト北西部のテル・バスタ、ムスタルド、ビルバイス、サマンヌード、サハ、ワーディー・ナトルーン、カイロ諸地区、マアディー、上エジプトのベヘネサ、サマルート、デール・ジャバル・テール、ヘルモポリス（現在のアル＝アシュムネイン）、ダイルート、アル＝クスィーヤ、メール、デール・アル＝ムハッラク、ドロンカなどを三年半かけて旅した後、パレスティナへ帰還したといわれている[19]（図１でいうと、ルートは右端からはじまり、一部周回しながら、下降していく）。

聖家族はこれらの土地を数年かけて旅したといわれているが、その年数にはいくつかの解釈があ

16　Meinardus, *Ibid.*, p. 3.

17　これに対して、筆者が二〇一四年一二月にイスラエルを訪れた際に確認したところ、エルサレムやベツレヘムにはコプト正教会があり、複数の聖職者が在住していた。また、二〇一五年一一月二八日には総主教タワードロス二世（在位二〇一二―）が物故したエルサレム大主教の葬儀のため同地を訪れている。ただし、コプト正教会スポークスマンがＡＦＰに語ったところによると、これはあくまでも例外的措置であり、信徒のイスラエル訪問に対する教会の立場はこれまでと変わりないという（http://www.timesofisrael.com/coptic-pope-attends-jerusalem-funeral-on-rare-visit-to-israel/　最終閲覧日二〇一六年一〇月二八日）。

18　聖家族エジプト逃避行への言及がある外典について、久山は新約聖書外典カイロ・パピルス一〇七三五、山形はヘブライ福音書を挙げている（久山宗彦『ナイル河畔の聖家族』コルベ出版局、一九九一年、一〇頁、山形孝夫『砂漠の修道院』新潮社、一九八七年、一六二頁）。

19　Davis, Stephen J., "Ancient Sources for the Coptic Tradition." *op.cit.*, p. 135.

写真3　現在では衰退した聖地ヘルモポリス（アル＝アシュムネイン）2011年12月25日

る。現在のコプト正教会が三年半とする一方、ギリシアの地理学者・歴史家ストラボン（BC六四？―AD二三）による一二世紀の書物では七年とされている。[20] また、一四世紀のムスリム注釈者たちは、聖家族はイエスが一二歳になるまでエジプトにいたとする記述を残しており、このことは当時のムスリムも聖家族のエジプト逃避行を認めていたことを意味する。[21] 現在でも、筆者がフィールドワーク中に話したムスリムたちはみな、幼子イエスとマリアとヨセフがエジプトに逃れてきて、数々の場所を訪れたことを自明のものとしてとらえていた。

　なお、ここに挙げられた街や村は歴史を通じてずっと聖家族逃避行伝承の残る聖地として栄えてきたわけではない。かつては繁栄したが今では衰退している場所もあれば、逆に、特定の契機があり現代に入ってから新たに聖地とみなされるようになった場所もある。

　前者の例でいえば、上エジプトのヘルモポリス（現在の名はアル＝アシュムネイン）が挙げられる。この街は古代エジプトにおいて魔術の神であるトトの聖地として繁栄していたが衰退し、その後、紀元後四〇〇年頃の記録では、聖家族が訪れた聖地としてエジプト国内はもちろんパレスティナからの巡礼者も訪れていたとされている。[22] しかし、現在では古代エジプト時代の列柱やいくつかの神像が残されているだけであり、コプト正教会もなければ、聖家族にまつわる聖地としての面影はほとんど

写真４　繁栄する新興聖地ドロンカ　2005年８月19日

ない（写真３）。後者の例としてもっとも顕著なのが、聖家族逃避行地の最南端に位置する上エジプト・アスュート県のドロンカである。一九五五年にアスュート主教ミハイール司祭によってこの付近に教会が再建されたことや一九八〇年一月二二日および一九八八年一月一〇日に起きたとされる聖処女マリアの出現がエジプト全土に知れ渡った結果、巡礼者が激増し、以前は通常の街に過ぎなかった場所が、新たな聖地とみなされるようになったのである[23]（写真４）。この街については次項でより細かく考察する。

　このように、聖家族逃避行にゆかりのある土地は、現代においてはそれぞれ異なる様相を呈しているが、繁栄している聖地には多くの巡礼者が訪れている。そして、少なくない数のムスリムも訪れているのである。次項では、コプト人口率が比較的高い上エジプトに位置する聖家族逃避行にかかわる聖地をめぐるコプトとムスリムのあいだの民衆的宗教共存のかたちをみていきたい。

20　*Ibid*, 156.
21　*Ibid*.
22　Davis, *op.cit.*, pp. 138–140.
23　Hulsman, *op.cit.*, p. 116.

4　聖地における宗教共存

4―①　ドロンカ

カイロの南約三七〇キロメートル、ナイル川の東岸約一〇キロメートルの緑地と砂漠の境界に位置するアスュート県ドロンカ修道院は聖家族逃避行聖地の最南端に位置する（図1上、もっとも下に書かれた地名）。筆者は二〇〇五年八月の聖処女断食巡礼の期間中に、ミニヤ市のコプト・カトリック教会が主催したドロンカ修道院をはじめとするアスュート県のキリスト教関連史跡への巡礼ツアーに参加した。河岸段丘の崖に沿って建てられたドロンカ修道院の敷地内にはいくつもの教会や修道院、巡礼者宿泊施設が立ち並び、一大巡礼地としてエジプト全土から多くの巡礼者を集めていた（写真5）。一九八八年に聖処女マリアが出現したといわれる場所であるため、コプト暦（殉教暦）八月二二日の聖処女被昇天を記念した一五日間の巡礼期間中は毎日五万人が訪れ、被昇天日には五〇万人が集うという。[24][25] キリスト教音楽が大音量で流れる敷地内には、聖家族関連史跡を順序良く回れることができるような配慮とともに、たくさんの

写真５　聖家族が隠れたといわれる洞窟。内部にはドロンカのなかでもっとも重要な教会がある。2005年8月19日

宿泊施設や売店が設けられており、巡礼者が心地よく滞在できるような工夫があちこちになされていた。それは、イスラームを国教とし、社会のいたるところでイスラーム的価値が優先されるエジプトにおいて、都市から遠く離れ、外壁によって通常の社会と隔たれたドロンカが、コプトにとっては憂いなく信仰を実践し、信仰をともにする同胞と触れ合うことのできる空間として機能しているということでもあるように思われた。

写真６　新生児の健やかな成長のためにドロンカの洞窟教会を訪れたムスリム一家。2005 年８月 19 日

他方でこうしたキリスト教的環境のなかでひときわ筆者の目を引いたのが、幼子を連れたムハッジャバ（「ヒジャーブをまとったムスリマ」を意味するアラビア語上エジプト方言[26]）を中心とするムスリムの家族であった（写真６、７）。彼らはムスリムであることを隠すことなく自然な様子で修道院の敷地内に入り、教会堂にも入っていた。また、そのことを表立って咎めるコプトもまったくいなかった。母であるムスリマたちに話を聞くと、幼子の多くは生後一週間前後で、スブーア（日本でいうお七夜）を祝うために家族で訪れるケースが多かった。そうしたムスリマたちのなかに

24　コプト正教会の断食については注（６）参照。
25　Hulsman, *op.cit.*, p. 116.
26　本稿のアラビア語カタカナ表記は原則として上エジプト方言で記載する。ただし、ヒジャーブのように、一部単語については、正則アラビア語と変わらない発音になる場合もある。

写真7　親戚一同でドロンカを訪れたムスリムたち　2005年8月19日

は、「異教徒」であることを臆する風もなく、ザグルートと呼ばれるアラブ女性特有の祝いの声をあげる者も少なからずいた。スブーアのために幼子を連れてきているコプトも大変多かったことはいうまでもない。生まれたばかりの子どもの健やかな成長のために聖地を訪れ、バラカ（神の恩寵）を得たいという思いは、ムスリムとコプトに共通の願いであり、ドロンカは信仰を異にする人々に対しても開かれている。

4―② デール・ジャバル・テール

エジプト逃避行中の聖家族が三日間とどまったといわれるミニヤ県デール・ジャバル・テール村はカイロの南約二二〇キロメートル、ナイル川東岸の石灰岩からなる河岸段丘上一三〇メートルに位置している。下を走る幹線道路から伸びる一六六段の階段を上がると、眼下には緑豊かな大地と青々としたナイル川が広がっている（写真8）。この村はデール（修道院）という名前がついているものの、現在では修道院があるわけではなく、普段は巡礼者もそれほど多くはない、ドロンカとは対照的なひっそりとした小さな村である。二〇〇五年当時に筆者が行った聞き取り調査では人口約六五〇〇人のこの村のほとんどはコプトで、ムスリムはわずか六家族だった。近隣の一〇村の宗教人口比と比較すると一つの例外を除いて、コプトが過半数を占める唯一の村である。[27]

写真8　デール・ジャバル・テール村（左端の河岸段丘上のエリア）　2005年8月4日

歴史的にみると、新興の聖地であるドロンカとは対照的にデール・ジャバル・テールの聖地としての歴史は古く、中世に書かれた聖家族逃避行路に関する書物のほとんどで言及されているという[28]。村には、「聖家族が小船でこの山の下を流れるナイル川を航行中、崖から落ちてきた巨大な石を幼子イエスがみずからの手を伸ばし、石が船に向かって落ちるのを防いだ」という伝承や、「聖家族が船から陸に降り立ったとき、イエスの神聖さにより古代エジプトの神殿にあった神々の石像がつぎつぎに壊れたため、聖家族はみずからの存在がこのような破壊を招いたことに驚き、急いで山を登った」という伝承が残っている[29]。また、マリアとイエスが隠れたという洞窟やマリアがパンを焼いたという岩穴も残されており、巡礼者たちの崇敬対象となっている[30]。

27　岩崎真紀「現代エジプト社会における宗教的マイノリティーの信仰世界――コプト・キリスト教を中心として」（筑波大学人文社会科学研究科提出博士論文）、二〇〇八年、一二六、一二八頁。
28　Davis, *op.cit.*, p. 147.
29　Hulsman, *op.cit.*, p. 84, Perry, Paul, *Jesus in Egypt: Discovering the Secrets of Christ's Childhood Years*. Ballantine Books. Perry, 2003, pp. 214–215.
30　岩崎、前掲書、一三五、一四〇―一四一頁。

写真９　人々でにぎわう聖処女祭の露店
2005年6月5日

デール・ジャバル・テールでは毎年二回大祭が開催される。一つは五―六月の約一週間、イエスの昇天と村の収穫を祝う通称「聖処女祭」で、もう一つは八月上旬の約二週間にわたる「聖処女被昇天祭」である(31)。村にはたくさんの露店が設置され、遠方から訪れる者のなかには村民の家の空き部屋を借りたり、野外で寝泊まりをして、期間中ずっと村に滞在する者も少なくない。司祭の話ではこの時期には村の内外から数万人が訪れるという(32)。

この二つの大祭にはムスリムも数多く訪れる（写真10、11）。典礼（ミサ）はコプトに限定されるのでムスリムが参加することはないが、それ以外の時にはムスリムも教会内部に入ってイコン等の聖遺物に触れ、バラカを得ようとする。ムスリマはヒジャーブをしているため一目見ただけでコプトと区別がつくが、ドロンカの場合と同じように、彼女たちを咎めるコプトは一人としていない。コプト同様、ムスリムも家族で連れ立ってくる場合が多い。聖人の絵や写真、総主教の説話テープ等キリスト教に関連したグッズを売る露店は基本的にはコプトが運営しているが、それ以外の駄菓子や玩具といった宗教とは関係のない物品を扱う露天商も多くがムスリムであった。ところ狭しと露店がひしめき合う小さな路地を埋め尽くす人々のあいだに、信仰の違いを問題にする空気が生じることは、管見の限り一度もなかった。

写真10　聖処女祭のコプト巡礼者とともに教会で至聖所に触れるムスリマ（中央正面を向く黒いヒジャーブの女性）　2006年5月31日

5　ムスリムにとっての聖家族

イスラームは成立当初から聖書をクルアーンに先立つ啓典として認め、キリスト教徒を啓典の民として存在を認めている。そうした信仰体系においては、神の子としてではないにせよ、預言者としてのイエスやその母マリアの特別性も認められている(33)。中世においても多くのムスリムがコプトの祝祭や奇跡譚のある教会、修道院に参詣していたという(34)。現在でも、さきに考察したよう

31　前掲書、一四二―一四五頁。

32　前掲書、一四二頁。

33　イスラームにおけるイエス（イーサー）とマリア（マルヤム）の特別性はつぎのようなクルアーンの章句に表われている。「『マルヤムよ、本当に神は直接ご自身の御言葉で、あなたに吉報を伝えられる。マルヤムの子、その名はマスィーフ・イーサー（救世主）、かれは現世でも来世でも高い栄誉を得、また（神）の側近の一人であろう』」（三・四五）、「天使たちがこう言った時を思い起こせ。『マルヤムよ、誠に神はあなたを選んであなたを清め、万有の女人を超えて御選びになられた』」（三・四二）（宗教法人日本ムスリム協会『日亜対訳注解　聖クルアーン』二〇〇〇（一九八二）年、六六―六七頁）。

34　大稔哲也「中世エジプト・イスラム社会の参詣・聖墓・聖遺物」歴史学研究会編『地中海世界史四　巡礼と民間信仰』青木書店、一九九九年、二五九頁。

写真11　毎年聖処女被昇天断食の頃デール・ジャバル・テールを訪れるというムスリマたち　2005年8月4日

に聖家族逃避行伝承とかかわりのある聖地には多くのムスリムが参詣している。

また、紙幅の都合上、詳細は割愛するが、著者がフィールドワークを行っているミニヤ県ミニヤ市近郊には奇跡譚で有名な聖人と関係する教会がいくつかあり、これらの教会においても多くのムスリムが聖人のバラカを得るために参詣する姿が看取できた。[35]デール・ジャバル・テールの聖処女被昇天祭で話をしたあるムスリマは、「マリアからバラカを得るために毎年この祭に来るの」といった（写真11）。筆者が「コプト教会に来るという行為はムスリムにとってハラーム（禁止行為）ではないのですか」と問うと、彼女は「なぜ、ハラームになるの？」と逆に問い返してきた。彼女のようなムスリムにとっては、クルアーンのなかでその徳性や品行が高く評価されているマリアとイエスに関わる聖地に参詣することは、何の矛盾もないことなのである。エジプトでは社会通念上、人間は結婚して子どもをもって一人前とされるため、聖地で出会ったのも、妊娠や子の病気治癒を願うムスリマが多かった。子宝に恵まれない女性に対しての強い社会的圧力からだろう、涙を流しながら教会に掲げられたイコンにそっと触れるムスリマの姿も何度か目にした。

6　むすびにかえて

ドロンカやデール・ジャバル・テールで筆者が目にしたコプトとムスリムの共存は、互いの宗教を知ろうとか、よりよい共存のために協働作業をしようという、いわば能動的に共存を目指すのではなく、たとえ宗教が異なる人間であっても聖地に来るものは拒まないという程度の受動的なかたちであった。上エジプトでは、コプトとムスリムが隣り合って暮らす村が多いが、たとえば筆者が調査対象としているある村では、互いの宗教の大祭時の挨拶以外、両者の付き合いはあまりない。しかし、だからといって対立しているわけではない。逆に、過度な干渉によって宗教の違いが浮き彫りにされることもなく、絶妙のバランスが保たれているように思われる。「宗教共存」とわれわれ宗教学者がいうとき、華やかな宗教間対話集会やワークショップに注目が集まりがちだが、コプトとムスリムがともに暮らす土地では、本稿で提示したようなあまり目立つことのないこうした静かな共存の営みが人々の生活の基層をなしていることにもっと目を向けていく必要があるだろう。

二〇一二年のムスリム同胞団系ムルスィー政権の誕生は、コプトとムスリムの共存に大きな影を投

35　たとえば以下を参照のこと。岩崎真紀「現代コプト正教会における聖人崇敬に関する一考察」三代川寛子編著『東方キリスト教諸教会　基礎データと研究案内　増補版』（SOIAS〔Sophia Organization for Islamic Area Studies〕リサーチペーパー No. 9）、二〇一三年、四一―四八頁。

げかけ、当時、コプトのインフォーマントたちはエジプトのイスラーム化と非ムスリムの周縁化に大きな不安を抱いていた（詳しくは拙稿参照）[36]。実際にムルスィー政権末期の二〇一三年には、過激な暴力を用いた宗教対立も発生した[37]。ほどなくして起きた民衆の激しい反政府デモと軍部の介入により退陣したムルスィー政権に代わり、二〇一四年に誕生したシーシー現政権下では、宗教対立という観点からは、二〇一三年と比較すると落ち着いている。筆者の知るコプトたちはシーシー政権について、「ムルスィー政権とは比較にならないどころか、ムバーラク政権よりも素晴らしい」と高く評価している。しかし、残念ながら、コプト―ムスリム関係に限定せずにエジプトを見た場合、治安状況はいまだ不安定であり、一月二五日革命前の状態に戻っているとはいいがたい。エジプトでは「コプトとムスリムがいてこそのエジプト」という言葉がよく言われる。一四〇〇年前にわたる彼らの長い共存の歴史を踏まえたうえで、今後、エジプトがどのような道を歩むのか、注視していきたい。

謝辞

本稿は平成二三～二六年度文部科学省科学研究費若手研究（B）「現代エジプトにおけるコプト・キリスト教修道院の意味と役割」（課題番号二三七二〇〇〇三、研究代表者：岩崎真紀）、平成二四～二六年度文部科学省科学研究費基盤研究（A）「変革期のイスラーム社会における宗教の新たな課題と役割に関する調査・研究」（課題番号二四二五一〇〇八、研究代表者：塩尻和子）、平成二七～三〇年度科学研究費基盤研究（C）「コプト・ディアスポラのネットワーク形成と異文化適応に関する比較宗教学的調査研究」（課題番号一五K〇二〇五三、研究代表者：岩崎真紀）による研究成果の一部である。

エジプトでのフィールドワークにアシスタントとしていつも同行してくださるM・S氏、そのご家族、また、調査に協力してくださるミニヤ県の方々に心より感謝申し上げます。

36　岩崎真紀「宗教的マイノリティからみた一月二五日革命――コプト・キリスト教徒の不安と期待」『現代宗教２０１２』二〇一二年、二一九―二三八頁。

37　たとえばつぎのロイターの記事を参照のこと。http://www.reuters.com/article/us-egypt-clashes-idUSBRE93503A20130408　最終閲覧日二〇一六年一一月一日。

第六章　イスラームの平和
――慈悲と慈愛の信仰構造を通して

四戸　潤弥

1　はじめに

イスラームの聖典『クルアーン』において、平和（アッサラーム）（『クルアーン』五九・二三）とは、神（アッラー）であり、信仰とは神（平和）へ至る道（サビーリッラー、あるいはスブルッサラーム）を歩み続け、最後の審判の日に神（平和）の御許へと辿り着くことである。ここで神を「平和」と呼ぶ場合、その意味は「不足が一切ない」で、神（アッラー）の属性である「完全」もまた同時に示す（タフスィール・ジャラレーン『クルアーン』五九・二三）。

また神（平和）の御許であるから、天国という意味で用いられ、「平和の家（ダールッ・サラーム）」（『クルアーン』六・一二七、一〇・二五）となる。天国の住人の挨拶は、サラーム（『クルアーン』七・四六）で、「あなたが神（平和）の御許にあります（あり続けます）ように」となる。

神は平和であり、その御許（天国）も平和であり、天国の住人の挨拶は、「あなたの上に平和あれ」である。

　ここから、平和とは『クルアーン』においてアッラー（神）であり、信仰とは平和へ至る道である。こうした意味から、当然、イスラームという宗教は「平和の宗教（ディーンッサラーム）」と呼ばれるようになると理解可能である。

　ところで、こうした用法は、『クルアーン』の用法というのではなく、先行するユダヤ教、キリスト教の用法、つまり後続するイスラームを加えれば一神教の用法とも言うことができる。

　イスラーム教徒の挨拶表現アッサラーム・アライクム（あなたの上に平和あれ）は、イスラーム化する以前のシリアではキリスト教徒が使用していた挨拶であり、さらにユダヤ教ではシャローム（平和）であるが、その意味は、あなたに神との平和がありますように、つまりあなたが信仰を成就して天国に入れますようにという共通した意味でもある。

　『クルアーン』の「平和（アッサラーム）」という語の主たる用法は、神との関係性、つまり信仰においてであり、異教徒を含めた人間同士、具体的にはイスラーム教徒と異教徒の間での平和ではないことが窺い知れる。両者の関係は戦争か、条約かの関係であるが、この点は後で触れる。

　従って、『クルアーン』の「平和」の用法は、戦争と対比的に用いる現代的な用法ではないことが分かる。では、『クルアーン』における「平和」の対比的概念は何か、それは「神の怒り」である。信仰から不信仰へ、あるいは戒律での過ちに対する神の怒りである。

　ところが平和と対比される「神の怒り」は、『クルアーン』に限定されることはない。旧約の用法においては、平和は他の民族・部族との間の平和的関係においても用いられるが、神との関係においても用いられる。新約においては、平和が神との関係において旧約よりも強調されていることが分かる。

イスラームが先行する一神教の系譜であることをイスラーム宣教の開始時期から明言していることを理解すれば、教義における平和概念が継承されていると言える。

2　神唯一神信仰系譜の中の「平和」の用法

ここで詳細は論じないが、ユダヤ教、キリスト教、イスラームにおける平和（神、信仰）をめぐる神の人間に対する変遷は容易に指摘できる。それは平和と神の怒りが対比概念として用いられるなかで行われているのである。

聖書においても「平和」が正しい信仰の文脈で用いられていることは容易に指摘できる。

旧約民数記二五章一二節「それゆえ、こう告げるがよい。『見よ、わたしは彼にわたしの平和の契約を授ける』」。

旧約外典シラ書〔集会の書〕四五章二四節「それゆえ、主は彼と平和の契約を結び、／彼を聖所と民の頭とされた。こうして彼とその子孫は、／永遠に大祭司の職を継ぐ者となった」。

聖書では、平和を「安全」、あるいは「恵みと平和（豊かさと安全）」の意味でも使っているが、これは信仰の意味で使われている数少ない箇所である。

神の怒りの理由は不信仰であり、偶像崇拝であることが明らかなのは、歴代誌下二四章一八節「彼らは先祖の神、主の神殿を捨て、アシェラと偶像に仕えた。この罪悪のゆえに、神の怒りがユダとエルサレムに下った」にある通りである。

また、神の怒りは現世での懲罰となって現れることは、ヨブ記二〇章二八節「神の怒りの日に、洪水が起こり／大水は彼の家をぬぐい去る」と明示されている。

神の怒りを遠ざける方法は、唯一神信仰へ立ち帰ることであるのは、マタイによる福音書三章七節「ヨハネは、ファリサイ派やサドカイ派の人々が大勢、洗礼を受けに来たのを見て、こう言った。『蝮《まむし》の子らよ、差し迫った神の怒りを免れると、だれが教えたのか』」に示唆されている。神の怒りを回避するために洗礼（信仰）へ向かうのである。

それが具体的には、神の啓示を伝えたイエスに従うことであることは、ヨハネによる福音書三章三六節「御子を信じる人は永遠の命を得ているが、御子に従わない者は、命にあずかることがないばかりか、神の怒りがその上にとどまる」として明らかにされている。

3　『クルアーン』の慈愛と慈悲の二つの用語、そして平和と神の怒り

イスラームにおいて、他の先行する二つの唯一神教との違いは神の慈愛と慈悲の強調である。その強調は慈悲（あるいは慈愛、ラヒーム）においてである。神が慈悲によって怒りを抑え、信徒の過ちを

犯した後、真に悔悟すれば、それを赦し、再び信仰へ戻ることを受け入れる。イスラーム教徒は、定められた礼拝儀礼の前後に、信仰と、信仰実践においての過ちを、知らずに犯した場合も含めて、神への赦しを願う文言を唱える。

悔悟が本当であるからどうかについて人は正しい判断ができない。その人のその後の信仰実践によってはっきりと分かることもあるが、分からない場合もある。預言者ムハンマドは、信仰が本物かどうか、その人の心を裂いて見ることはできないのだから、悔悟を受け入れよとの言葉を残している。

さて「慈愛あまねき慈悲深いアッラーの御名において」*の文言は、『クルアーン』第九章を除き、各章の冒頭に置かれ、第一章のみが章の一部、つまり第一節となっている。

＊「慈悲あまねき、慈愛深いアッラーの御名において」の訳も可能である。

『クルアーン』の解釈書では、慈愛は「全ての生きとし生けるものへの恵み」であり、慈悲は「イスラーム教徒」への赦しであると解釈されている。また信仰においては、慈愛は入信以前に犯した過ちを赦すこととも解釈されている。

つまりイスラーム入信前の全ての罪を赦し、入信後もアッラー（神）は怒りを抑えて信徒を導くという意味であり、それはハディース・クドスィー（聖なるハディース）の文言とも一致する。

「アッラーが創造を終えた時、彼（アッラー）は御自身の本に次のように書き、御自身に約束された。それは御自身の御許に置かれたのである。『私の慈悲（あるいは慈愛：ラフマ）が私の怒りを圧倒するであろう』」。（『ハディス・ブハーリー』「創造の書」）

この用法から分かることは、慈愛（あるいは慈悲）が怒りを圧倒する。そして過ちを犯した信徒の悔悟を受け入れる慈悲が契機となり、対比概念であるアッラー（平和）へ至る道が開かれるという意味で用いられていることである。つまり、一神教において、創造の慈愛（あるいは慈悲）と、人の信仰での過ちに対する「神の怒り」があるが、一神教へ立ち返ろうとする悔悟には、赦しと受け入れの「慈悲（あるいは慈愛）」が深く結びついているのである。

預言者ムハンマドが伝えたアッラーの御言葉の宣教活動では、「慈愛と慈悲」つまり、怒りを圧倒するアッラーの立場が人々へ明確に示される。信徒たちの過ちに対するアッラーの怒りに対し、悔悟して一神教へ立ち帰ろうとする信徒については、アッラーは過ちを赦して、それを受け入れる。この赦しのことばが『クルアーン』では、慈悲（あるいは慈愛：ラヒーム）なのである。(1)

4　ユダヤ教、キリスト教、イスラーム

系譜的発展の一神教としてイスラームを捉え、系譜の後発としてのイスラームから先行する二つの一神教を見、そしてこれら三つの一神教を全体として見るならば、神の信徒に対する態度は、怒りから十字架の愛へ、そして慈愛と慈悲へと変遷していったことが分かる。戒律を守らない信徒への怒りとその結果の懲罰、その懲罰を回避するために戒律厳守を重視するユダヤ教、キリストの十字架の犠牲によって神の愛を獲得したが故に、信徒に今一度正しい信仰へと向かえとするキリスト教、ありの

ままの人間を認め、慈愛を通じて原罪を赦し、また慈悲によって入信後の戒律の過ちを悔悟し、信仰へ立ち帰ることを赦し受け入れるイスラームというふうに、神と人間との関係は異なっている。それ故に、後続するキリスト教、イスラームが到来した理由も理解できる。

1　『クルアーン』第一章はイスラームの根本であると多くの人が言い、そのことは『クルアーン』の解説書全てで指摘されているが、理由は明記されていない。そのために、構造分析の手法で第一章の重要性を明らかにした拙稿、及び日本宗教学会学術大会発表を参照されたい。

＊二〇一五紀要論文「イスラームにおける慈愛と慈悲から導きだされるもの――アッラーの信仰招待でのアッラーのイメージ」『シャリーア研究』第一二号、拓殖大学イスラーム研究所紀要、二〇一五年、一――一九頁。

＊二〇一五年九月五日発表「預言者の時代のイスラーム宣教――慈悲と慈愛の構造分析を通じて」日本宗教学会　第七四回学術大会第六部会（ＡＥ４５３）　中東・アフリカの宗教／仏教、於創価大学（東京、八王子）。

また、拙稿がどの程度、イスラーム世界の人々に貢献できるかを確認したかったので、拙稿を基にカイロ大学での下記シンポジウムのアラビア語口頭発表を行ったが、主催者代表から、「生まれながらのイスラーム社会のイスラーム教徒よりも、極東からの本日の研究者がきちんとしたアラビア語でイスラームを理解していることを見ることができた」旨の発言を得られた。

二〇一五年二月二一―二二日発表(الدعوة الإسلام في عصر النبي صلى الله عليه وسلم-من خلال تحليل سورة الفاتحة)「預言者時代のイスラーム宣教――『クルアーン』第一章開端の章の分析を通じて」（アラビア語）、The 3rd International Conference “Values in Religion: The Role of Religions in Tolerance and Peace” at Cairo University, Cairo, Egypt.

同じ一神教系譜のイスラームの到来する理由と意義は、神の人間に対する態度の変化にあると言える。イスラームの特徴は慈愛、赦しと慈悲（あるいは慈愛）、平和である。次の説明表は、それらの関係を簡単に記したものである。

表　神の怒りと神（平和）との間の状況の変遷（左から右へ）

神の怒り		神（平和）
現世での懲罰 来世での懲罰	イスラーム 信徒 ⇕ 神（アッラー） 悔悛 ⇕ 慈悲（赦し）	報奨 天国
	キリスト教 イエスの十字架 ⇕ 神（天の父） 悔悛 ⇓	
	ユダヤ教 ⇑信徒⇓	

注　『クルアーン』で神の怒りが語られる時、先行するユダヤ教、キリスト教では不信仰に対してであり、イスラームでは、信徒間の関係（夫婦関係、婚姻、離婚関係など）での神の怒りに対応する赦しが語られている。

5　『クルアーン』の平和概念と、戦闘（戦争：ジハード）、そしてダールッサラーム（平和の家）

イスラーム国家（ウンマ）を樹立することをジハード論として展開する論文もあるが、これは積極的ジハード論[2]であって古典的ジハード論とは違う。古典的ジハード論は防衛思想に基づくものである。また戦争（ハルブ）としてのジハード論において、『クルアーン』の平和概念を導きだすことは直接的にできない。なぜなら、イスラームにおける平和は神と人間の間、つまり完全なる信仰、天国への入国の成就との関連で語られているからである。

また戦争、あるいはジハードとしての戦争と平和の対比概念はイスラーム法学としても成立しない。その例は、異教徒の支配する地域「戦争の家」に対して、イスラーム教徒たちが支配する地域は「イスラームの家」であり、「平和の家」ではないからである。平和の家とは、『クルアーン』にある通り天国のことである。

「彼らには彼らの主の御許に平和の家がある。彼（神）は彼らが知っていた通り、彼らの保護者である」。（『クルアーン』六・一二七）

2　محمد خير هيكل «الجهاد والقتال في السياسة الشرعية» دار البيارق 1996

「そしてアッラーは平和の家へと招く。正しい道へと神は御自身が望む者を導く」。（一〇・二五）

伝統的イスラーム法学者たちが、平和と戦争（ジハード）を対比概念とすることはなかった。イスラームの家とは、信仰実践の導きと私人間の紛争の解決のためにイスラーム法が適用される領域であり、戦争の家とは、イスラーム法が適用されてない領域である。イスラーム法学書を紐解けば、イスラーム教徒と異教徒との、あるいは異教徒同士の争い、また異教徒に対する法的適用の問題として「戦争の家」、「イスラームの家」が論じられる。ゼンミー（保護民）の概念も本来は前記の文脈の中で位置付けられる。「戦争の家」とは、戦争が常態となる異教徒支配の領域であるが、戦争がなく共存状態となるのは条約によってである。つまり戦争の対比概念は条約である。シャーフィイー（七六七―八二〇、スンナ派シャーフィイー学派学祖）は、前記の二つの家は本来なく、便宜的区別とし、ハナフィー学派は、二つの支配領域があるとする。結果、ハナフィー学派は異教徒国の法にイスラーム教徒が服することも認めることとなる。

またイスラームはユダヤ教徒やキリスト教徒を同じ啓典の民とし、イスラーム教徒との婚姻を認めている。中には、イスラーム教徒女性と非イスラーム教徒男性との婚姻関係を認める法判断もある。[3]

6　イスラームにおける戦争と条約

異教徒との関係は戦争か条約かであるが、イスラームの家でない異教徒支配地域を戦争の家と名辞化しているだけで、平和と対比概念でないことは注目すべきことである。

『クルアーン』の中で戦争と対比して使われる用語に「スィルム」がある。これは先の「平和」と

3　スーダンのイスラーム運動の指導者ハッサン・トラービー（一九三二―二〇一六、エジプト・ムスリム同胞団思想継承の革命運動指導者、スーダン国民会議指導者・国会議長、一九七〇末来日）は、イスラーム教徒の女性がユダヤ教、キリスト教の男性と結婚できるとしている（جريدة الشرق الأوسط الدولية 2006/4/9）。これは米国人女性がイスラームに入信し、夫がキリスト教徒のままとどまった場合、婚姻関係は維持されるという文脈での発言だが、彼の発言は、論争を引き起こした。ユーセフ・カラダーウィー博士は次のように言っている。

「その話はハッサン・トラービーの持論で、私は最初はそれを否定したが、文献を調べてみると、イマーム・イブン・カイイム・ジアウズィーヤ（一二九二―一三五〇、ハンバリー学派）がこの問題に関して九つの見解を論じ、キリスト教女性がイスラームに入信した場合、夫が非イスラーム一神教徒であっても、統治者が離婚させない限り、婚姻関係はそのまま維持されるというものだ」。（جريدة الشرق الأوسط الدولية 2006/4/15）

カルダーウィーは、根拠が『クルアーン』にないことを否定しなかったが、一五世紀にわたる学者たちの見解とその伝統によって、トラービーのフトワ（法判断）は間違っているとしている。

本稿と直接関係ないが、トラービーは、女性の人権もまた男性と同じであり、大統領にも、礼拝指導者（預言者の妻アーイシャも行った）にもなれると発言している。さらに『クルアーン』の中の「ヒジャーブ」の意味はカーテン（『クルアーン』光の章）であり、女性の身体を隠すことを示すのは『クルアーン』の「ヒマール」で、それは胸を隠すことであるとし、ベールとしての「ヒジャーブ」は『クルアーン』に根拠がないと発言している。

同じ語根で、「スィルム」、「サラーム」共に派生語である。「スィルム」とは「相手を理解し、合意することと」である。具体的には「条約、あるいは協定」で戦争状態を終了することである。この条約、協定へ至る道を、スィルムあるいはサラームと言うが、その意味は「相互理解と合意」であり、『クルアーン』（八・六一）がそれである。この説は剣の節で廃棄（バニークライザ部族討伐）されたとの解釈もあるが、廃棄解釈は単純な法令無効を意味しないのであり、啓典の民には有効としている（タフスィール・ジャラレーン『クルアーン』八・六一）。

「だがかれらがもし和平（サラーム）に傾いたならば、あなたもそれに傾き、アッラーに委ねなさい。本当にかれは全聴にして全知であられる」。（『クルアーン』八・六一）

「傾くとは、そちらへ向かうということ、スィルムとは和議のこと。それに傾きとは、彼らと条約を締結せよということである。イブン・アッバースは、これは剣の節で廃棄されたと言った。ムジャーヒドは、これは、バニクライザ族との関係での啓示なのだから啓典の民との関係に限定されると言った。アッラーに委ねなさいとは、アッラーを信頼せよ、との意味である。全聴にして全知とはご存じであるということである」。（タフスィール・ジャラレーン『クルアーン』）

廃棄説という主張に対し、同志社大学で講演したこともある故ワフバ・ズヘイリー博士（一九三二—二〇一五、シリアの法学者、マレーシア政府から現代最良の法学者として国賓招待）は、戦争と、戦争でない状態である条約とは矛盾しない。実際において条約は戦争が起こらないことを永久に保障するものでないからだとしている。

「イスラームは教義と現実的対応においてバランスを忘れない。現実を教義で捻じ曲げない。敵対しない限り、非イスラーム教徒の存在を認める。戦争を否定しても、戦争の可能性が否定されるわけではない」。（ズヘイリー『イスラーム法学における戦争とその影響』二五頁四—五行）

つまり、イスラーム教徒の生存を保障することは、人間の権利としてのものであり、信仰との直接的関係性にないことである。そして異教徒との戦争は、イスラーム教徒が異教徒を圧倒して樹立されるウンマによって実現される平和でないこともまた明白である。異教徒の戦争との対比概念は条約である。異教徒がイスラームの家に入る場合、入信か、保護民の選択となる。信仰を維持したままイスラームの家に滞在する、あるいは生活する場合は、個人的に契約を締結することであり、それがゼンミー（保護民）契約である。

戦争との対比概念は条約であり、条約が我々の言う平和概念であるが、そこではイスラーム信仰は直接関係がない。「戦争の家」との言葉は、異教徒の戦争が前面に出てくる言葉ではなく、個人レベルの日常的紛争処理においてイスラーム法を適用するかの法的問題から発生したものであることは、イスラーム法学書の分類や、説明から容易に指摘できる。

また聖戦とは神の御許へ行く道、天国への道であり、神の道とは神の御許である天国へ辿りつく道なのである。

伝統的イスラーム学者たちは時代と歴史の中で、明示的でなく、伝統学の理解として血肉化した教義理解の中で初期の教義を、唯一神信仰の系譜としての宗教教義を守ってきたと言えよう。伝統的イスラーム学者は平和と戦争という対比的用法を避け、条約と戦争を対比用語として使っている（ズヘイリー二二一頁九行）。

7　最後に

現代のイスラーム学者たちも、欧米の学者たちとの交流（学術も含めて）の流れの中で、戦争に対してサラム、あるいはスィルムを使わず、サラームを使うことも多く見られ、政治学などの分野ではスィルムとサラームを区別なく使っている例も多い。

イスラームの伝統的学者たちは平和の宗教（ディーンッサラーム）、天国へ入る宗教として、平和概念を使用しており、戦争、ジハード（戦争）の対比概念として条約（スィルム）を使っている。

こうした状況はイスラーム世界と非イスラーム世界の間の自爆テロ、テロリズム問題を宗教対立として発言する場合には混乱を生じさせる。一般イスラーム教徒は戦争の対比概念を平和と思い込み、そしてイスラームを平和の宗教（ディーンッサラーム）とする。西欧世界は、イスラームを暴力の宗教とする。イスラーム教徒はそれに対して、イスラーム教徒には良いイスラーム教徒、暴力的イスラーム教徒がいるとか、暴力的イスラーム教徒は真の信徒でないとか抗弁する。一般イスラーム教徒は、『クルアーン』の「平和（サラーム）」の用法と意味を忘れて相手側を非難し、自己弁護している。イスラーム世界と非イスラーム世界との対立を戦争（ジハード）か平和かの宗教的対立として捉えることができないのは、平和概念が信仰の問題であるからだ。

一方の平和を相手に強制すると、現代においては空爆、物的破壊、政治秩序の崩壊と混乱を招く。自爆テロを非イスラーム世界にとって平和の脅威として捉えることは前記の通り、解決策を見誤るものである。これに対応するものは、条約、あるいは協約であり、戦争か、条約締結のための交渉かという選択の中で、欧米の用法での平和、イスラーム諸国での条約を模索するべきであろう。どちらか一方の基準概念の押し付けでないことも理解されるだろう。

＊　一八九頁「8　資料――『クルアーン』の平和、慈悲、慈愛の用法における関係性とコメント」（横書き）に続く。

＊　なお、本論考は、拓殖大学イスラーム研究所紀要『シャリーア研究』二〇一六に掲載の「「イスラームの家」、「戦争の家」の概念の検討」において、論考展開の資料として使用している。

6. رب رحيم

01	36	58	慈悲深き主から「平安あれ。」との御言葉もある。(58)

7. تواب رحيم　悔悛を受け入れる，慈悲深い

01	49	12	信仰する者よ，邪推の多くを祓え。本当に邪推は，時には罪である。無用の詮索をしたりまた互いに陰口してはならない。死んだ兄弟の肉を，食べるのを誰が好もうか。あなたがたはそれを忌み嫌うではないか。アッラーを畏れなさい。本当にアッラーは度々赦される方，慈悲深い方であられる。(12)

01	9	117	アッラーは，預言者と苦難の時にかれに従った遷移者たち〔ムハージルーン〕と援助者たち〔アンサール〕に哀れみをかけられた。その後かれらの一部の者の心は，（その義務の履行から）殆んど逸れてしまった。その時かれはかれらに，哀れみをかけられた。本当にかれは，かれら（ムスリム）に親切であり慈悲深くあられる。(117)
02	9	128	今，使徒があなたがたにあなたがたの間から，やって来た。かれは，あなたがたの悩みごとに心を痛め，あなたがたのため，とても心配している。信者に対し優しく，また情深い。(128)
03	24	20	アッラーの恩恵があなたがたの上になく，慈悲もなかったならば（どうであろう）。本当にアッラーは親切極みなく慈悲深い方である。(20)
04	59	10	かれら（移住者，援助者）の後に来た者たちは，（祈って）「主よ，わたしたちと，わたしたち以前に信仰に入った兄弟たちを，御赦し下さい。信仰している者に対する恨み心を，わたしたちの胸の中に持たせないで下さい。主よ，本当にあなたは，親切で慈悲深くあられます。」と言う。(10)

4. لرءوف رحيم　限りない慈悲，慈悲

限りない慈悲に，強調の辞詞ラが用いられている。強調のニュアンスは，文頭の本当にインナ（限定辞詞）に含まれる形で対応している。

日本ムスリム協会訳は，前記語に「限りなく優しく」，「親切」を当てている。

01	2	143	このようにわれは，あなたがたを中正の共同体〔ウンマ〕とする。それであなたがたは，人びとに対し証人であり，また使徒は，あなたがたに対し証人である。われがあなたがたの守っていたものに対し，この方向〔キブラ〕を定めたのは，只，踵を返す者と使徒に従う者とを見分けるためである。これは容易ではない事であるが，アッラーが導かれる者にとっては何でもない。だがアッラーは，あなたがたの信仰を決して虚しくなされない。本当にアッラーは人間に対し，限りなく優しく慈悲深い方であられる。(143)
02	16	7	またあなたがたが自ら苦労しなければ達し難い国に，それらはあなたがたの重荷を運ぶ。本当にあなたがたの主は，親切で慈悲深い方であられる。(7)
03	16	47	またはゆっくり消耗させて，かれらを召されることはないであろうか。本当にあなたがたの主は親切な方，慈悲深い方であられる。(47)
04	22	65	あなたは見ないのか。アッラーは地上の凡てのものをあなたがたに従わせ，かれの命令によって，船を海上に走らせられる。また天をかれの御許しなく地上に落ちないよう支えられる。本当にアッラーは人間に，優しく慈悲を垂れられる御方である。(65)
05	57	9	かれこそは，あなたがたを暗黒から光明に連れ出すために，そのしもべに明瞭な印を下された方である。アッラーは，あなたがたに親切で慈悲深くあられる。(9)

5. رحيم وَدُود　慈悲（あるいは慈愛）を与え，正しき信徒を愛する

日本ムスリム協会訳は，「温情にあつい御方」を当てているが，補語であるから，「御方」を入れない方が良いと思われる。

01	11	90	それであなたがたの主の御赦しを請い，悔悟してかれに返れ。本当にわたしの主は慈悲深く温情にあつい御方である。」(90)

42	73	20	主は，あなたが夜間の殆ど3分の2，また（ある時は）2分の1，または3分の1を，（礼拝に）立つことを知っておられる。またあなたと一諸にいる一団の者も同様である。アッラーは，夜と昼を妥当に計られる。かれはあなたがたがそれを計れないことを知り，あなたがたを慈しまれる。だからあなたがたは，クルアーンを無理にならない程度に読め。かれは，あなたがたの中病める者のあることを知っておられる。また或る者はアッラーの恩恵を求めて，地上を旅し，或る者はアッラーの道のために戦っている（ことを)。だからそれを無理にならない程度に読め。礼拝の務めを守り，定めの喜捨をなし，アッラーに立派な貸付け（信仰のための散財）をしなさい。あなたがたが，自分の魂のために予め行う，どんな善いことも，アッラーの御許でそれを見い出そう。その（善行の）報奨は，最善にして最大である。あなたがたはアッラーの御赦しを請い求めるがいい。本当にアッラーは寛容にして慈悲深くあられる。(20)

2. لغفور رحيم　赦し，慈悲

ここでは赦しの言葉に，強調の辞詞ラが用いられている。強調のニュアンスは，文頭の本当にインナ（限定辞詞）に含まれる形で対応している。

01	6	165	かれこそはあなたがたを地上の（かれの）代理者となされ，またある者を外よりも，位階を高められる御方である。それは与えたものによって，あなたがたを試みられるためである。あなたの主は懲罰する際は極めて速い。しかし，本当にかれは寛容にして慈悲深くあられる。(165)
02	7	153	しかし悪い行いをした者でも，その後に悔悟して信仰する者にたいしては，本当にあなたの主は寛容にして慈悲深くあられる。(153)
03	7	167	あなたがたの主が，審判の日までかれら（ユダヤの民）に対し，厳しい懲罰を負わせる者を，遣わされ，宣告された時を思え。本当に主は懲罰に迅速で，またかれは本当に寛容にして慈悲深くあられる。(167)
04	11	41	かれ（ヌーフ）は言った。「アッラーの御名によって，これに乗れ。航行にも停泊にもそれによれ。本当にわたしの主は，寛容にして慈悲深くあられる。」(41)
05	16	18	あなたがたは，仮令アッラーの恩恵を数えても，到底数え尽くすことは出来ない。本当にアッラーは寛容にして慈悲深くあられる。(18)
06	16	110	しかし，試練を受けた後に移住した者，それから奮闘努力し，またよく耐え忍んだ者に対し，あなたの主は，その後は本当に寛容にして慈悲深くあられる。(110)
07	16	119	無知のために悪を行ったが，その後に，悔い改めてその身を修める者に対し，あなたの主は，その後は本当に寛容にして慈悲深くあられる。(119)

3. رءوف رحيم　限りない慈悲，慈悲

日本ムスリム協会訳は「親切」の訳を当てているが，辞義は，「慈悲（あるいは慈愛)」の強調の意味を表す。

31	24	62	（真の）信者とは，アッラーとその使徒を（心から）信じ，ある要件で（人びとが）集まり使徒と一緒にいる時，その許可を得るまでは立ち去らない者たちである。本当に何につけあなたに許しを求める者こそは，アッラーとその使徒を信じる者である。かれらが自分の要件で，あなたに許しを求める時には，良いと思う者は許し，かれらのためにアッラーの御赦しを請え。本当にアッラーは寛容にして慈悲深くあられる。(62)
32	27	11	悪を行った者は別だがそれでも，その後，悪の代りに善を行う者は（恐れることはない）。本当にわれは寛容にして慈悲深き者である。(11)
33	41	32	「寛容にして慈悲深い御方からの歓待である。」(32)
34	49	5	もしかれらが，あなたの出て来るのを待つならば，それはかれらのためにも良い。本当にアッラーは寛容にして慈悲深くあられる。(5)
35	49	14	砂漠のアラブたちは，「わたしたちは信仰します。」と言う。言ってやるがいい。「あなたがたは信じてはいない。ただ『わたしたちは入信しました』と言っているだけで，信仰はまだあなたがたの心の中に入ってはいない。もしあなたがたが，アッラーとその使徒に従うなら，かれはその行いに就いて，少しも（報奨を）軽減されることはない。本当にアッラーは寛容にして慈悲深くあられる。(14)
36	57	23	それはあなたがたが失ったために悲しまず，与えられたために，慢心しないためである。本当にアッラーは，自惚れの強い高慢な者を御好みになられない。(23)
37	58	12	信仰する者よ，あなたがたが使徒に私的な相談をする時は，相談を始める前にまず施し〔サダカ〕をしなさい。それはあなたがたのために最も良く，また最も清廉なことである。もし（それが）出来なくても，本当にアッラーは寛容にして慈悲深くおわします。(12)
38	60	7	アッラーはあなたがたとあなたがたが（今）敵意を持つ者たちとの間に，あるいは友情を起させることもあろう。本当にアッラーは全能であられ，またアッラーは寛容にして慈悲深くあられる。(7)
39	60	12	預言者よ，あなたの許へ女の信者がやって来て，あなたに対しこう忠誠を誓うならば，「アッラーの外は何ものも同位に崇めません。盗みをしません。姦通しません。子女を殺しません。また手や足の間で，捏造した嘘は申しません。また正しいことには，あなたに背きません。」（と誓うならば）かの女たちの誓約を受け入れ，かの女たちのために罪を赦されるようアッラーに祈れ。本当にアッラーは寛容にして慈悲深くあられる。(12)
40	64	14	信仰する者よ，あなたがたの妻や子女の中にも，あなたがたに対する敵がいる。だからかれらに用心しなさい。だがもしあなたがたがかれらを赦し，大目にみ，かばうならば（それもよい）。本当にアッラーは，度々御赦し下される御方，慈悲深い御方であられる。(14)
41	66	1	預言者よ，アッラーがあなたのために合法とされていることを（アッラーの御好意を求めるためではなく）只あなたの妻たちの御機嫌をとる目的だけで何故自ら禁止するのか。本当にアッラーは寛容にして慈悲深くあられる。(1)

20	9	5	聖月が過ぎたならば，多神教徒を見付け次第殺し，またはこれを捕虜にし，拘禁し，また凡ての計略（を準備して）これを待ち伏せよ。だがかれらが悔悟して，礼拝の務めを守り，定めの喜捨をするならば，かれらのために道を開け。本当にアッラーは寛容にして慈悲深い方であられる。(5)
21	9	27	更にアッラーは，それらの後，御心に適う者の悔悟を赦された。アッラーは寛容にして慈悲深くあられる。(27)
22	9	91	虚弱な者，病んでいる者，と（道のために）供出するもののない者は，アッラーとその使徒に対して忠誠である限り罪はない。善い行いをする者に対しては（非難される）筋はない。アッラーは寛容にして慈悲深くあられる。(91)
23	9	99	しかし（遊牧の）アラビア人の中のある者は，アッラーと最後の日を信じ，かれらの支出をアッラーに近付き，また使徒の祝福に預るための，捧げ物と考えている。聞け。本当にそれはかれらをアッラーに近付け，かれはやがてかれらを慈悲に浴させられる。本当にアッラーは寛容にして慈悲深くあられる。(99)
24	9	102	外のある者は，自分の誤ちを認めるが，善行と，外の不行跡が混っている。アッラーは，かれらの悔悟を許される。本当にアッラーは寛容にして慈悲深くあられる。(102)
25	12	53	またわたし自身，無欠とはいえませんが，主が慈悲をかけた以外の（人間の）魂は悪に傾きやすいのです。本当にわたしの主は寛容にして慈悲深くあられます」(53)
26	14	36	主よ，かれらは人びとの多くを迷わせました。わたし（の道）に従う者は，本当にわたしの身内であります。わたしに従わない者は……だがあなたは度々御許しなされる方，慈悲深い方であられます。(36)
27	16	115	かれは只死肉，血そして豚肉，並びにアッラー以外の名が唱えられ（屠殺され）たものを禁じられる。だが欲望のためではなく，法を越えず，迫られて止むを得ない者には，本当にアッラーは寛容にして慈悲深くあられる。(115)
28	24	5	しかし，その後悔いて自ら改める者は別である。本当にアッラーは寛容にして慈悲深くあられる。(5)
29	24	22	あなたがたの中，恩恵を与えられ富裕で能力ある者には，その近親や，貧者とアッラーの道のため移住した者たちのために喜捨しないと，誓わせてはならない。かれらを許し大目に見てやるがいい。アッラーがあなたがたを赦されることを望まないのか。本当にアッラーは寛容にして慈悲深くあられる。(22)
30	24	33	結婚（の資金）が見つからない者は，アッラーの恩恵により，富むまで自制しなさい。またあなたがたの右手が持つ者の中，（解放の証明）証書を求める者があって，あなたがたがかれらの善良さを認めるならば，その証明を書きなさい。なおアッラーがあなたがたに与えられた資財の一部をかれらに与えなさい。奴隷の娘たちが，貞操を守るよう願うならば，現世の果ない利得を求めて醜業を強制してはならない。かの女らが仮令誰かに強制されたなら，アッラーがやさしく罪を赦し，いたわって下さろう。(33)

09	3	129	天にあり地にある凡てのものは，アッラーの有である。かれは御望みの者を赦し，また御望みの者を罰される。アッラーは寛容にして慈悲深くあられる。(129)
10	4	25	あなたがたの中，信者の自由な女を娶ろ資力のない者は，右手の所有する信仰ある女を娶れ。アッラーはあなたがたの信仰を熟知される。あなたがたは，（皆）一人の者から次々に（生まれた者で）ある。だから女性の家族の承諾を得て，かの女らと結婚しなさい。そして妥当な婚資を，かの女らに贈れ。かの女らが慎ましく，淫らでなく，また隠した友もないならば。かの女らが妻となった後に，破廉恥な行いがあれば，懲罰は自由な女に科せられる半分である。これはあなたがたの中，罪を犯すことを恐れる者への定めである。だが欲を押えるならば，あなたがたにとり更によい。本当にアッラーは寛容にして慈悲深くあられる。(25)
11	5	3	あなたがたに禁じられたものは，死肉，（流れる）血，豚肉，アッラー以外の名を唱え（殺され）たもの，絞め殺されたもの，打ち殺されたもの，墜死したもの，角で突き殺されたもの，野獣が食い残したもの，（ただしこの種のものでも）あなたがたがその止めを刺したものは別である。また石壇に犠牲とされたもの，籤で分配されたものである。これらは忌まわしいものである。今日，不信心な者たちはあなたがたの教え（を打破すること）を断念した。だからかれらを畏れないでわれを畏れなさい。今日われはあなたがたのために，あなたがたの宗教を完成し，またあなたがたに対するわれの恩恵を全うし，あなたがたのための教えとして，イスラームを選んだのである。しかし罪を犯す意図なく，飢えに迫られた者には，本当にアッラーは寛容にして慈悲深くあられる。(3)
12	5	34	だがあなたがたがとり抑える前に，自ら悔悟した者は別である。アッラーは寛容にして慈悲深くあられることを知れ。(34)
13	5	39	だが悪事を行った後，罪を悔いてその行いを改める者には，アッラーは哀れみを垂れられる。アッラーは寛容にして慈悲深くあられる。(39)
14	5	74	かれらは何故，悔悟してアッラーに返り，その御赦しを求めようとしないのか。誠にアッラーは寛容にして慈悲深くあられる。(74)
15	5	98	アッラーは罰に厳重であられ，また，アッラーは寛容にして慈悲深くあられることを知れ。(98)
16	6	54	わが印を信じる者があなたの許に来たならば，言ってやるがいい。「あなたがたに平安あれ。あなたがたの主は，慈悲を御自分の務めとされる。それであなたがたの中，無知で悪事を行った者も，悔悟してその身を修めるならば（許される），本当にかれは寛容にして慈悲深くあられる。」(54)
17	6	145	言ってやるがいい。「わたしに啓示されたものには，食べ度いのに食べることを禁じられたものはない。只死肉，流れ出る血，豚肉――それは不浄である――とアッラー以外の名が唱えられたものは除かれる。だが止むを得ず，また違犯の意思なく法を越えないものは，本当にあなたの主は，寛容にして慈悲深くあられる。」(145)
18	8	69	だが（今は），あなたがたが得た戦利品を，合法でまた清い（もの）として受け，アッラーを畏れよ。本当にアッラーは寛容にして慈悲深くあられる。(69)
19	8	70	使徒よ，あなたがたの手中にある捕虜たちに言ってやるがいい。「もしアッラーが，あなたがたの心の中に何か良いものがあることを認められれば，あなたがたが没収されたものよりも優れたものを与え，またあなたがたを赦される。アッラーは寛容にして慈悲深くあられる。」(70)

＊日本ムスリム協会訳では，（御方）として，アッラーの属性として訳しているが，テキストは補語であるので，属性の補語（描写）表現として訳すことも必要である。また原議は，現世での懲罰を遅らせるという意味なので，寛容の訳は再検討すべき余地があるように思われる。

(2)　رحيم　慈悲深い　定冠詞なし

＊アッラーの属性（良き名称）が，文の補語として用いられる場合，それは信徒の実際の過ち（心情も含めた）に対して，慈悲（あるいは慈愛，ラヒーム）で対応していることを示している。

1.　غفور رحيم

＊日本ムスリム協会訳では赦しغفورに14，64章などを除き，「寛容」が当てられている。

「アッラーがやさしく罪を赦し，いたわって下さろう。(22-33)」では，慈悲の方が「いたわって」と訳されている。

「だがあなたは度々御許しなされる方，慈悲深い方であられます。(14-36)」

「度々御赦し下される御方，慈悲深い御方であられる。(64-14)」

01	2	173	かれがあなたがたに，（食べることを）禁じられるものは，死肉，血，豚肉，およびアッラー以外（の名）で供えられたものである。だが故意に違反せず，また法を越えず必要に迫られた場合は罪にはならない。アッラーは寛容にして慈悲深い方であられる。(173)
02	2	182	ただし，遺言者に不公平または不正のあることを恐れる者が，当事者の間を調停するのは，罪ではない。アッラーは寛容にして慈悲深き御方である。(182)
03	2	192	だがかれらが（戦いを）止めたならば，本当にアッラーは，寛容にして慈悲深くあられる。(192)
04	2	199	それで，人びとの急ぎ降りるところから急ぎ降り，アッラーの御赦しを請い願いなさい。誠にアッラーは，寛容にして慈悲深くあられる。(199)
05	2	218	本当に信仰する者，（迫害を避けて）移り住む者，そしてアッラーの道のために奮闘努力する者，これらの者は，アッラーの慈悲に浴するであろう。アッラーは寛容にして慈悲深き方であられる。(218)
06	2	226	妻と縁を絶つことを誓う者は，4ヶ月間待たねばならない。もし（離婚の意志を）ひるがえすならば，誠にアッラーは寛容にして慈悲深くあられる。(226)
07	3	31	言ってやるがいい。「あなたがたがもしアッターを敬愛するならば，わたしに従え。そうすればアッラーもあなたがたを愛でられ，あなたがたの罪を赦される。アッラーは寛容にして慈悲深くあられる。」(31)
08	3	89	だが後に悔い改めて，身を修める者は別である。本当にアッラーは，寛容にして慈悲深くあられる。(89)

6-2.　عزيز غفور　偉力ならびない，赦す

02	35	28	また人間も鳥獣家畜も，異色とりどりである。アッラーのしもべの中で知識のある者だけがかれを畏れる。本当にアッラーは偉力ならびない御方，赦す御方なのである。(28)

＊日本ムスリム協会訳では，「御方」として，アッラーの属性として訳しているが，テキストは補語であるので，属性の補語（描写）表現として訳すことも必要である。

6-3.　غفور شكور

	35	30	かれは，十分にかれらに報奨を払われ，御恵みを余分に与えられる。本当にかれは，度々赦される御方，（奉仕に）十分感謝される方であられる。(30)

＊日本ムスリム協会訳では，「御方」として，アッラーの属性として訳しているが，テキストは補語であるので，属性の補語（描写）表現として訳すことも必要である。

6-4.　لعفو غفور　赦免し，赦す

これらの者には，あるいはアッラーの御許しがあろう。アッラーは，罪障を消滅なされる御方，度々御赦しなされる御方である。(99)

	4	99	これらの者には，あるいはアッラーの御許しがあろう。アッラーは，罪障を消滅なされる御方，度々御赦しなされる御方である。(99)
	58	2	あなたがたの中で，ズィハールによって，その妻を遠ざける者がある。しかしかの女らはかれらの母ではない。母はかれらを生んだ者以外にはないのである。実にかれらの言うことは不法な，虚偽の言葉である。本当にアッラーは寛容にしてよく罪を赦される。(2)

＊日本ムスリム協会訳では，عفو（寛容）としているが，恩赦，赦免が原義で，罪に伴う一切の問題（補償など）を解消して，赦すという意味である。

6-5.　غفور حليم　赦し，懲罰を遅らせる

	2	235	あなたがたはそのような女に，直に結婚を申し込んでも，または（その想いを）自分の胸にしまっておいても罪はない。アッラーはあなたがたが胸に秘めることを知っておられる。だが，公正な言葉で話す外，決してかの女と秘密に約束してはならない。また定められた期限が来るまでは，結婚の契りを固めてはならない。アッラーは，あなたがたが心の中に抱くことを熟知しておられることを知れ。だからかれに留意しなさい。アッラーが寛容にして慈悲深い方であられることを知れ。(235)

16	26	122	本当にあなたの主，かれは偉力ならびなく慈悲深くあられる
17	26	140	本当にあなたの主は偉力ならびなく慈悲深い御方であられる。
18	26	159	本当にあなたの主は偉力ならびなく慈悲深い御方であられる。
19	26	175	本当にあなたの主は偉力ならびなき慈悲深き御方であられる
20	26	191	本当にあなたの主は偉力ならびなく慈悲深い御方であられる。
21	26	217	偉力ならびなく慈悲深き御方に（後は）御任せしなさい。
24	30	5	アッラーの勝利を（喜ぶであろう）。かれは御望みの者を助けられる。かれは偉力ならびなく慈悲深き御方であられる。
25	32	6	この方こそは，幽玄界と現象界を（凡て）知っておられる方，偉力ならびなく慈悲深い御方であり，
27	36	5	（これは）偉力ならびなく慈悲深き御方の啓示で，(5)
31	44	42	だがアッラーの御慈悲を被むった者たちは別である。本当にかれは偉力ならびなく慈悲深くあられる。(42)

＊日本ムスリム協会訳では，العزيز「偉力ならびなき（御方）」となっている。アッラーの属性の一つで，相手が力づくで強いることができないほどの圧倒的力の御方の意味である。

5.　البر الحيم　恵み厚く，慈悲深い御方

01	52	28	以前からわたしたちは，かれに祈っていたのです。本当にかれは恵み厚く，慈悲深き御方であられる」(28)

以上が定冠詞の付加されたالرحيم「慈悲深い御方」と他の語の組み合わせとしての『クルアーン』の用法である。

定冠詞なしのرحيم

（慈悲深い）は，補語としての表現になるが，そこへ移る前に，定冠詞の付加されたالرحيم 「慈悲深い（御方）」と組み合わせて用いられたアッラーの属性と，他のアッラーの属性との関係性を示す『クルアーン』の節を記す。その場合，定冠詞が付加されていない語である。

6.　غفور　赦す神と他の語（感謝，主）の組み合わせ

6-1.　رب غفور　主で，赦すのである

01	34	15	本当にサバアでも，その住まいに一つの印が授けられていた。右側と左側の２つの果樹園。（そしてかれらに仰せられた。）「あなたがたの主の与える食物を食べ，かれに感謝せよ。土地は立派で，赦す主であられる。」(15)

＊日本ムスリム協会訳では，「御方」として，アッラーの属性として訳しているが，テキストは補語であるので，属性の補語（描写）表現として訳すことも必要である。

ちなみに定冠詞が付加されている場合は，神の属性が恒常的であることを示し，神の良き御名前（名称）となる。

また34章2節では，配列において慈悲深いが先に，寛容（赦す）が後になっている。

3. التواب الرحيم　悔悛を受け入れる神，慈悲深い神

01	2	37	その後，アーダムは，主から御言葉を授かり，主はかれの悔悟を許された。本当にかれは，寛大に許される慈悲深い御方であられる。(37)
02	2	54	その時ムーサーはその民に告げて言った。「わたしの民よ，本当にあなたがたは，仔牛を選んで，自らを罪に陥れた。だからあなたがたの創造の主の御許に悔悟して帰り，あなたがた自身を殺しなさい。そうしたら，創造の主の御目にも叶い，あなたがたのためにもよいだろう。」こうしてかれは，あなたがたの悔悟を受け入れられた。本当にかれは，度々許される御方，慈悲深い御方であられる。(54)
03	2	128	主よ，わたしたち両人を，あなたに服従，帰依する者〔ムスリム〕にして下さい。またわたしたちの子孫をも，あなたに服従，帰依する民〔ウンマ〕にして下さい。わたしたちに祭儀を示し，哀れみを与えて下さい。あなたは度々許される方，慈悲深い方であられる。(128)
04	2	160	だが悔悟してその身を修め，（真理を）公然と表明する者は別で，これらの者には，われはその悔悟を許すであろう。本当にわれは度々許す，慈悲深い者である。(160)
05	9	104	アッラーが，しもべたちの悔悟を赦し，また施しを受け入れられることをかれらは知らないのか。またアッラーこそは，度々悔悟を赦される御方，情け深い方であられることを（知らないのか）。(104)
06	9	118	後に残った3人に対しても（またかれは哀れみをかけられた）。大地はこのように広いのだがかれらには狭く感じられ，またその魂も自分を（内面から）狭めるようになった。そしてかれらは，アッラーに縋る外にはかれ（の懲罰）から免れるすべがないことを悟った。すると（主は）哀れみをかけられ，かれらは悔悟して（かれに）返った。本当にアッラーは度々赦される方，慈悲深い方であられる。(118)

＊日本ムスリム協会訳では，التواب「寛大に許される」「度々許される御方」「度々悔悟を許される御方」となっている。アッラーの属性（名称）の一つ。辞義は，「間違いを犯した者が良きへと向かう」こと。人名として عبد التواب （悔悛し良きへ（唯一神信仰と実践へ）と向かう信徒）がある。神の属性としての意味は，「間違いを犯し，悔悟した信徒を受け入れる御方」である。上記訳は前後の文で原義が推測されるが，直訳の方が良い。

4. العزيز الرحيم　力強く，慈悲深い御方

13	26	9	本当にあなたの主，かれは偉力ならびなく慈悲深い御方である。
14	26	68	本当にあなたの主は偉力ならびなく慈悲深くあられる。
15	26	104	本当にあなたの主は偉力ならびなく慈悲深くあられる。

＊الرحمن الرحم　二つの単語は同一語根であり，どちらも「慈悲」「慈愛」の語が割り当てられるが，日本ムスリム協会訳は，ラフマーンには「慈悲」を，ラヒームには「慈愛」を当てている。

『クルアーン』の用法においては，前者ラフマーンが「恵み」「感謝」と対応する形で用いられるのに対し，後者ラヒームは，人の「悔悟」「悔悛」，具体的には，信仰においても，信仰実践においても一神教への回帰，立ち戻ろうとする「悔悟」「悔悛」に態度に対し，それを受け入れるアッラー（神）の立場を表し，「赦し」と共に用いられる。

2. الغفور الرحيم　赦す（御方），慈愛深き（御方）

01	10	107	もしアッラーがあなたに災厄を下されれば，かれの外にそれを除くものはない。またもしかれがあなたに幸福を望まれれば，かれの恩恵を拒否するものは何もないのである。かれはそのしもべの中，御好みになられる者に，それを下される。本当にかれは寛容にして慈悲深くあられる。」(107)
02	12	98	かれは言った。「それではわたしはあなたがたのため，わが主に御放しを願ってやろう。本当にかれは，寛容で慈悲深くあられる。」(98)
03	15	49	われのしもべたちに，「われは本当に，寛容で慈悲深い者であり，(49)
04	28	16	かれは（祈って）言った。「主よ，本当にわたしは自ら不義を犯しました。どうかわたしを御赦し下さい。」それで（アッラーは）かれを赦された。本当にかれは寛容にして慈悲深くあられる。(16)
05	39	53	自分の魂に背いて過ちを犯したわがしもべたちに言え，「それでもアッラーの慈悲に対して絶望してはならない」アッラーは，本当に凡ての罪を赦される。かれは寛容にして慈悲深くあられる。(53)
06	42	5	諸天は，その上の方から，ばらばらに裂けようとしている。そして天使たちは，主を讃えて唱念し，地上のもののために赦しを請い願う。ああ，本当にアッラーこそは，寛容にして慈悲深くあられる。(5)
07	46	8	またかれらは，「かれ（ムハマンド）が，それ（クルアーン）を捏造したのです。」と言う。言ってやるがいい。「もしわたしがそれを捏造したのなら，あなたがたはアッラーから（の恩恵を），何もわたしにあずからせないであろう。かれはあなたがたが，それ（クルアーン）に就いて語ることを最もよく知っておられる。かれは，わたしとあなたがたの，立証者として万全であり，かれは寛容にして慈愛ぶかき御方であられる。」(8)

الرحيم الغفور

01	34	2	かれは大地に入るもの，またそれから出るものを凡て知っておられ，また天から下るもの，ならびにそこに上るもの凡てを知っておられる。かれは慈悲深く寛容であられる。(2)

＊日本ムスリム協会訳では，الغفور を「寛容な（御方）」と当てているが，上記は，悔悟を受け入れる神が，その前提として赦しの神であることを伝えることと，アラビア語の語形で強調形容詞 صيغة مبالغةであるから，「良く赦す（御方）」との意味である。

8　資　料――『クルアーン』の平和，慈悲，慈愛の用法における関係性とコメント

＊　添付資料は，イスラームの平和概念が唯一神信仰の平和概念の系譜であることを示している。

神と人間との「平和」

宗教における平和とは神と人間との間に樹立されるものである。

アッラーの属性（良き名称）「慈悲（あるいは慈愛）の御方」（定冠詞付加）と，補語としての属性「慈悲（あるいは慈愛）」（定冠詞なし）が他のアッラーの属性（良き名称）と併記の関係性を考察する資料。

慈悲（ラヒーム）が，アッラー信仰（実践も含む）へ戻る際に，赦して受け入れる（ガフール），悔悟（タッワーブ）を受け入れる語と併記されている。それは伝統的『クルアーン』解釈の，「慈悲（あるいは慈愛）」がイスラーム教徒（一神教徒）へ限定される」ことと一致している。

イスラーム学者たちの伝統は，預言者と預言者の教友たちの教えを言葉の論議ではなく，心と身体に刻む形で理解されてきたことに驚きを覚える。

(1)　慈悲（ラヒーム）　定冠詞あり

慈悲の神と他の語（寛大الرحمن，赦す御方غفور，偉力ならびなくعزيز）の組み合わせ

信仰の間違い，逸脱から信仰への回帰

1.　الرحمن الرحيم　慈悲あまねく慈愛深き（御方）

01	1	1	慈悲あまねく慈愛深きアッラーの御名において。(1)
02	1	3	慈悲あまねく慈愛深き御方，(3)
03	2	163	あなたがたの神は唯一の神（アッラー）である。かれの外に神はなく，慈悲あまねく慈愛深き方である。(163)
04	27	30	本当にそれはスライマーンから，慈悲あまねく慈愛深きアッラーの御名において。
05	41	2	（これは）慈悲あまねく慈愛ぶかき御方からの啓示である。(2)
06	59	22	かれこそは，アッラーであられる。かれの外に神はないのである。かれは幽玄界と現象界を知っておられ，慈悲あまねく慈愛深き御方であられる。(22)

第Ⅲ部

「民主主義」との対話

グレート・シナゴーグ（エルサレム）

第七章　ユダヤ教文献にみる「自由」と「支配者」像[1]
――多文化共生への他者理解に向けて

勝又悦子

１　はじめに

八〇年代後半、東欧諸国は民主化し、九一年ソ連崩壊後、グローバリゼーションは進展し、国境を越えモノと人々は行き交うようになった。さらにＩＴ革命・ネット世界の飛躍的な発展により、溢れんばかりの情報は世界中で共有されるようになった。かくして、中近東にも、二〇一〇年代には民

1　本稿は、二〇一四年第七三回日本宗教学会において、パネル「宗教における「自由」「平等」――宗教の学際的研究に向けて」（代表者勝又悦子）での口頭発表「理想のリーダー像にみるユダヤ教の『自由』『平等』」、拙稿「ユダヤ教における自由」（『基督教研究』第七七巻一号、二〇一五、一―二一頁）、「ミドラシュのドラマツルギー」（『宗教学年報』二八号、二〇一一、三七―五三頁）に基づき、再考察、改訂したものである。聖書の引用は日本聖書協会発行新共同訳聖書による。また聖書内の略記も同書に従う。各種ラビ文献については、Ｒ・Ｃ・ムーサフ＝アンドリーゼ（市川裕訳）『ユダヤ教聖典入門』（教文館、一九九〇）を参照のこと。

主化の波が押し寄せ、世界が民主化に向けて歩をそろえ始めたかに見えた。しかし、今、「アラブの春」は頓挫し、過激な原理主義の横行するところとなった。西欧社会に流出した難民、移民、そして繰り返されるテロ行為の前に、西欧諸国、アメリカも、グローバリゼーションとは逆行する排他主義、右極化へと傾いている。

何がまずかったのか。グローバリゼーションの進行の結果、多種多様な価値観、文化、宗教がぶつかり合うことに疲れてしまったのではないか。そして、理想を掲げつつも、ぶつかり合う様々な他者へのストレスが噴出しているのではないだろうか。特に、中東世界をめぐっては、西欧が暗黙の絶対是として掲げた「自由」「民主主義」と、中東世界の各地域の理想との乖離が露呈したのではないだろうか。

一つの典型が、一連のパリのシャルリー・エブド紙をめぐる事件であろう。ムハンマドの風刺画をめぐり、二〇一五年一月、シャルリー・エブド社は襲撃され、多数の犠牲者を出した。この事件への抗議として、「表現の自由」を訴える大々的なデモ行進が展開されたことは記憶に新しい。そして、追い打ちをかけるようにムハンマドの肖像風刺画は掲載された(2)。しかしながら、そもそも殊更にムハンマドを侮辱した肖像を描こうとするのは、イスラーム世界で進展する「民主化」の動きを横目に見ながら、「民主主義」の大家を自負する欧米世界からの挑発ではないか。こうした風刺画を受容できることこそが成熟した「自由」で「民主的」な社会であり、この「自由」を基盤にした「民主主義」がイスラーム世界に実現できるのかという挑発的視線が根底にあるように思われる(3)。

それほどまでに、西欧社会の「自由」と「民主主義」は絶対なのか？

筆者が所属する同志社大学一神教学際研究センターでは、キリスト教・イスラーム・ユダヤ教という三つの一神教を軸に、様々な角度からアプローチし、年間様々なシンポジウム、講演会、研究会を開催しているが、その過程で、しばしば議論されるのが、一神教、特にイスラームとユダヤ教が「自由」と「民主主義」と両立できるのかどうかであった。[4] しかし、そもそも、それぞれの陣営が何をもって「自由」「民主主義」と考えているかは、明瞭にはされていない。確かに、自由、民主主義概念の検討は、バーリン、アーレントを代表に恒常的になされている。だが、往々にしてそれらは政治思想や哲学思想における論考であり、現実の世界ではこれらの概念と軋轢を生む当地の既存の伝統

2　E・トッドは表現の自由の重要性を認めつつも、社会・経済・心理的に追いつめられる移民の若者を挑発するシャルリー・エブド誌の方策に異を唱えているが、それがフランスでは非常に少数派であることを嘆く。『読売新聞』（二〇一五年一月一二日特別面「緊急論点スペシャル「パリ銃撃テロ」」。同志社大学一神教学際研究センターでも、「表現の自由と宗教的尊厳は共存できるのか――パリ、コペンハーゲンでの襲撃事件を踏まえて」とのタイトルで公開シンポジウムが開催された（二〇一五年三月一四日）。

3　イスラーム世界と民主主義の共存、ユダヤ教と近代国家理念の共存の可能性についての議論は、例えば、松本弘『アラブ諸国の民主化――二〇一一年政変の課題』（山川出版社：東京、二〇一五）、青山弘之編『「アラブの心臓」に何が起きているのか――現代中東の実像』（岩波書店：東京、二〇一四）、内藤正典編『イスラーム世界の挫折と再生――「アラブの春」後を読み解く』（明石書店：東京、二〇一四）他。

4　「イスラームにおける人権と表現の自由について」（二〇〇九）、「I・バーリンとL・シュトラウス――政治的マイノリティとユダヤ世俗主義」（二〇〇九）、「アラブの春と米国・中東関係の行方」（二〇一一）、「アラブの春と中東の民主化――イスラーム勢力の役割」（二〇一五）他多数。CISMOR　HP、アーカイブスのページ（http://www.cismor.jp/jp/archives/）参照。

――そこには宗教的背景が大きく影響する――にまでは論考は及ばない(5)。

他方で、中東の当事者たちは、自らの民主性、自由であることをアピールする傾向がある(6)。筆者は九〇年代前半、トルコ、シリア、ヨルダン、イスラエルを旅したことがあるが、行く先々で、各人が崇拝する支配者（サダム・フセインであったり、前アサド大統領であったり、フセイン前国王であったり、アラファト議長であったり、イスラエルの歴代の首相）をそれぞれ、「民主主義」「自由」の体現者であると傾倒する一般の人々がいた。それぞれの地域で「自由」「民主主義」は独り歩きしている。何をそれぞれの地域でこれらの言葉に込めているのか、その一般の人々のメンタリティーにまでもぐっての理解が必要なのではないか。

イスラエル・パレスティナ問題に関して、ブラウノールドは、双方が要求し、提唱している概念、用語にずれがあることを指摘している(7)。イスラエル側では「安全」「平和」「共生」、パレスティナ陣営では「正義」「権利」「自由」だという。そして、ブラウノールドは、それぞれが、特定の基本概念に込めたものを検証し、互いに自分たちだけがその概念を占有すること――自分たちの側だけに、その「概念」を主張する権利があるように思い込んでいること――を控えて、両者が「基本概念」をすり合わせていく作業が重要であるという。

そこで、本稿では、現在の混迷する状況の一因として、西欧世界が「自由」「民主主義」を無条件に絶対是として中東世界に導入しようとしたことにも一因があると考え、中東世界から発生した宗教の一つであるユダヤ教において、その創生期における「自由」「民主主義」につながる概念を、文献資料を通して考察する。地味な作業であるが、こうした作業抜きに、他者理解、多元化共生はありえないのではないだろうか。

まず、ユダヤ教における「自由」概念を見る。ヘブライ語聖書と現在のユダヤ教のベースとなったラビ・ユダヤ教における「自由」概念の変遷をみる。合わせて、「民主主義」の概念について検証したいのであるが、古代・中世時代の文献に、現在の「民主主義」に直接につながる概念は存在しない。

5　I. Berlin, "Two Concepts of Liberty" in H. Hardy ed., *Isaiah Berlin, Liberty* (London and Princeton: Oxford UP, 2002)、H・アーレント（引田哲也、斎藤純一訳）『過去と未来との間』（みすず書房：東京、一九九四）。J・キーン（森本醇訳）『デモクラシーの生と死』（みすず書房：東京、二〇一三）では、「民主主義」「デモクラシー概念」の実像、変遷に関して詳細な検討が行われている。だが、キリスト教、イスラーム、インドでの民主主義の受容についてはは検証されているが、ユダヤ教、ユダヤ思想に関しては、スピノザ以外取り上げられていない。

6　特に立ち上げ期の論考は一神教それぞれと、自由、民主性、寛容など現代的価値との親和性を説いた論考が多い。P・シュタインアッカー「ユダヤ人・キリスト者・ムスリム――対話と対決における一神教諸宗教」（二〇〇三）、S・クフタロウ「イスラームにおける戦争と暴力の否定」（二〇〇三）、M・ワッサーマン「選ばれし者の選択――米国ユダヤ人にとっての自由の選択」（二〇〇四）、H・レヴィン「アメリカ社会とその公共政策はユダヤ教徒にいかなる問題をもたらしているか」（二〇〇四）、同上『「選ばれた者」と「選ぶ者」　宗教多元主義――そのユダヤ的源泉とアメリカにおける機能』（二〇〇四）、I・A・レイミー「イスラームの信仰と実践――アメリカの社会問題に積極的貢献を果たすために」（二〇〇四）他多数。以上、各年度の『同志社大学二一世紀COEプログラム・一神教の学際的研究――文明の共存と安全保障の視点から』（同志社大学一神教学際研究センター）参照。

7　Joel Braunold, "'Peace' doesn't belong solely to Israelies, nor 'justice' to Palestinians", in *Haarez*, September, 30, 2014, http://www.haaretz.com/opinion/.premium-1.618379 (accessed October 9, 2014).

そこで、民主主義の様々な要素――自由・平等・多数決原理など――の萌芽について検証する必要があるが、本稿においては、紀元後七〇年の神殿崩壊後の混乱期にやがてユダヤ共同体を統括する制度となったナスィ（首長）制度をどのようにとらえていたかについて考察する。現在のユダヤ教の基礎となるラビ・ユダヤ教において、新しい統制、支配の形として登場したナスィ制度に対するラビたちの言及を収集し、どのような自己支配の在り方を良しとしてきたのかを文献を通して考えたい。

ラビ・ユダヤ教とは、紀元後七〇年にローマ帝国によってエルサレム第二神殿が崩壊し、それまでの信仰の中心を失ったユダヤ教がとった新しい形である。ローマ帝国ティトス帝によって第二エルサレム神殿を失ったユダヤ教はそれまでの信仰の中心を失った。ユダヤ教の指導権は祭司たちからトーラーの賢者であるラビたちへと移った。ラビたちは、ユダヤ教のエートスを神殿祭儀からトーラーの学びにシフトさせ、書かれた成文トーラー（ヘブライ語聖書）から膨大な解釈と法規を導き出し、両者を関係づけ、さらに議論を発展させ、新しい解釈、伝承を生み出し、口伝トーラーとしてそれらを継承した。彼らが生み出した膨大な伝統は、生活全般を網羅する法体系を生み出し、その後のユダヤ教、そして現在へとつながるユダヤ教の基礎を形成している。

もちろん、現代イスラエル政治における「自由」と宗教文書における「自由」とは当然乖離がある。しかし、国家のメンタリティーを形成しているのは、大衆個々のメンタリティーであろう。その大衆のメンタリティーの少なからぬ部分を形成しているのが、現代まで生き延びたユダヤ教であり、その基礎は、紀元後七〇年エルサレム第二神殿が崩壊したのちのユダヤ教を方向づけたラビ・ユダヤ教にある。こうした個々のメンタリティーをこれまで見逃してきたことに現代の混迷の一因があるのではないかと考える。政治思想が議論されるときに加味されない民衆的、文化的要因としての各宗教における「自由」観を拾い出す意義があるだろう。

2　ユダヤ教における「自由」の概念の検証

2―① ヘブライ語聖書における「自由」

現代ヘブライ語の「自由」にあたる語として、חרות ヘルート、חפשות ホフショート、が挙げられる。それぞれ語根は ח-ר と、ח-פ-ש とである。そこで、この二つの語根から派生する単語のヘブライ語聖書での用語法を追跡すると、これらの用語は基本的に社会的地位に関わる術語として用いられることが分かる。

ח-ר の派生語は、חורים ホーリームとして一三回登場し、すべての場合において経済的に余裕のある階級をさす。(8) 邦訳では「貴族」と訳され、「長老」や「役人」など他の社会階級と並び称されることが多い。

その町の人々、その町に住む長老と貴族たち（החורים ハ・ホーリーム）は、イゼベルが命じたとおり、すなわち彼女が手紙で彼らに書き送ったとおりに行った。（列王記上二一・一一）

8　コヘ一〇・一七、列上二一・八、ネヘ四・八、同一三、同五・七他。

ホーリームが出現する書物は、ヘブライ語聖書の中では比較的後期に成立した書であり、出現箇所もネヘミヤ記に多く（一三回中八回）、総数もそこまで多いわけではない。おそらく、この用語自体、後代に登場し受容された用語ではないかと考えられる。

ח־פ־ש の用法は、ヘブライ語聖書の中に二〇数例見いだされるが殆どの場合において、奴隷がその隷属状態から解放され自由になった状態を指す用語であり、奴隷と対になって言及されるか、奴隷に関する規定の中で言及される。[9]

同胞のヘブライ人の男あるいは女が、あなたのところに売られてきて、六年間奴隷として仕えたならば、七年目には自由の（חפשי ホフシー）身としてあなたのもとを去らせねばならない。（申一五・一二）

そこには小さい人も大きい人も共にいて、奴隷も主人から自由に（חפשי ホフシー）なる。（ヨブ三・一九）

などである。この、奴隷・隷属状態の対極を表す ח־פ־ש は、五書、預言書、諸書であっても一貫している。[10] したがって、聖書の中での ח־פ־ש とは、第一義的には、「奴隷状態」の対義語であり、「解放」としてとらえるべきであり、社会的地位に関わる用語であることが分かる。奴隷制度は、現代の価値観からすれば人間の尊厳を冒瀆する判断すると否定される制度であるが、古代中近東社会において所与の状況であり、ヘブライ語聖書の中でも奴隷制度を否定する議論は殆ど見当たらない[11]。従って、奴隷状態を非人間的状況とみなすという視点が殆ど欠如しており[12]、その対極にある解放された「自由人」の立場を、社会的地位に加えて、個人的、内面的感情を議論するという視点も欠如していたと言える。少なくとも、個人の内面的な意味での自由 ח־פ־ש の派生語が表すということはなかったと言える。

他方で、用例数としては限定されているが、社会階級とは別の意味合いと思われる用法がある。

> 汚れたものとみなされ、死人のうちにはなたれて（חפשי ホフシー）、墓に横たわるものとなりました。（詩八八・六）

9　出二一・二、二六、二七、申一五・一二、一三、一八、イザ五八・六、エレ三四・九、ヨブ三・一九。奴隷の文脈ではないものがサム上一七・二五、エレ三九・五。

10　レビ一九・二〇、エレ三四・一四他。

11　古代オリエントの奴隷制についての研究史概観は、G. C. Chirichigno, *Debt-Slavery in Israel and the Ancient Near East* (Sheffield Academic Press: Sheffield, 1993), 1–29、I・メンデルゾーン（塩野靖男訳）「古代近東の奴隷制」『聖書考古学入門2』（教文館：東京、一九八二）七一―九四頁参照。また、アリストテレスが奴隷制を当然視していたことについては、メンデルゾーン「古代近東」二〇二頁参照。

12　メンデルゾーンは、人間は本来平等であるという観点から、奴隷制を非人間的制度として批判した初めての人物がヨブと考える。メンデルゾーン「古代近東」九四頁。

ここでの חפשי は、難解な箇所として見解の一致を見ていないが、ח-פ-ש を社会的な解放状態ではなく、死人の中に「放置されている（遺体）」というニュアンスで使う例外的用法である。[13] また、皮膚病を隔離する建物、בית חפשי ベイト・ホフシー（王下一五・五）も、この延長上にあると考えられる。[14] しかし、これらの用法においても חפשי ホフシーは、内面としての「自由」ではなく、「放置、等閑にされている」というニュアンスであり、肯定的な状況としては見なされていない。

また、サムエル記上一七・二五において、עשה חפשי アーサー・ホフシーというヘブライ語聖書では、他に類をみない用法が出てきている。

更にその父の家にはイスラエルにおいて特典を与えてくださる（יעשה חפשי ヤアセー・ホフシー）ということだ。（サム上一七・二五）

マックカーターは、王家に対する納税や他の義務からの免除を示唆していると解釈しているが、根拠は十分とはいえない。[15]

以上、ヘブライ語聖書における ח-פ-ש と ח-ר の派生語から窺える「自由」観をまとめると、第一に、いずれの語根の派生語も、余裕のある階級や奴隷に対置される社会的地位を表す用語であり、個人の内面的な状況を指すものではない。第二に、ヘブライ語聖書における「自由」に相当する用語は、それ自体、隷属状態からの「解放」という動的な意味合いが基本にあると言える。[16] 日本語で「自由」

という用語は、静的な所与の状態のニュアンスが強いように思われるが、そもそもヘブライ語聖書で想定されている「自由」とは動的な概念であることを我々は認識する必要があるだろう。第三に、奴隷に対置される社会的地位とは言いがたい例外的な箇所があった。第四に、現代ヘブライ語における抽象名詞としての「自由」である חרות ヘルートという用法がヘブライ語聖書では見当たらない。第五に用例数自体限定的であり、また、חר については、登場する書がネヘミヤなど比較的後期の書であるので、ヘブライ語聖書の中では比較的後代の概念だろう。「自由」の語根となる単語は、ヘブラ

13　ダフッドは諸説検討の上、ゴードンの「診療所」という説を、詩八八・四で言及される「陰府」にも合うとして暫定的解釈として挙げている。M. Dahood, *Psalms II 51–100: A new translation with introduction and commentary* (Yale UP: New Heaven and London, 1968) 304.

14　この בית החפשית の解釈も諸説ある。皮膚病患者に関するレビ記での規定（レビ一三章、一四章）に鑑み、エルサレムの外と考える説、王権から自由になるという意味での自由の家を指す説、あるいは、陰府を指すなど諸説ある。これらを踏まえ、また חפשי を副詞として考え free を表す概念であることを考慮に入れた上で、ゴーガンとタドモールは、不確かさゆえに、ウジヤのために用意されたおそらくエルサレムの外部であったであろう皮膚病患者を収容する区域名としてベイト・ホフシートという固有名として訳出することを提唱している。M. Gogan and H. Tadmor, *II Kings: A New Translation with Introduction and commentary* (Yale UP: New Heaven and London, 1988) 167.　ダフッドは、詩八八・六と類似の例としてこの句も挙げている。Dahood, *Psalms*, 304.

15　P. K. McCarter, Jr, I. Samuel; *A New Translation with Introduction, Notes and Commentary* (Yale UP: New Heaven and London, 1980) 304.

16　英語での Liberty, Freedom においても「解放」の意味合いが含まれることにも並行する。

イ語聖書において中心的な単語とは言えず、「自由」も中心的概念とは言えない。

2―② ラビ・ユダヤ教における「自由」

これらの用語の意味合いは、ラビ・ユダヤ教文献になっても基本的に変わらず、多くの場合、「自由」は奴隷に関する議論の中で、聖書の引用の中で言及される。特に、ח-ר の派生語である חרין בן ベン・フリンは、奴隷状態からの解放状態を表す術語「自由人」となる。しかし、חרין בן ベン・フリンには、聖書での חרים ホーリームが担っていた「貴族」や「余裕のある階級」を表すことはない。ベン・フリンは「奴隷」とほぼいつも対になって言及されるので、ヘブライ語聖書の חפשי ホフシーが担っていた意味合いを ח-ר の派生語 בן־חרין ベン・フリーンが機能するという用語間の交代現象がみられる。

用語は交代するが、依然として、ラビ・ユダヤ教においても、ח-ר の派生語のほとんどの例で「自由」は社会的な意味での「解放」状態であることを示す。また、ラビ・ユダヤ教においても奴隷制度も所与の制度として受容されていた。ラビたちの関心は、奴隷が解放されたのちの社会的地位にあり、聖書と同様に個人的、内面の状態として用いる用語ではなかったことが窺える。

同時に、注目すべきはラビ・ユダヤ教においてはじめ חרות ヘルートという抽象概念としての自由が登場することである。

「その板は神御自身が作られ、筆跡も神御自身のものであり、板に彫りこまれていた」（出三二・一六）。これは、חרות ハルート（彫り込まれていた）と読むのでなく חרות ヘルート（自由）と読む。というのは、タルムードやトーラーの学びに従事しないならば、あなたは בן חורין ベン・フリン（自由人）ではないからだ。誰でも、持続的にトーラーに従事する者は高められる。「マタナからナハリエル、ナハリエルからバモト」（民二一・一九）とあるように。（アヴォート六・二）

ここでは、出エジプト記三二・一六の句の中の חרות ハルート、「彫りこまれた」という単語が חרות ヘルート「自由」と重ねられている。חרות ハルートの語根は、本来 ח־ר־ת であるが、חרות ヘルートと共通の子音 ח ר を有している。そこで、חרות ハルートではなく חרות ヘルートと読むことを提案されることで חרות と חירות「自由」が重ねられる。子音が似た単語の母音を別の母音に読み替えることはミドラシュ（ユダヤ教聖書解釈）にはよくある手法であるが、ここでは、י を加えて e の母音を変えているので、かなり意図的な読み替えということになる。同時に、右の例ではラビ文献の中で最も頻繁に見られる用法、בן חורין ベン・フリンを重ねることによって、奴隷状態に対置される社会的地位としての「自由人」「（奴隷状態から）解放された者」としての ח־ר H-R のニュアンスも残されている。

彫り込まれている（חרות ハルート）石版とは、シナイ山でモーセに与えられた十戒が彫り込まれた二つの石版であるが、ラビ・ユダヤ教以降の伝統では、この時モーセに与えられたのは一〇の戒めだけでなく、成文トーラーと口伝トーラー全てがこの時点で与えられたのであり、したがって、石版

に彫りこまれているものは、ユダヤ教の後代の様々な解釈をも含めたすべての教えを示唆している。(17)
בן חורין ベン・フリン「自由人」という社会的地位を表す用語を言及することで、「彫り込まれた」伝承と「自由」が重ねられることになる。そして石板に彫り込まれたすべての伝統と結びついたところに「自由人」たる意味があるという「自由」の新しい意味合いを示すことになる。

さらに、上記のミドラシュでは、エジプトを脱したイスラエルの民が通過した地名マタナ、ナハリエル、バモトが言及される。マタナは賜物のことであり、ナハリエルは嗣業のこと、バモトは高められた場所、を原義とするので、トーラーの石板を担ってこれらの地を通過したイスラエルの民は、トーラーという賜物を賜り、それを嗣業として引継ぎ、高みにいたるであろうことを示唆している。つまり、トーラーを学ぶ者が高みに至る者となることを示唆している。

初期のラビ文献ではごく限定された例である חרות ヘルートという用例は、後代のタルムードやミドラシュ類に形を変えて散見され、彫り込まれたトーラーの学びと自由の関係が説かれることが多く見られるようになる。出エジプト記ラッバ四一・七では חרות ハルートされているのは口伝トーラー全てであることが言及され、חרות ハルートに込められたユダヤ教の教えの全てと חרות ヘルート「自由」という状態がつながっていることが示唆される。そして、解放される対象が「死の天使」「諸国の支配」など多彩になる。(18)

同時に、前述の聖書での例外的な用法であった詩編八八・六「死人のうちにはなたれて」への関心が強まる。この句が引用されるミドラシュ（ユダヤ教の聖書解釈）では、נעשה חפשי ממצות ナアセー・ホフシー・ミ・ミツヴォート（戒律から自由になる）という表現が多々散見される。

ダビデが、「死んだ者は神を称賛できない」（詩一一五・一七）と言った。それに対する反論は、「私は既に死んでいる者を称賛する」（コヘ四・二）である。それに対して、あなたは「生きている犬の方が死んだライオンよりましである」ということができる。難しくはない。というのは、ダビデが「死んだ者は神を称賛できない」と言ったのは、どんな者であれ、死ぬ前にトーラーと戒律に勤しんだ者は、彼が死んだときには、トーラーも戒律からも免除されるということである。ラビ・ヨハナンが同じように言った。何と書かれているか。「死人のうちにはなたれて」（詩八八・六）、「これは、人間が死んだなら、トーラーと戒律から自由になるということである」。

この伝承では、前述のヘブライ語聖書の ח־פ־ש 用例の中でも説明の難しい詩編八八・六が引用されている。ここでは、人間が死んだら、戒律から חפשי ホフシーになるという意味で解釈されており、社会的地位ではなく個人の次元での חפשי ホフシーが想定されているともいえる。死を迎えて「トーラーも戒律からも自由にされる」という説明からは、死によってトーラーの学びから免除されることを肯定されているようでもある。しかし、この伝承の文脈を加味すると、「死んだライオン」のごと

17　シナイ山で、その後のユダヤ教の全ての教えが与えられたという考え方は、バビロニア・タルムード、メナホート二九b他多数。

18　上記 חרר で検索された三五〇例中、六〇例以上は出二一・一六に関連している。より後代のラビ文献でのヘルートの用例は、拙稿「ユダヤ教における自由」参照のこと。

く望ましい状態ではないこととして理解されていることが分かる。そしてこの議論を踏まえて、前述の問題の詩編の句が引用される。従って、詩編での状態も望ましい状態ではないとラビたちはとらえていることになる。同様の記述は同じく詩編八八・六を引用し、「死んだ王よりも生まれて一日の赤ん坊の方がましである」というBTシャバット一五一bでも見られる。つまり、חפשי ホフシーにされることは、決して肯定的な状態ではないことと考えていることになる。であるならば、理想的な状態はむしろトーラーと戒律に拘束されている状態であることが想定される。さらに、後述するレビ記ラッバ二六・七では、יצא חפשי מן המלכות ヤーツァー・ホフシー・ミン・マルフート＝王国から自由になるという表現が、文脈から王国を蔑ろにするという意味で理解されている。つまり「ホフシー」のニュアンスは決して肯定的なものではないのだ。

以上、ラビ・ユダヤ教文献での「自由」観をまとめよう。聖書では奴隷に対置する社会的地位としてח-פ-שは、ח-רに移行するという状態が観察される。また両用語とも基本的にはヘブライ語聖書の場合と同様に、奴隷の解放に関係する用語である。第二に、奴隷に対置される社会的地位としての自由ということを踏まえつつ、ラビ文献においてחרות ヘルートという抽象名詞としての「自由」が語られるようになる。さらに、トーラー授与の場面である板に彫り込まれたחרות ハルートと、重ねることによって、自由חרות ヘルートという状態が、トーラーの学びに規定されたものであることを示唆することになった。さらに、聖書の中での解釈の難しい詩編八八・六を引用する際に死に際して、トーラーの学びからחפשי ホフシーになることは決して肯定的なものとしては理解されていない。

ヘブライ語聖書においてもラビ・ユダヤ教においても、「自由」の元になる派生語は、決して無条件に受容される肯定的なものとしては受け取られていないということが言えるだろう。

3　ラビの支配者像――ナスィ（首長）を通して

前述のように、紀元後七〇年のエルサレム第二神殿の崩壊は、それまでのユダヤ教の権力・支配構造を一変させた。それでのユダヤ教信仰の中心は神殿祭儀であり、祭儀を司る祭司階級がユダヤ教共同体の支配権を握っていた。そして、第二神殿末期はパレスティナ地域の支配を強めるローマ帝国と癒着し、祭司階級の腐敗が進んだと考えられている。そして、ユダヤ戦争の最中、エルサレムに籠城する徹底抗戦派をいわば裏切る形で抜け出したラバン・ヨハナン・ベン・ザッカイが、相手方ローマ将校ヴェスパニアヌスと直談判して開塾したヤブネの学塾を中心にして、神殿崩壊後は、神殿祭儀を中心とするユダヤ教から聖書の学びの師であるラビを中心としたトーラーの学びを主体とするユダヤ教へとパラダイムシフトしたと考えられる。このシフトを、後述のように一九世紀末のユダヤ学は、祭司階級が司る貴族支配から、庶民のラビが仕切る民主的なユダヤ教への移行であったと考える。やがてラビ社会の長に立つのが、ナスィ（首長）である。

本稿では、続いて、新しいユダヤ教社会の長となるナスィについてのラビたち自身の記述をみたい。果たして、ユダヤ学が理想とするほど、民主的なのであるか、どうか彼らがどのような支配者を求めたか、という点をみたい。

3—①　ナスィの変遷

ナスィとは、重要人物を指すヘブライ語である。ヘブライ語聖書では、ナスィは、王、各部族の長、荒野での人々のリーダーを指した（出一六・二二）。聖書中では、王そのものを指すこともあったが、将来の王権は絶対王権を否定する考えたエゼキエルは、将来の支配者をメレク（王）ではなく、ナスィ（首長）と呼んだ。第二神殿時代の支配者もユダヤ共同体の長も、メレク（王）ではなく、ナスィ（首長）を名乗った。[19] ラビ・ユダヤ教時代のナスィについて、いつ頃、どのような権威を掌握していったかについては膨大な研究蓄積がある。[20] ベイト・ディーンのアブ（長）とナスィ（首長）が連立した二人組（ズゴート）[21] の時代を経て、七〇年のエルサレム第二神殿崩壊後は、ナスィの権威がより強力になったと考えられる。神殿崩壊後、バル・コホバの乱の時期に発行された硬貨には、シメオン・ナスィ・イスラエルという刻印がされており、事実上の指導者の呼称として通用していたことが窺われる。二〇〇年にラビ・イェフダがナスィのタイトルを称するようになり、ラビの長をナスィであらわすようになった。[22] ラビ・イェフダは、「ハ・ナスィ」（定冠詞付きのナスィ）または、単に「ラビ」という呼称で通用するほどであった。以後、ナスィ家は、そのルーツにあたるヒレルが、ダビデの末裔であるという主張がなされるようになり、ナスィ家の権威の正統性の根拠とされるようになったと考えられている。[23]

このナスィという称号は、ユダヤ教社会だけでなく、ローマ当局にとってもユダヤ教共同体の代表者を表すものとして認識されていた。それで、ラビたちはある程度、規範を緩めて、ローマ社会でナスィが立ち回りやすいようにした。また、ユダヤ社会においては、ナスィは、サンヘドリンを掌握し、ヘブライ暦を作り、新月の宣言を法廷と一緒に行った。離散のユダヤ人とも関係を保ち、説教する弟子を派遣、法廷を設立、財産を築いたとされる[24]。

ゲオニーム時代以降は、ナギードという職名が、新たにユダヤ社会を代表する代表者の呼称として流通したが、依然として、行政のトップをナスィとする地域は多かった。現代においても、イスラエルの大統領はナスィである。また、大学長など各種機関のトップもナスィと呼ぶ。

このナスィが、ユダヤ社会の代表者を指す名称として制度的に使用し始めた時代のラビの立場から

19　Goodblatt, *The Monarchic Principle* (J. C. B. Mohr: Tübingen, 1994) 3.

20　I. Levine, "The Jewish Patriarch (Nasi) in Third Century Palestine", in *ANRW*, II, 19/2, 197; idem, *The Rabbinic Class of Roman Palestine in Late Antiquity*, Jerusalem, 1989, pp. 134–91; D. Goodblatt, *Monarchic Principle*; G. Stemberger, *Jews and Christians in the Holy Land*, (T&T Clark: Edinburgh, 1999), 230–83.

21　ミシュナ・ハギガー二・二。

22　いつから、ナスィという称号が用いられ始めたかについて、研究者の見解は一致しない。紀元前三〇年老ヒレルの時代であるという説から、ミシュナの証言を信じて、紀元前九六年のフェニキアシノドスがナスィと呼ばれたことに起源があると考える説、また、マカベア王朝以前というものもある。ラビ・イェフダ・ハ・ナスィが使用し始めたのは一九〇年。最後のヒレル系のナスィは、ラバン・ガマリエルで四二五年没。

23　I. Levine, *Rabbinic Class*, 134–35.　ガマリエルの名を冠するガマリエル系とイェフダの名を冠するイェフダ系がナスィ家のほとんどを占めることから、グッドブラットは、ガマリエル系が基盤とする権威に、ダビデがその末裔であるユダ族のユダ（イェフダ）を冠することによって、ダビデ王家の末裔としての権力の正統性を付したのではないかと考える。

24　I. Levitats, Nasi in the *Encyclopedia Judaica*^{2}, vol. 14 (Macimillan Reference: 2006), 784–785.　Goodblatt, *Monarchic Principle*, 143–67.

のナスィ観、さらにナスィ制度が機能していた時代のラビとナスィたちの関係をラビ文献に残された資料から考察する。

3―② 『ミシュナ』におけるナスィ像

『ミシュナ』とは、神殿崩壊後、トーラーの学びを中心とするラビ・ユダヤ教が最初に編纂した法典集である。ヘブライ語聖書の解釈から生まれた日常生活を網羅する様々な法規とそれに関する解釈議論を口伝によって伝承したものを二〇〇年ころに当時のラビ・イェフダ・ハ・ナスィが編纂したと考えられている。つまり、公的な形でラビ集団の長に対してナスィの称号を使い始めた本人が編纂した書物ということになる。

まず、注目されるのは、『ミシュナ』においては、ラビ・イェフダの称号としてのナスィの用法は私見の限りでは一例のみである。[25] つまり、この称号が実際に定着するのは、さらに後期の時代であろうと思われる。[26]

従って、『ミシュナ』でのナスィは、民の中の重要人物としてのナスィである。とはいえ、編纂者ラビ・イェフダ・ハ・ナスィの地位や権威も多分にオーバーラップされているであろう。目立つ議論は、ホーラヨートの篇において、油注がれた祭司、すなわち大祭司と、比較対照される部分である。

油を注がれた祭司が罪を犯したら、そののち、彼の油注がれた（祭司としての）地位は移行する。同様に、罪を犯したナスィも、彼の権威は移行する。油注がれた祭司はなお、雄牛を献げなければならないが、ナスィは山羊である（ミシュナ・ホーラヨート三・一）。

もし、油注がれた祭司が、その大祭司の地位が移行してから罪を犯したなら、そして、ナスィがその地位が移行してから罪を犯したら、油注がれた祭司は雄牛を献げなければならないが、ナスィは普通の人間と同様に考えられる（同所三・二）。

もし、彼らが、彼らが任命される前に罪を犯して、それから任命されたのなら、それぞれ普通の人と同様に見なされる。ラビ・シメオンは言った。もし、彼らの罪が、彼らが任命される前に明らかにされたのなら、彼らは罪を負う。しかし、それが、彼らが任命された後であるなら彼らは免除される。では、ナスィとはどんな者か。それは、王のことである。ナスィとは、彼の上に神である主以外にいない者である（同所三・三）。

これらの規定の中で、ナスィは、油注がれた祭司、つまり祭司階級の中で最も権威ある大祭司とナスィの贖罪の献げ物の異同について記述される。聖書の中では、各部族の長という意味でのナスィの

25　アボート二・二。

26　私見では、ラビ・イェフダ・ハ・ナスィという称号付きのラビ・イェフダは、ミシュナ、トセフタでは、わずかそれぞれ一例のみ、バビロニア・タルムードで三四例、エルサレム・タルムードにて六例である。より物語的な議論が中心になるミドラシュ・アガダー分野では、九四例に上る。

献げ物については、民数記七章に記述される。しかし、そこでは、ナスィは部族の代表者として献げるのであって、ナスィ個人が罪を犯したとき、また、その地位が変化した場合の規定を示唆する箇所はない。したがって、ミシュナのこの箇所には、ラビたちが、ナスィを大祭司に対してどのように位置づけるのか、大祭司との相対関係の中でラビたちの「ナスィ」観が現れると考えられる。そして、その描き方の特徴は、大祭司と対抗させつつも、ナスィの権威を特段特別な地位に位置付けているわけではないことにあろう。大祭司と同様に、罪を犯したら献げ物を献げなくてはならず、罪を犯したらその地位は譲渡される。しかし、献げる動物は異なる。また、それぞれの地位が譲渡された後であれば、大祭司は依然として罪は負うが、ナスィはそうではない。他方、その職位に任命される以前の罪については、大祭司もナスィも同等である。

ここで神殿崩壊後のユダヤ共同体内部の覇権をめぐる力関係に言及する必要がある。一般に、神殿業務を司り行政的にはローマ帝国と結びついていた神殿時代の支配層である祭司階級に代わって、トーラーの学びを全面に押し出し、成文トーラーとならんで口伝トーラーの継承、学びと実践をユダヤ教生活の中心に据えたラビたちが覇権を掌握したと考えられている。しかし、近年この枠組みには修正が加えられており、祭司権力も後代になるまで維持されていたと考えられている。[27] 従って、ラビたちは、後代まで祭司階級の影響力と対抗する必要があり、ラビ文献にも祭司関連のことをトーラーの学びとして記録、議論しながら、微妙に排除したり、沈黙という手段で祭司の影響力を無視するという方策をとった。

従って、前述の資料でナスィを言及しているのは、大祭司に絶対的な権力を与えないというラビ側の祭司階級への対抗意識の表れでもあると考えられる。

注目すべきは、ホーラヨート三・三の最後で、ナスィとは王であるとみなしている点である。しかも、人間と神の間に位置付けるというある種、神学的な位置づけをしている。しかしながら、大祭司については、続くホーラヨート三・四は「油注がれた祭司とはどんな者か」という同三・三の「ナスィとはどんな者か」と並行した表現で始まるにもかかわらず、そこでは、あくまで油を注がれて職位についた大祭司と大祭司服を着ることによって職位についた大祭司職の法規上の違いに終始している。ナスィのように、人・神の中での位置づけをすることはない。つまり、ナスィに対してのみ王と同等の地位が与えられており、結果、人間世界の中では、ナスィが最上位にあるかのような印象をこの箇所は与えるのである。

しかしながら、だからと言ってナスィに特別な絶対権力が与えられているわけでもない。そもそも、祭司もナスィについても、議論に付すということによって、祭司、ラビの間に立つであろう民の有力者ナスィの力も牽制しながらバランスをとっているのではないか。事実、ナスィも一般人も変わらないという規定もある。(28)

27　Goodblat, *Monarchic Principle*, S. A. Cohen, *The Three Crowns — Studies of Communal Politics in Early Rabbinic Jewry*（CambridgeUP: Cambridge, 1990）他。第二神殿崩壊以降の祭司の地位についての研究史については、拙著 *Priest and Priesthood in the Aramaic Targums to the Pentateuch- New Approach to the Targumic Literature*（Lambert: Saarbrücken, 2011）105–115 参照。

28　ミシュナ・ネダリーム五・五。

これらミシュナの議論は、ラビ・ユダヤ教のトップをナスィとするナスィ制度の草分け期の議論である。ここでは、その機能はあくまでもラビの議論に規定されている。大祭司と並べながら、大祭司と同じにはならない。また、王権と重ねられることもある。様々な議論の過程で、結局、大祭司も王もナスィも突出する権威は与えられることはない。

3―③　パレスティナ・タルムードにおけるナスィ像

パレスティナ・タルムードは四〇〇年ころ編纂された。前述にも挙げたミシュナについてのラビたちの議論をまとめた集成である。同じくミシュナの議論集であるバビロニア・タルムード（五〇〇年頃編纂）に較べて、早期に、またパレスティナ地域の荒廃が進む中、急いで編纂されたので、議論の充実度については劣るとされる。その分、編集の影響力が比較的小さいので、歴史資料としての価値が高い。この時代の文献中には、ラビ・イェフダ・ハ・ナスィの子孫のナスィ家の言及がみられる。つまり、ナスィ制度が実際に機能している時代のラビとナスィの関係を反映した記事が散見される。

ラビ・イェフダ・ハ・ナスィの孫のラビ・イェフダ二世と、その後のラビ・イェフダ三世は、ともにネスィアと呼ばれ、しかし、ともにラビ・イェフダまたはラビ・ジュダンと称されることもあり、時にはハ・ナスィと同様「ラビ」とも称されたので、資料上で厳密な区別をすることは難しい。ネスィアたちは、テオドシウス法典などローマ帝国の文書にも言及されるように[29]、対外的にユダヤ共同体を代表する存在となった。興味深いことに、ローマ資料で言及されるようなネスィアになると、逆に、タルムードなどでのラビ文献での言及回数は少なくなる。ナスィたちは、対外的な地位を確立すると、逆に、ラビたちのユダヤ教世界からは乖離していったのではないだろうか。しかも、ラビ・イェフダ二世、三世時代になると、ラビとの騒動問題の中で言及されることが多くなってくる。

以下に引用するテキストも、ラビ・イェフダ二世かラビ・イェフダ三世と思われるラビ・ジュダン・ハ・ネスィアとラビたちのトラブルを伝えるものである。以下、ラビ・ジュダン・ハ・ネスィアについては、本稿ではラビ・イェフダ二世か三世については不問に付し、ネスィアと呼ぶ。ナスィ全般、ナスィ制度については、ナスィを使う。

ラビ・ジュダン・ハ・ネスィアへの批判

そして、彼が裸の時や、髪を切っている時、浴場にいるときには、他人に見られてはならない（ミシュナ・サンヘドリン二・六）。これは、次の句と一致する。「あなたの目は麗しく装った王を仰ぎ」（イザ三三・一七）。ラビ・ハニナは、ラビ・ジュダン・ハ・ネスィアのもとに行った。しかし、ラビ・ジュダン・ハ・ネスィアは、下着姿で出てきた。ラビ・ハニナは彼に言った。「あなたは毛の上着を着て来なさい。『あなたの目は麗しく装った王を仰ぎ』（イザ同所）とあるのだから」。ヨハナンが、ラビ・ジュダン・ハ・ネスィアのもとに上った。彼は、綿のシャツを着て彼を迎えた。彼は彼に言った。「毛の上着を着て来なさい。『あなたの目は麗しく装った王を仰ぎ』（イザ同所）と言われているのだから」。ラビ・ヨハナンが去る時に、ラビ・ジュダン・ハ・

29　テオドシウス法典での首長の言及については、Stemberger, *Jews and Christians*, pp. 230–68.

ネスィアが彼に言った。「服喪者に慰めのものを持って来なさい」。彼は彼に言った。「菓子焼職人メナヘムを呼んで来なさい。『慈しみの教えをその舌にのせる』（箴三一・二六）と書かれているように」。そして、彼が去る時に、ヨハナンは、ラビ・ハニナ・バル・シシが木を切っているのを見た。彼に言った。「ラビよ、この仕事はあなたの地位にはふさわしくない」。彼は、彼に言った。「どうすればいいのですか。というのは、私には、弟子として仕えてくれる人がいないのですから」。彼は彼に言った。「もしあなたに自分に仕える弟子がいないのなら、裁判所への任命を受けるべきではない」。（パレスティナ・タルムード・サンヘドリン二・七、二〇c―d）

三・四世紀のラビ・ユダヤ教社会では、毎朝、ラビたちがナスィ家をご機嫌伺いに訪れ、挨拶をするという慣習があったという(30)。ここでの一連の伝承は、その際のネスィアの対応を――特にネスィアの服装について――訪れたラビたちが批判を加えたことを伝えている。最初は下着姿で出てきて、続いて綿の衣類を身に着けて出てきた。しかし、綿の衣類でも批判される。なぜなら、王は毛皮を身に着けるものであり、証左としてイザヤ書から聖句が引用されている。ここで、ラビたちにとっては、ナスィは王と結び付けられていることがわかる。また、りすの毛皮のローブをまとうことは王家の象徴でもあった(31)。ラビたちが何度も毛のものを着てくるように要求しているのは、ラビたち自身、ネスィアに対して、王のようにふるまってほしいという願望があったことを表している。ネスィアも辛辣なラビたちに対して、「慈しみをもて」という主旨の反論を加えるが、その批判を受けたラビ・ヨハナンは、帰りがけにネスィアだけでなく、ナスィ家に仕えるラビ・ハニナ・バル・シシに対して、弟子も持たない人間が裁判官になること、即ちナスィ家に仕えることを痛烈に非難する。

　この記事には、ラビとナスィの奇妙な力関係を伝える。ラビたちは強気にネスィアを批難している。弟子もいないようなラビが裁判を司っているナスィ家の機構までも批判している。しかし、その実、ラビたちはネスィアのご機嫌伺いに日参していたのである。ここまでのところ、ラビの方が優位に話を進めている。しかし、これらの伝承に続くヨセ・マオンにまつわるエピソードでは、一転して、ラビたちは受け身で、一貫してネスィアのペースで進んでいく。

　以下、ヨセ・マオンによるネスィア批判の伝承である。

　マオンのヨセという人物が、ティベリアのシナゴーグで、ホセア五・一の「聞け、祭司たちよ。心して聞け、イスラエルの家よ。耳を傾けよ、王の家よ。お前たちに裁きが下る」を用いて、逐語的に解釈を加える過程で、祭司がトーラーの学びをおろそかにしたのは、究極的には、祭司の特権を搾取した王家に責任があると主張したのである。ここで、王家はユダヤ共同体のナスィ家を暗示していると思われるので、マオンのヨセは、ナスィ家に対する過激な批判をシナゴーグで展開したことになる。

30　R. Kimelman, "The Conflict between Priestly Oligarchy and the Sages in the Talmudic Period: An Explication of PT *Shabbat* 12.3, 13c = *Horayot* 3:5, 48c)", *Zion* 48（1983）, 134–48（Hebrew）.
31　中世の挿絵装飾写本では、リスの毛皮を表象する青と白の縞の裏地のマントが王家の象徴である。The North French Hebrew Miscellany, Add. Ms. 11639. London:117v（ダビデ王）, 260b（エステルとアハシェロス）など。

ヨセ・マオンによるネスィア批判

ヨセ・マオンは、ティベリアのシナゴーグで（次の句の）解釈した。「聞け、祭司たちよ」（ホセ五・一）、「なぜ、おまえたちは、教えを参考にしないのか。あなたがたに、わたしは二四の特権を与えたではないか」。（祭司たちは）彼に言った。「彼が私たちに何もよこさないからです」。

「心して聞けよ、イスラエルの家よ」（ホセ同所）。

「どうしてお前たちは、私がシナイで命じた二四の特権(32)を与えないのか」。

「王がすべてを取ってしまうからです」。

「耳を傾けよ。王の家よ。お前たちに裁きが下る」（ほむべきかな、聖なる方は王に向かって言った）。

「お前たちに（裁きが下る）」とは次の裁きのことである。「これが祭司の裁き（法）である」（申一八・三）。「将来、お前たち（王家）とともに裁きの場に座り、お前たちに裁きを下し、来る世からの場所を失わせてしまうだろう」。

ラビ・ジュダン・ネスィアはそれを聞いて怒った。（ヨセ・マオンは）恐れて逃げた。ラビ・ヨハナンとレッシュ・ラキシュが彼を宥めに来た。彼に彼らは言った。「彼は偉大な人物です」。彼に（ネスィアは）言った。「彼に尋ねることをすべて彼は私に答えることができるか」。彼に答えた。「はい」（同所）。

この批判的説教を耳にしたネスィアは激怒する。そこに当時の高名なラビ・ヨハナンとレッシュ・ラキッシュことラビ・シメオン・ベン・ラキシュがネスィアを宥めに来る。ネスィアはヨセ・マオンを召喚し、彼が聖書の句を正統に解釈できるかを自らが検証する。

ヨセ・マオンの召喚

（ラビ・ジュダン・ネスィアはヨセ・マオンに尋ねた。）「『その母は淫行にふけり』（ホセ二・七）とはどういうことか。私たちの母は、サラは売春婦だったというのか」。

（ヨシ・マオンは）彼に言った。

「ここに、『この母にしてこの娘あり、この娘にしてこの母あり』と書かれている。この母にしてこの娘ありということ。この世代にしてこのネスィアありということ。この祭壇にしてこの祭司たちである。カハナは言った。『この庭にしてこの庭師あり』」。

（ラビ・ジュダン・ネスィアは）彼（ヨセ・マオン）に言った。「まだ私を侮辱したりないというのか。わたしのいないところで一度だけでなく、わたしの前にて三度までも」。

彼（ヨセ・マオン）に言った。「お前についてたとえを語るものは、すべて、たとえを用いてこ

32　祭司のものとされる、犠牲に献げた牛、羊のうち祭司が受け取る分（肩、両頬、胃）、穀物他の農産物の初物の献げ物（以上申一八・三—四に記述）、初子の献げ物（出一三・一二）神殿に奉献されヨベルの年までに弁済されなかった土地など。土地を持たなかった祭司階級の経済的基盤となった。

う言う。『この母にしてこの娘あり』」（エゼ一六・四四）とはどういうことか」。

彼（ヨセ・マオン）は言った。「私たちの母、レアが売春婦であったということである。というのは、『ディナが土地の娘たちに会いに出かけた』（創三四・一）と書かれているからだ。その前に『レアは出迎えて』（創三〇・一七）と書かれている。それは、前者の外出は後者の（売春のための）外出であったということである」。（パレスティナ・タルムード・サンヘドリン二・六、二〇d）

召喚されたヨセ・マオンとネスィアの問答が進行する中で、ヨセ・マオンは、弁解するどころか、母親が悪ければ娘も悪くなるように、庭、すなわち環境や社会や祖先が悪いために、庭をつかさどる庭師が影響される、つまり、ナスィ家の堕落を呼ぶのだという、さらにナスィ家を侮辱する解釈を次々と披露してしまうことになる。ヨセ・マオンの批判は、ナスィ家だけでなく、祭司、同時代世代への批判となり、最終的には、イスラエルのルーツとなる女性レアへの侮辱的な解釈――レアは売春婦だった――に行きつく。ヨセ・マオンの解釈に激怒して呼び出したネスィアも呆れたまま、物語は終わっている。ヨセ・マオンが自分の解釈の過激さに気づいてるのか、どうかも定かではない。すべてがかみ合っていないのがこの話の特徴である。

このエピソードは様々に解釈されてきた。背景には、ナスィ家が、ローマ帝国からの要請でユダヤ共同体に課税をしていたのか、あるいは、祭司階級の特権であった祭司の取り分を横領していた事実があったのではないかと想定されている。イスラエル・レビンによればラビたちは免税していたラビ・イェフダ一世に対して、ネスィアは、ラビたちにも課税してラビたちからの反発を買ったとされる。更に、ローマ帝国からの要求で、異民族侵入を阻止する防護壁の建設のためにユダヤ共同体内部に増税を迫っていたのではないかという[33]。

ここで注目したいのは、ラビとナスィ家との関係である。ティベリアのシナゴーグでの説教をネスィアはチェックできる立場にあった。また、ヨセ・マオンという人物は、ラビ文献では他に言及されることもない目立たない人物で、また、その解釈活動にタルグムという動詞が使われていることから、典型的なラビとは言い難い位置づけあったことが予想される[34]。しかし、それでも、ナスィ家には、一都市のシナゴーグで起こっていることに目配りをきかせるネットワークがあった。他方、ネスィアの怒りをラビたちは直ちに知ることが可能なほど、ラビとナスィ家は密接な関係にあった。ヨセ・マオンもネスィアの怒りを知り、逃走することができた。目立たない人物であったヨセ・マオンも、ネスィアに直接会見することが可能であった。他方で、呼び出す権力を持ちながら、最終的にネスィアは呆れかえるだけで、なんら処分は下していない。また、仲裁に入ったラビ・シメオン・ベン・ラキシュもまたラビ・ジュダン・ネスィアを批判して追いかけまわされたというエピソードがある[35]。しかし、他の箇所では反発するラビ・シメオン・ベン・ラキシュも、また同時代の高名なラビ・ヨハナ

33　I. L. Levine, "The Sages and the Synagogue Sages in Late Antiquity: The Evidence of the Galilee", *The Galilee in Late Antiquity*, ed. L. I. Levine (New York: Jewish Theological Seminary of America, 1992) 210.　史実との関係づけの詳細、また並行箇所との詳細な分析については、拙論「ミドラシュのドラマツルギー」参照のこと。

34　ラビ文献における動詞タルグムの用法については拙著、*Priest and Priesthood*, 30–91.

35　パレスティナ・タルムード、サンヘドリン二・一、一九d—二〇a、バビロニア・タルムード二四a。

ンもネスィアの怒りを宥めに入る。

つまり、ネスィアもラビたちも批判したヨセ・マオンも、どの立場も、長大すぎる権力を有することなく、互いに拮抗する関係として描かれている。互いにつかず離れずの均衡関係を維持しつつ、直接対話が可能な関係を互いのグループの間で有していたということが言えるのではないだろうか。これらが史実であったかどうかは不明であるが、少なくとも、ラビ文献上ではこうした均衡関係のイメージで描かれていたということが重要である。このイメージを文書として残しておきたいというラビたちの意図を示唆するからである。

3—④ ナスィ像のまとめ

以上、ラビ文献におけるナスィについての言及をみた。本稿ではごく限られた資料に基づいたものであり、より広範な資料収集と分析が必要不可欠であるが、少なくとも、ラビ・ユダヤ教の最初期の重要文献である『ミシュナ』においては、大祭司・ナスィ双方に対して、どちらに対しても絶対的な権力は付与していないということが観察される。そして、どちらも議論の俎上に載せてしまうということが、双方、どちら側にも絶対的な力を付与しないことにつながっている。

実際にナスィ制度が軌道にのったであろうナスィ家第二世代、第三世代の様相を伝えるパレスティナ・タルムードの一連の記事では、ラビ集団とナスィ家は、前者が後者を日参するという密接なコンタクトを取りつつ、ラビ集団からの批判も受けるし、かつナスィからの圧力もかかるという関係が見える。

同時に、ラビ集団は、外見という表面的な部分も重要視していることが分かる。ナスィについて、王に近い外見を求めている。意外にも外見的な部分も重要視していることが窺えた。

さらに、ナスィの権力は牽制されつつも、王と同一視される傾向があったことが予想される。これは、先に引用したミシュナの中でも、ナスィと王が同一視されていたことに萌芽がみられるが、より後代のパレスティナ・タルムードでは、ラビからきちんとした身なりをすべきであるという批判の根拠として、王が言及される聖句が挙げられている。これは、ラビたちは、批判をしつつもナスィに「王的なもの」を求めること傾向があったことを示唆する。やがては、ラビたち側からも、ナスィ家を「王」と同一視するようになり、[36] かつては王（メレク）とは区別されていたナスィに対して、改宗者オンケロスは、ラバン・ガマリエルの葬儀であたかも「王」がなくなったかのようにふるまったという。[37] ラビたちは、批判を繰り広げながらも、どこかで「王」的な存在を求めているのではないだろうか。

ユダヤ教聖書解釈の分野でも、サウル王に関して、次のような解釈がある。

　　レビ記ラッバ二六・七

「サウルは変装し」（サム上二八・七）、つまり יצא חפשי מן המלכות ヤーツァー・ホフシー・ミ

36　創世記ラッバ九七・九、パレスティナ・タルムード、タアニート四・二、六八a。

37　セマホート八。

ン・マルフート（王位を蔑ろにして）ということである。「衣を替え」（サム上同所）、とは平民の衣で、ということである。「二人の兵を連れて」すなわち、「アブネルとアムサを連れて」ということである。ラビ・イサクが言った――ここでトーラーはよい習慣をあなたに教えている。旅路に出る者は、少なくとも二人の人間を従者として連れて行くべきである。というのは、もし、二人より少ない場合には、従者の身に何かあった場合、最後には、自分が従者に身をやつさなければならないからである。ラビ・アビウが言った――二人の人間がこのやり方に従って行動した。それはアブラハムとサウルである。「二人の若者を連れて」（創二二・三）とあるように。

このミドラシュは、預言者サムエルに決別され、敵は目の前に迫るのに神とのコンタクトが取れなく絶望の淵に追いやられたサウルが、自分がかつて駆逐したはずの口寄せを通してサムエルを呼び出した場面である。ここでは、サウルが変装したことを、王位を蔑ろにしたことと等しいものと見なしている。また、「衣を替え」を「平民の身分で」と続けて解釈している。ここに、王位にある者と平民との間に絶対的な違いが想定されている。さらに、王たる者が従者の働きをすることについても牽制が働いている。決して、王と平民は混同されてはならないという前提が窺える。そして、「衣を替え」「平民の身分で」ということが、王位を蔑ろにすることであり、ここに、先に見た חפשי ホフシーの否定的用法も見られる。

こうした支配者像を見ると、ラビ・ユダヤ教においては決して、万人が平等であることを求めているわけではないことが窺える。ドイツ・ユダヤ学は、ラビ・ユダヤ教を民主的なユダヤ教の体現者として評価しているが、[38] ラビたち自身は、決してそうではなく、やはり支配者は支配者たる外見が必要であること、そして、その支配者は王のイメージに重ねられがちであることを理解する必要がある。と同時に、ラビたち側からの批判、進言が可能な関係を——実際に実現していたか否かは定かではないが——想定していたということが言えるだろう。

4　おわりに

以上の考察をまとめよう。

現在のユダヤ教のベースにあるラビ・ユダヤ教における「自由」とは、個人的な感情の状態ではなく、基本的には社会的なステータスに関わるものである。さらに、トーラーの戒律に結びついてこその「自由」という前提がある。また、所与のもの、静的な状況ではなく、「解放」されて獲得される状態であり、動的な事柄として考えられる。そして、石板に彫り込まれた戒律と「自由」が関係づけられているように、「自由」と社会・他者との関わりは不可分の関係であるという意識が通底していると思われる。また、その戒律を「自由」にすることは、戒律を「いい加減に」「等閑に」するということであり、それは「自由」の危険な側面として意識されているということが言えるだろう。昨今、

38　一九世紀末に生まれたドイツ・ユダヤ学のイデオロギーについては、Katsumata, Priest and Priesthood, 105–106 参照。

「自由」を個人的特権や、肯定的なものとしてとらえる「自由」観、自分の「自由」さえ維持できれば、他者の「自由」、社会の「自由」には関知しないような「自由」を「自由」と見なす傾向があるのではないか。少なくとも、ユダヤ教では、「自由」を謳うときには、我々が前提とする「自由」とは異なること、「自由」の否定的側面も意識しながら、戒律に縛られてこそ「自由」と考える素地があることを意識する必要がある。つまり、野放図な「自由」は「自由」ではない。

　ナスィについての規定から窺えるのは、ラビ・ユダヤ教においては、最初の法規集であるミシュナの段階で、大祭司であれ、おそらくこれからラビ階級のトップとなることが予想される「ナスィ」職であれ、すでに議論の俎上に載せられている。さらに、大祭司、ナスィを対峙させ、どちらにも絶対的な権力を付与することのない議論の仕方が、その後のナスィ制度の絶対権力化を防いだのではないだろうか。他方で、パレスティナ・タルムードに見られるエピソードやサウルに関する聖書解釈から考えると、ラビたちは、ナスィや王というものは、少なくとも身なり的にきちんとしておくべきと考えていたことが分かる。であるから、支配者層と民衆が全く同じ、平等を求めるということではなく、支配層には支配層たる恰好を求める傾向がある。指導者層には、それなりの服装、風格が求められていたことを意識する必要がある。

　確かにかつて預言者イザヤは贅沢を糾弾したが（イザ三・一六―二四）、時の経過の過程で、身なりを気にしないことが貧困をますます進行させるという考え方が広まり、ラビ・ヨハナンは「上着が自分を立派にさせる」と言った[39]。中世のゲニザ文書から出た様々な注文書、領収書から中世において彼らがいかに衣類に気を遣っていたか、また費用をかけていたかが推察される。ゴイテンによれば、中近東全般に、「食べるものを節約してでも、着るものに費やせ」という格言が共通してみられるという。[40]

とはいえ、ラビ文献が伝えるラビと指導者層の関係は、身なりはきちんとしていても、ラビからもいくらでも批判、進言が行われる、議論の面においては対等な関係であるということを想定していたということが言えるだろう。

本稿の考察は、ユダヤ教の「自由」観、「支配者」像を体系的に描写するものではなく、ごく一面を指摘したに過ぎない。しかも、「支配者」像については、その「外見」も大事な要素であるという、いかにも外見的な指摘に行きついた。しかしながら、人々のメンタリティーというものは、このような感覚の積み重ねではないだろうか。それを丹念に拾い上げていく作業が、より深い他者理解につながると考える。さらに、こうした断片的な考察をいかに体系化し、発信するかの手段の構築も今後、一神教研究においては考えられなければならない。[41]

39　バビロニア・タルムード、シャバット一一三b。

40　中世地中海周縁のユダヤ教世界における衣類へのこだわりについては、S. D. Goitein, *A Mediterranean Society*, vol. 4, Daily Life (Berkly, Los Angels, London: California UP), 150–200.

41　ＣＩＳＭＯＲの研究会等でも、西欧の「民主主義」「自由」と各宗教との齟齬を指摘する論考は見られる。小杉泰「イスラーム民主主義の現在――理念と実践および二一世紀的課題群」（二〇〇五）他。しかし、それらの論考、提言が個々の研究会内でとどまっていることが問題である。こうした分析、提言を体系化し発信することが今後必要であろう。

第八章　中世ユダヤ思想における「民主主義」理解
――アバルヴァネルを中心に

平岡　光太郎

１　はじめに

古代に国を失い、世界に離散したユダヤ人は、中世において、どのように思想を展開したのだろうか。この問いに対し、彼らはユダヤ教共同体の内部に閉じこもり、外部からの影響を遮断して思想の保持に努めたのではなく、むしろ外部からの影響に晒されつつ、それらとの葛藤を経ながら思想を展開したといえる。本章で扱う、イツハク・ベン・ユダ・アバルヴァネル（Isaac ben Judah Abarvanel, 1437–1508）も[1]、中世末期においてキリスト教文化と対話した人物として挙げる事ができる。彼は、

1　アバルヴァネルの名前については諸説がある。エリヤウ・レヴィータ（Elijah Levita, 1469–1549）は *Sefer HaTishbi*（1541）の中で、アバルヴァネルのことを「Abarbanel」と表記している。しかしハインリヒ・グレーツ（Heinrich Graetz, 1817–1891）やイツハク・ベエル（Isaac Beer, 1888–1980）などの近代ユダヤ学者は伝統的に「Abravanel」（アヴラヴァネル）と表記する。語源的な名前の由来については不明であることがShnayer Leimanによって指摘されている。Shnayer Leiman, "Abarbanel and the Censor", *Journal of Jewish studies*

ルネサンス期のキリスト教文化、人文主義の影響を受け、ポルトガル、スペイン、ナポリ、ヴェネツィアなどで政府の役職に携わり、自身の政治活動の体験などを元に、聖書注解を通じて政治思想を思索した人物である。彼の生涯について概略したのち、その聖書注解に見られる、政治思想や統治理解に着目し、特に、「民主主義的な」傾向の内容を明らかにする。アバルヴァネルの著作には、「民主主義」（democracy）という表現は出てこない。このこともあり、本稿では、アバルヴァネルを「民主主義者」として提示する意図はなく、あくまで彼の聖書注解における「民主主義的」に見える主張を考察するに留まる。ちなみに、他の概念がそうであるように、民衆（デモス）による統治を意味する「民主主義」概念も、時代、地域により異なる意味を持つ。特に、ファシズムやナチズムが連合国の軍事力によって打倒された以降の現代と比較すると、古代や中世では、概念の置かれた状況は大きく異なる。(2) アバルヴァネルの民主主義的な傾向を考察する際、現代との違いも明らかにする。

2 アバルヴァネルの生涯(3)

アバルヴァネル家は、ポルトガルにおいて商業、金融業に従事し、宮廷における徴税人、出納管理者として仕えた。スペインとポルトガルにおけるアバルヴァネル家は、家系、宮廷における富と地位、ユダヤ人コミュニティへの従事、トーラーと一般的知識という観点から、名声を得た。この家からラビや作家を輩出したわけではなかったが、アバルヴァネル家は賢者たちの会議の家であった。そしてこの家の者たちは、当時のユダヤ人のあいだにあって高度の学問に専念した。これらのことから彼らの家を「トーラーと名誉が一つの場所に」というハザル（紀元前三世紀―紀元後六世紀に活躍した賢者たちの総称）の言葉で言い表すことが出来るとする研究者もいる。[4]

イツハク・アバルヴァネルは一四三七年にポルトガルのリスボンで生まれた。ヨセフ・カロ（Joseph Karo, 1488–1575）はアバルヴァネルがイツハク・アボアブ（Issac Aboab, 1433–1493）などの賢者から学んだことを指摘する（*Kesef Mishnah*, Hilkhot Berakhot, 3:5）。聖書とその注解、ハラハー（ユダヤ法規）やアガダーに精通したのみならず、ユダヤ哲学を修め、さらにはラテン語、カスティリャ語、ポルトガル語などの言語を学び、そしてギリシア語とアラビア語を多少知っていた可能性もあるとされる。[5] 当時、ルネッサンスの風潮はポルトガルの宮廷にも往来し始めており、ユダヤ人貴族の家々

(United Kingdom, Oxford Centre for Hebrew and Jewish Studies, 1968), Vol. 19, p. 49.　本論文においては、このLeiman の著作のタイトルの発音に、さらにヘブライ語表記のダゲッシュを反映させた「アバルヴァネル」を使う。

2　杉田敦「デモクラシー」古賀敬太（編者）『政治概念の歴史的展開　第六巻』晃洋書房、二〇一三年、二八―四八頁。

3　アバルヴァネルの生涯に関しては、拙稿『現代ユダヤ思想における神権政治をめぐる論争――ブーバー、ヴァイレル、ラヴィツキーの理解を中心に』（同志社大学・神学研究科、博士論文、二〇一四年）の三章の内容に変更を加えつつ転載する。

4　Ephraim Schmueli, *Don Isaac Abravanel and The Expulsion of the Jews from Spain* (Jerusalem, The Bialik Institution, 1963 Hebrew), p. 15.

5　*ibid.*, p. 23.

においても古典文学が熱心に読まれるようになる。イツハク・アバルヴァネルは若い頃に、セネカの『道徳書簡集』にある全ての人間の平等についての厳格な言葉を読んでいる。そして貴族である友人の父の死に際し、当時の人文主義者たちのように、アリストテレス、キケロ、セネカの作品から道徳、哀悼、和解の言葉などを手紙に記して送った[6]。アバルヴァネルが身につけた教養は、一方で伝統的ユダヤ教の学問であり、他方で、ルネサンスを通じて広まったギリシア・ローマ古典であった。さらにキリスト教文献もカヴァーしており、「百科全書的知性の持ち主」と評される[7]。

アバルヴァネルは三〇歳になる以前に商業、金融業に従事し、父親を助けた。彼は結婚しており、三人の息子とおそらく二人の娘がいた。すでに一四七二年には王の宮廷におけるユダヤ人の代表者の一人として知られ、ユダヤ人コミュニティに奉仕をした。そしてポルトガル王アフォンソ五世の義兄であるブラガンサ公爵（フェルナンド二世）、ファロの伯爵のような王宮の重要人物たちと交際をもった。王の命令により教皇シクストゥス四世を祝福するためローマに行ったジョアン・テーシェーラ博士（Doctor Joao Teixeira）という人物と特に交際をもったようである[8]。

一四八一年にアフォンソ五世が亡くなり、ジョアン二世が王位についた。この時ジョアン二世は中央集権化政策を取った。貴族のブラガンサ公ドン・フェルナンド、ファロの伯爵等はこの政策に対し反乱を起こすが、失敗する。ジョアン二世は国王反逆罪を理由に関係者を徹底的に弾圧、ブラガンサ公等を処刑した。ブラガンサ公等と親しかったアバルヴァネルも反乱の協力者として疑われたため、友人の助言によってポルトガルを脱出した。一四八五年にポルトガルではアバルヴァネル抜きの欠席裁判において彼の死罪が決まるが、彼自身は反乱への加担を否定した。

アバルヴァネルは四五歳の時、スペインのカスティリャに亡命した。この時期にヨシュア記、士師記、サムエル記の注解を書き、一四八四年の三月の中頃、列王記注解の執筆の際にフェルナンド五世とイサベルとの謁見のために召喚された。「スペイン第三の王」であった枢機卿ゴンザレス・デ・メンドサのために徴税業務を監督する目的でアルカラ・デ・エナーレに移った。アバルヴァネルには中央部と南部という重要な徴税地域が任された。一四九一年にはアバルヴァネルはグァダラハラに滞在した。彼は国庫に巨額な額を貸し付けたが、その中でも特に大きかったのは一四九一年から一四九二年のグラナダ戦争の必要に際しての貸し付けであった。レコンキスタ終了後の一四九二年三月三一日、スペインにいる全ユダヤ人に追放命令が出された。王達によりアバルヴァネルはスペインに留まることを勧められるが、七月上旬にヴァレンシア港からナポリに向かった。

一四九二年九月二二日、カスティリャで始めた列王記の注解をナポリの地で書き終え、またマイモニデスによるユダヤ教の一三信仰箇条について『*Rosh Amanah*』を書いた。ナポリでも王家に仕えるが、一四九四年のシャルル八世率いるフランスのナポリ占領の際に家が略奪され、ナポリ王室と共にシチリアのメッシーナに向かい、ここで一四九五年六月まで過ごした。

彼はその後モノポリにあるアプリアに向かった。一四九六年にリスボンで書き始めた申命記注解を

6　*ibid.*, p. 24.
7　ユリウス・グットマン（合田正人訳）『ユダヤ哲学』みすず書房、二〇〇〇年、二五三頁。
8　Isaac Abravanel, Cedric Cohen Skalli (Editor and Translator), *Isaac Abravanel: letters* (Berlin and New York, Walter De Gruyter, 2007) , p. 119.

書き終えた。この時期に彼の時代の出来事をメシアの苦難と注解する、つまり贖いへの希望についての三作を記した。

一五〇三年、彼が最後にたどり着いたのはヴェネツィアであった。当時、地中海における香辛料貿易を一手に担っていたヴェネツィアは、ポルトガルがアフリカを回るインド航路を発見したことに大きな衝撃を受けた。同年、このような状況下にアバルヴァネルはヴェネツィアとポルトガルの外交交渉の仲介役に立った。一五〇八年、イツハク・アバルヴァネルはヴェネツィアにて没し、パドヴァに葬られた。

3　アバルヴァネルの聖書注解

本節ではアバルヴァネルの聖書注解と論考を要約と共に提示する。(9) ここで重要な点は、アバルヴァネルが政治的主張をした際、それは独立した政治的な著作ではなく、聖書注解の中で展開されたということである。以下、彼の注解を彼の執筆年代順に従い、提示する。

サムエル記注解

ポルトガル国王のジョアン二世より逃れ、カスティリャに着いたアバルヴァネルは一四八三年十二月からサムエル記注解を書き始め、一四八四年三月にこれを書き終えた。この注解は研究者らによってアバルヴァネルの王政批判とそれに代わる共和制提示の箇所と理解された。サムエル記上八章にイスラエルの民が預言者サムエルに王を求めるエピソードがある。王の問題を巡って過去に提出された諸見解に触れた後、アバルヴァネルは次の三点に注目する。（一）政治的集合体にとって王は不可欠か、（二）他民族のようにイスラエル民族にも王は不可欠か、（三）申命記の王に関する規定の注解、即ち、王に関して律法はどのような見解をもつか。ここでは特にヨーロッパの政治状況についてのアバルヴァネルの見解が現れる（一）および（二）に議論を絞る。一点目は「政治的集合体にとって王は不可欠なものか」だが、アバルヴァネルは王政に対する彼の考えを当時のイタリアの政体を参照しつつ展開する。

「目を留めよ、そしてよく見よ、王による指導の国々を。そして見よ、彼らの憎むべきものを、彼らの偶像を。それぞれ自分が正しいと見なすことを行い、彼らのゆえに不法が地に満ちている。誰が彼に言おうか、『汝これをなすべし』と。今日においては多くの国々が、暫定的に選ばれた――そのうち三ヶ月おきに選ばれるものたちもいるが――裁判人や長官によって指導されているのを私たちは見る。そして王である神が彼らと共にいる。〈中略〉あなたは知るではないか、聞かなかったのか、多数からなる完全な執政官による指導の状態によって、第四の恐ろしい邪悪なローマは世界を支配し、全地を食らい尽くし、踏みにじり、打ち砕いた。皇帝が一人でそれ

9　現代批判校訂版と伝統版が混在するが、それぞれ訳文を示す箇所に注記する。

〔ローマ〕[10]を支配した後、〔ローマは〕苦役に服させられた。そして今日まで貴婦人であり多くの民の女王ヴェネツィア国、すべての国々の中で最も美しいフィレンツェ国、ジェノヴァ国、ルッカ、シエナ、ボローニァ、そしてその他の国々には王が存在せず、先にあげたように選ばれたリーダーたちの指導は一定の期間に限られる。そしてそれらの国々に公明正大でよこしまなことも曲がったこともない。すべての犯罪に誰も手をのばさない。それらの国々は知恵と英知と知識をもたない国々を占領する。これらすべての事はまさに王の存在が民にとって必要不可欠でないことを示す。〈中略〉〔一人の〕完全で義なる王よりも、多数の完全で義なる者たちの同意の元による指導の方がより良いことは疑いの余地がない。なぜならベイト・クネセット・ガドール〔サンヘドリン〕はイスラエルの長老のうちの七十人からなっていたからである」[11]。

以上のようにアバルヴァネルはイタリア諸国の例を挙げつつ、単独者による政体より複数の指導者からなる政体を優先する。最初に言及される、ヴェネツィアやフィレンツェには、聖書の表現を用いた賛辞が寄せられる。複数の指導者からなる政体を優先する主張は、ポルトガル王の迫害というアバルヴァネルの体験が背景にあるものと考えられる。

アバルヴァネルが言及する理想的時代の古代ローマやイタリア諸国は共和制であった。古代ローマで成立した共和制は、ギリシアのデモクラシーと一定の関連をもつものであった。そして「レス・プブリカ」とは共通のものを意味し、市民たちの共有物としての共和国を目指していた[12]。市民からなる民会と、エリート統治機構としての元老院の混合政体であり、議会制度もあったということで、

「民主主義」に近いようにも思われるが、女性はこの共和制の外部に位置づけられており[13]、現代の民主主義理解においてイメージする平等な制度とは異なっている。中世ヴェネツィアにおいては、貴族階級が議会を担い、共和制を目指しており、上級市民という立場の者たちが貴族と同様の政治的実務を握ることになっていた[14]。成年男子が貴族に組み込まれて、投票権を有する形式であったため、これも現代の民主主義理解におけるイメージとは異なる。これらのことから、アバルヴァネルが考えていた共和制も、古代ローマや中世イタリアの諸国に見られるような、限定的な議会制度であると考えられる。

上記の議論の後、アバルヴァネルはイスラエル民族が政治的集合体を保持するために王政を必要としないことの証明を試みる。彼によると、民が王を必要とする場合、それは次の三つの理由からの要請である。（一）戦争問題、つまり民を敵から救い、その土地を守るために王が必要とされる。（二）アリストテレスが『政治学』において説明しているように[15]、政治的集合体の保持のために慣習と法

10　亀甲括弧〔　〕は発表者による補足、以下同様とする。
11　Isaac Abravanel, *Perush al Neviim Rishonim* (Jerusalem, Torah ve-daat , 1954), p. 206.
12　杉田敦「デモクラシー」『政治概念の歴史的展開　第六巻』三一頁。
13　バーナード・クリック（添谷育志・金田耕一訳・解説）『デモクラシー』岩波書店、二〇〇四年、四五頁。
14　永井三明『ヴェネツィアの歴史　共和国の残照』刀水書房、二〇〇四年、二一頁。
15　アバルヴァネルが本当に『政治学』を読んでいたかどうかはベンツィオン・ネタニヤフとアブラハム・メラメッドなどの研究者間で意見が分かれている。メラメッドはアバルヴァネルがトマス・アクィナスの

律を整理する際に、王が必要とされる。(三) 律法による懲罰、あるいは律法によらない場合に応じての懲罰を課す際に、王が必要とされる。

アバルヴァネルは戦争問題に関しては、イスラエル民族は王の存在を必要としないと考える。なぜなら神が民の前を行き、彼らのために戦うからである。そして神が直接の救い主として言及されていない場合でも、王ではなく士師が戦争において勝利を導く者として立つという。

「戦争と彼ら(イスラエルの民)の敵からの彼らの救いにも〔王は必要〕ない、なぜなら主が彼らの前を行き、彼らのために戦われるからである。そしてそれは我らの主人であるモーセの言うようである(申命記三三・二九)。『イスラエルよ、あなたはいかに幸いなことか。あなたのように主に救われた民があろうか。主はあなたを助ける盾、剣が襲うときのあなたの力。敵はあなたに屈し、あなたは彼らの背を踏みつける』。そしてダビデ――王である彼の上に平安あれ――は言った(詩篇三・九)。『救いは主のもとにあります。あなたの祝福があなたの民の上にありますように』と。ましてやイスラエルの士師が出陣するにも、帰還するにも彼らの先頭に立った、主の戦いを戦うヨシュアやすべて残りの士師たち、サムエルが行った戦争、彼によってもたらされた救いに見るように、イスラエルは戦争問題に関して王を必要としなかった[16]」。

「裁判や律法による、また律法によらない、状況に応じての懲罰についてもイスラエルの内で王は不可欠ではない。なぜなら聖なるお方はそれ〔裁く権利〕を裁判人に委ねられたからである。

これは『訴えを裁くのが極めて難しい場合』のエピソード[17]のように、またサンヘドリン（七・四六ａ）で『裁判所が律法によらない場合に応じての懲罰を用意して行う、そしてトーラーの周りに垣根をめぐらせる』といわれるとおりである。これに加えて、その名は祝福されますように〔神〕は、もし裁判人が正しく、整えられた法によって悪い人間〔の罪〕を免除するなら、見よ、聖なるお方〔神〕が彼の偉大な裁判で罰することを我々に知らせた」[18]。

政治的集合体の保持、つまり慣習と掟の整理に関しては、アバルヴァネルはトーラーの戒律があるためイスラエル民族は王を必要としないという。トーラーには「あなたたちはわたしが命じる言葉に何一つ加えることも、減らすこともしてはならない」（申命記四・二）という箇所がある。それゆえにアバルヴァネルは神的トーラーの言葉に人が手を加えてはならず、それはただ神によってのみなされるべきであると主張する。当然ながら王であってもそれを行うのはふさわしくない。また律法による懲罰、また律法によらない場合に応じての懲罰に関しても、裁判人（ショフティーム）がいるためにイスラエルには王が必要ないとアバルヴァネルは考える。

以上の三つの理由から、イスラエル民族は他民族とは違い、王の存在を必要としていない。アバルヴァネル

16　Isaac Abravanel, *Perush al Neviim Rishonim*, p. 206.『君主の統治』からアリストテレスの意見を知ったと考えるが、本論ではこの問題を取り扱わない。

17　申命記一七章八節以降を参照。

18　Isaac Abravanel, *Perush al Neviim Rishonim*, p. 207.

ヴァネルによると、王の代わりとして神の存在、律法、裁判人がイスラエルにはある。

申命記注解

パラシャット・ショフティーム（申命記一六・一八―二一・九）[19]は「あなたの神、主が部族ごとに与えられるすべての町に、裁判人と役人を置き、正しい裁きをもって民を裁かせなさい」に始まる朗読箇所である。申命記注解はナポリ王国アプリア地区のモノポリで一四九六年の二月に書かれ、注解の最後には一四九四年にあったフランスによるナポリ侵攻の記述がある。

この箇所はエリック・ラウィーなどによってアバルヴァネルの重要な政治思想として取り上げられる箇所でもある。[20]ここでアバルヴァネルはイスラエルの民の指導について論じ、それを二つの種類に分けている。一つは人間的指導である。これは三つの段階から編成されており、一番低い段階はすべての町に存在する小裁判所、そして中間の段階はエルサレムのリシュカット・ガズィート〔切り石の間の法廷〕にあった大裁判所〔サンヘドリン〕、そして最上段階は王である。もう一つは神的・霊的指導である。この指導も三つの段階から編成されており、下から順にレビ人、祭司、預言者である。最上段階の預言者の段階は霊的に、また神聖さにおいて神に近い位置にある。本稿ではアバルヴァネルの政治思想理解にとって特に重要と思われる、人間的指導のみに焦点をあてる。以下に三段階からなる人間的指導を小裁判所、大裁判所、王の順番で取り上げる。

「あなたの神、主が部族ごとに与えられるすべての町に、裁判人と役人を置き、正しい裁きをもって民を裁かせなさい」（申命記一六・一八）という一文を注解する際に、アバルヴァネルは民が小裁判所の裁判人を任命すると理解する。

「それ〔裁判人の任命〕が王の手元にある国々がある。なぜなら彼こそが、ある町においてこの年に誰が裁判人になるかを命令する。そしてそれは全て残りの町においてである。なぜなら王

19　申命記の一部の注解は一四六〇年に書かれた。現在、イスラエルの国立図書館にはハーヴァード大学から届いたこの申命記の一部の注解の初版がある。この論文において取り組んだ部分――パラシャット・ショフティーム――が、この初版においては欠ける。しかしこの初版にはパラシャット・ショフティームの後に来るパラシャット・キー・テッツェがあり、このパラシャーの前半においてはパラシャット・ショフティームにおける民の指導についての言及を見つけることができる。この初版のパラシャット・キー・テッツェにおいてアバルヴァネルは裁判人、祭司、王、預言者の四つの指導段階を数える。これは一四九六年に書かれたパラシャット・ショフティームで我々が知っているのとは違う指導の分割である。サムエル記注解は一四八三年に書かれているので、この申命記のパラシャット・ショフティーム注解をサムエル記注解の後に取り上げることとした。本稿文では申命記注解初版において四つの指導段階があることの言及以上のことは取り扱わない。これは現在我々の手にある初版にはパラシャット・ショフティームにおける民の指導についての箇所が無いからである。ちなみにアバルヴァネルの申命記注解初版の研究はシャウル・レゲブによってなされている。Shaul Regev, Nusach rishon shel perush Abrabanel le-sefer devarim, *Kobez Al Yad* (Jerusalem, Sumptibus Societatis Mekize Nirdamim/Auxilio Keren Ha-Rav David Moshe Ve-Amalia Rosen, 2001), pp. 285–380.

20　Zvi Avneri/ Eric Lawee 'ABRABANEL, ISAAC BEN JUDAH', Fred Skolnik (Editor in Chief), *Encyclopaedia Judaica*, Second Edition, Volume 13, (Detroit, Thomson Gale, 2007), pp. 271–272; Avraham Melamed, *Wisdom's little sister: the political thought of Jewish thinkers in the Italian Renaissance*, p. 285; Efraim Urcach, Mosheh David Her (Editor), *Studies in Judaica* (Jerusalem, The Hebrew University Magnes press, 1998 in Hebrew), p. 462.

が法の長として、見よ、彼の下にいる裁判人である肢体を彼が整える。王こそがカスティリャ・アラゴン王国、ナポリ王国すべてにおいて法であり、慣習である。そして裁判人の任命が民の手に渡されている王国があり、彼らが自身の上に彼らの目からよりふさわしく見える者たちを、一年おきに裁判人と役人に任命する。そして王にはこの事〔裁判人の任命〕には何〔の権限〕もない。そしてこれはスペインとフランスのいくつかの土地、全ての西の地での慣習である。そして見よ、預言者たちの主人〔モーセ〕はこれを説明する。イスラエルに起こる裁判人たちは、王が彼らを任命するのは適さない。そして彼〔王〕の手によってではなく、民が彼らを任命する。すなわちすべての諸部族が彼ら〔諸部族〕の全ての町々に適する裁判人たちを任命する」[21]。

裁判人の任命権が誰の手中にあるかという文脈で、この議論は展開されている。前半部分にその権限が王にある国々についての言及があり、後半部分に、民が小裁判所の裁判人を任命する言及が見られる。そして聖書から導き出される結論として、王ではなく、民が裁判人を任命されることが主張される。ここにアバルヴァネルの「民主主義」的な傾向を指摘することができる。サムエル記注解の箇所で言及したように彼は共和制という枠組みを理想としているため、「民主主義的」な要素としてこの傾向を理解することが妥当と思われる。

人間的指導の第二段階はエルサレムにあったサンヘドリンと呼ばれる大裁判所である。彼によると、千人隊長、百人隊長のような小裁判所が創立された際、最も高い段階である大裁判所も創立された。そしてそれはモーセであった。モーセが山に登った際（出エジプト記二四・一四）、アロンとフルがモーセの代わりに大裁判所の役割を務める。そして民数記一章一六—一七節ではモーセと共に民の重荷を負う七〇人の長老たちが選ばれたのであったが、彼らこそはモーセと共に大裁判所であったということである。[22] なおサンヘドリンの多くのメンバーは神に仕える祭司やレビ人であり、アバルヴァネルはモーセの時代以後に大裁判所のメンバーがどのように選ばれたかを説明する。

「私は王がいた時は、彼が任命したと考える。そしてそこに王がいない時は、裁判長が〔サンヘドリン・メンバーの〕助言と共に任命した。彼らの内の一人が死んだときは、サンヘドリンの助言と共にその裁判長が、彼の代わりとなる他の者を任命した。裁判長の死に際しては、サンヘドリン全体が彼らのうちから一人を長として任命し、彼がそれ〔サンヘドリン〕を司る」。[23]

「もしそのこと〔一般的な法の裁きによっては、歪んだ裁きとなるケース〕がいつまでも続くなら、多くの殺人者がおこり、その政治的居住地は損なわれてしまう。そして我々のラビたち——彼らの記憶が祝福されますように——がそれについて語っているように（バーバー・メッツィア三〇ｂ）『エルサレムは滅びた、〔その住人が〕トーラーの法に従って裁いたばかりに』。すな

21　Isaac Abravanel, *Perush ha-Torah / le-sefer Devarim, Yitshak Abravanel al pi defus rishon ve-khitve yad*, me-et Avishai Shotland (Yerushalayim, Horev, 1999), p. 265.
22　*ibid.*, p. 261.
23　*ibid.*, p. 261.

わち、包括的な真実に従って、そして場合に応じて歪みを直さなかった。しかし〔彼らは〕言った『この裁きはこの山に穴を開ける』。そしてこのゆえ民の間では何度も、時や場所に応じて、正しい一般的法に反して事柄を裁決すること、もし場合に応じてでなければトーラーの言葉に背かないことが必要とされた」(24)。

サンヘドリンが請け負う範囲はそれぞれの町の裁判人たちによって持ち寄られた意見の対立や疑いに対する決定だけでなく、暫定的決定を必要とする裁判も含んでいる。アバルヴァネルは、場合に応じてトーラーの言葉に違反する必要があると考える。また場合に応じてトーラーの言葉に違反することを認める権利はサンヘドリンにのみ与えられる。法に反して、トーラーの言葉に背く懲罰を人々に加えるという権限は、すべての人間に与えられるわけではないのである。

第三段階は人間的指導の最も上位に位置する王である。アバルヴァネルによると王は一種の裁判人のようなものであって、その段階も彼らのうちで最高のものとなる。サムエル記注解で見たようにこの申命記のパラシャット・ショフティーム注解においても民における王の三つの存在理由を挙げる。人間的指導の最高位に位置する王ではあるが、ここでもサムエル記注解のように、イスラエル民族が王政を採用することへの明確な反対がある。そして、イスラエルの裁判人や預言者が理想的なモデルとされる。

「すべてこれらから明確になっているのは異民族の内で王が存在することが不可欠だと告白す

るとしても、イスラエル民族においてそれ〔王が不可欠ということ〕は正しくない。ましてや、イスラエルの王たちとユダの王たちの問題における経験がすでに示している。彼らは光に背く人々で、彼らはイスラエルの人々の心を後に向けさせた。ネバトの子ヤロブアム、その他のイスラエルの王たちすべてや多くのユダの王たちからあなたが知っているように、彼らの背信の間、貧苦と重くの偶像崇拝の末にユダは捕囚となって行った。私たちはイスラエルの裁判人たちやその預言者たちにおいてはそのようなことは見出さない。これらの人々は皆、有能で神を畏れる、誠実な人々である。裁判人たちのうちからは一人もその心が主から傾き、他の神々を礼拝した者はいない。逆に王たちのうち誰と誰が偶像崇拝から逃れただろうか。そしてこれらすべては裁判人たちの指導は良く、王たちの指導が悪く、害を及ぼし、とても危険であるということを証言する」[25]。

アバルヴァネルは王の選出方法と王政の在り方について論じる際、王を立てるのは神の関心事であると考える。それは預言者の選出に似る。つまり、預言者の選出は民の与り知らないところで行われるのであるから、イスラエルの民が預言者を選ぶ必要はないのである。王の選出も同様である。民は王を選出したわけではなかったが、神は民の願いどおりに王を立てた。アバルヴァネルは王の選びが

24　*ibid.*, p. 267.
25　*ibid.*, p. 276.

民衆ではなく神によってなされねばならないという彼の見解を、次のように論証する。第一に、王は損害を及ぼす存在であるため、大きな必要性が無い限り選ばれるのは好ましくない。もし仮に、民衆による王の選出が時節にかなったとしても、本来、人間の心や本能を完全にはかり知ることは不可能であるために民がそれを行うのは好ましくない。心を読み、腹を探るのは神であり人間ではない。以上の二つの条件を民が満たしたとしても、民が王を立てることは好ましくない。なぜなら王を選ぶ際に民の間で多くの口論と喧嘩が起こり、それぞれが「私が治める」と言い出すからである。しかし神が選ぶのであれば、誰もその決定に異議を唱えることはできない。以上のことから、アバルヴァネルは民衆による王の選出に反対する。(26)

アバルヴァネルは申命記一七章一五節以下を注解する際、王に対する謀反が許されるかという問題を論じる。彼はまず謀反が許されるというキリスト教神学者たちの意見を紹介する。

「もし本当に王が悪く邪悪であったならば、彼が主を嘲る敵で、その〔民の〕魂をそこなうゆえに、謀反を起こし王権から彼を取り除くことはその民に適うことなのかを探求する必要がある。なぜなら、見よ、我らの賢者たちの言葉にはこのことに関する言葉を見ていないからである。そしてキリスト教の賢者たちはこれを探求し、取り上げ、説教の中で〔このことに関する言葉を〕与えた。そしてその判決は〔ユダ族以外の〕部族がレハベアムに行ったように（列王記上一二章）、その民にはそれ（王への謀反）を行うことが適うと言った」。(27)

キリスト教神学者と違い、アバルヴァネルは王に対する謀反が次の三つの理由から許されないと考えた。一つ目は民が王と結んだ契約が絶対的なものであるため謀反が許されないという主張である。

「そして私は説教のなかで、王たちとその賢者たちの前で語り、それ（王への謀反）が適していることがらからではないと証明した。彼（王）がすべての罪にまさる悪事を行ったとしても、民には彼らの王に謀反を起こし、その国と王国より〔彼を〕取り除く能力は無い。そしてそれについて三つの主張を〔私は〕行った。一つ目は――民が王を王位につける際、彼（王）に〔対し、〕彼の言葉と命令を守り行うことを契約した。この契約、この誓いは条件下のものではなく、むしろ絶対的な協定である。従って王が義人だったとしても、また悪人だったとしても、王に謀反を起こす者は死刑になる義務があった（サンヘドリン四九a）〈中略〉、民が王たちとした誓いと契約から、彼ら〔民〕は彼〔王〕の尊敬への義務があり、そして彼らには彼を取り除き、彼に謀反をする能力はない」[28]。

二つ目の理由は地上における王の地位は、世界における神の地位と等しいため、謀反を起こす事が

26　*ibid.*, p. 279.
27　*ibid.*, p. 279.
28　*ibid.*, p. 283.

許されないというものである。アバルヴァネルの考えによると、サウル王は神の油そそぎを受けた者だったためダビデは彼に危害を加えなかった。

「二つ目は――この地の王が、世界において祝福されるべき聖なるお方の代わりであるということである。このゆえに絶対的な懲罰能力が彼に授けられる。〔これは〕律法によらない場合に応じて〔行う懲罰〕も、慣習全般の破棄〔も含んでいて〕、高められる御名〔神〕が場合に応じて自然〔法則〕を破棄し、ただひとりで驚くべき御業を行うように。このため、祝福されるべき聖なるお方〔神〕がその世界でただひとりであるように〔王は〕その王国で唯一である。〈中略〉そしてこれについてはダビデ王――彼の上に平安あれかし――が証言している。〔彼は〕戦争の油注ぎをうけた者であったが、イスラエルの王であるサウルに手をのばすことを求めなかった。そして彼は言った。『主に油そそがれた方に手をのばして、だれが無罪でおられよう』（サムエル上二六・九）」[29]。

三つ目の主張はイスラエルの民は王を任命する能力をもたないので、彼らは王を退位させることができないというものである。イスラエルにおいて王を立てるのは民ではなく、神である。

「そして三つ目はイスラエルへの特別なものである。それは、王を選び、任命する能力をその手に持たぬ者が、彼（王）をその王国から取り除くことをその手にすることは適わない〔ということである」。『必ず、あなたの神、主が選ばれる者を王としなさい』（申命記一七・一五）と言われるように、王の選択は民の手には無く、むしろ高められるべき御名〔神〕の手にあるので、このため彼〔王〕に王国を与えていない彼らが、彼を王国より取り除くことは適っておらず、むしろ王を立てるところの高められるべき御名〔が彼を王国より取り除くことは適うの〕である。〈中略〉見よ、高められるべき御名は彼〔王〕が悪の境界にあっても、彼に謀反し、彼を王国より取り除く許可を彼ら〔民〕に与えておらず、むしろ彼らが主に叫ぶと『人間の王国を支配するのは、いと高き神であり、この神は御旨のままにそれをだれにでも与える』」[30]。

パラシャット・ショフティームには戦争時に平和を求める利点についての考察がある。その第二の主張においてアバルヴァネルはこの問題に関する王の役目に言及する。そこでアバルヴァネルは蜂の譬えを用いるセネカの見解を参照する[31]。

「哲学者のセネカは書いた。蜂はその性質において針で刺すものだが、見よ、蜂全体の上にある大きなメスの蜂〔女王蜂〕には全く針を見つけられない。それ〔女王蜂〕のもつ強さの能力の

29　*ibid.*, p. 283.
30　*ibid.*, pp. 283–284.
31　Seneca の *de clementia* の一巻一九節。セネカ、茂手木元蔵（訳）「寛容について」『セネカ道徳全集（全）』東海大学出版会、一九八九年、四〇五―四〇六頁。

ゆえに、自然はそれ〔女王蜂〕にその憤激を遂げさせる道具を与えることを欲しなかった。この事によってこの蜂は他の蜂と分けられる。そして〔セネカは〕言った、このことは地上の王たちが〔以下のことを〕学ぶことができる。彼らの能力と激しい怒りを結びつけることなしに、彼らの能力と王国は、紛争と残忍な激怒を抜きに存在し続け、民を滅ぼし、損失させる残忍な針の使用をその腕が控えさせられることを。そしてこれについてダビデ——彼の上に平安あれ——は言う。『生涯、神に従う者として栄え月の失われるときまでも豊かな平和に恵まれますように……海から海まで〔王が〕支配しますように……彼の前にひれ伏し……。これは多くの民を征服する強い根拠が王にあることを言う』（詩篇七二・七—八、一一）[32]。

アバルヴァネルの考えによれば、平和的手段による都市の占領とその住民との調停は、軍人である王の能力と良い性質、また完全性を示すものである。

『ナハラット・アボット』注解

『ナハラット・アボット』はユダヤ教の道徳的格言集と見做される『アボット』の注解である。この注解は一四九六年七月にナポリ王国アプリア地区のモノポリで書かれた。アバルヴァネルはこの注解の最後において、スペインからの追放でナポリにやって来たことを記す。アバルヴァネルによると、初め、スペイン王国は手厚い歓迎をもってユダヤ人たちを迎えたが、後に敵となってしまった。彼はこの追放をエルサレム離散と表現する。スペインがエルサレムのようにアバルヴァネルに愛された土地であったことが分かる[33]。

本稿文ではアバルヴァネルが解釈した「主任祭司ラビ・ハナニヤはいう。国の平安を祈りなさい。なぜならこれを畏れることなくしては、人は生きながら相食むことになろう」（『ミシュナー』アボット三・二）の注解箇所の一部を取り上げる。ここは、アバルヴァネルが理想的な希望を提示することで満足しないことを例示する個所として研究者に理解されている。

「そして見よ、『国の平安のため』と言われ、『王の平安のため』とは言われない、なぜなら国の平安こそが法を必要とするからである。王がそれ〔法〕を定め、それ〔法〕に従事することなく〈中略〉なぜなら多くの場合、王は法を侵害し、その邪魔をするものだからである。〈中略〉そして国の平安が、特別で罪を遠ざけるのに近い原因でないと知られるが、しかし国の平安は法の公正とさらに指導の原因である。〈中略〉いかにしてトーラーが裁判所への敬意とその〔裁判所の〕平安を命じたかは『神をののしってはならない。あなたの民の中の代表者を呪ってはならない』と言われたとおりである。そしてエレミヤの言った『その町の平安を祈りなさい、なぜならその〔町の〕平安があってこそ、あなたたちにも平安があるのだから[34]』は、ラビ・ハナニヤ

32　Isaac Abravanel, *Perush ha-Torah / le-sefer Devarim*, p. 319.
33　スペインからのユダヤ人追放をエルサレムの神殿崩壊と並べて理解する傾向は、一人アバルヴァネルだけのものでなく、広くユダヤ教に見られるものである。
34　「わたしが、あなたたちを捕囚として送った町の平安を求め、その町のために主に祈りなさい。その町の

が言った『国の平安を祈りなさい』という言葉に同意する。なぜなら裁きにおいて人間が用いるところの打つ杖がなかったならば、力をもつ者が利益を得て、政治的居住地は損なわれてしまうだろう」[35]。

アバルヴァネルの注解においては『アボット』の強調する点は王の平安ではなく、国の平安だとされる。国の平安のために公正な法が導入されるのである。また裁きを行う裁判所への敬意とその平安にも言及される。

メシアニズム理解に関する著作

『イェシュオット・メシホ』は一四九七年にナポリ王国アプリア地区のモノポリで書かれた。この著作は聖書注解ではなく、メシアニズムについて解説という形で書かれ、アバルヴァネルはここで贖いとメシアの到来（終末論）をテーマにして著述した。彼のメシア思想はミグダル・イェシュオット（『マアヤネイ・ハイェシュア』、『マシュミヤ・イェシュア』、『イェシュオット・メシホ』の総称）、イザヤ書注解、十二小預言者の書注解の一部などに見いだせる。本稿においてはメシア到来の箇所だけに着目する。

「ラビ・ヒレルは言った、『メシア到来の日というのはふさわしくない。なぜなら見よ、来たる未来にはイスラエルには、彼らを統治する油を注がれた王は存在しない。そして預言者たちがメシア王の問題について、そしてすでに約束のうちの第一番目において言及したところの彼の性質について決定したことを詰問しないこと。なぜなら、それはすでにヒゼキヤについて注解されたからである。彼はエッサイの株から出た芽であり、知恵と識別の霊が彼のうえにとどまる。彼は弱い人のために正当な裁きを行い、唇の勢いをもって悪人を死に至らせられた。その悪人とは、彼の祈りによって死んだセンナケリブのことである。そして彼〔ヒゼキヤ〕の日々には地に平和があった。そして彼こそが預言において語られるところのダビデの子であり、その彼について語らえたところは第二神殿が存在したときのようになる。つまりダビデ家の子孫からの長は、サンヘドリンの首長となり、彼はヤコブの神のメシアとして現れ、イスラエルを統治することはない。だからエゼキエルは「わたしは彼らのために一人の牧者を起こし、そしてそれはわが僕ダビデが彼らの真ん中で長となる[36]」と言った。同じ言葉でエレミヤも「彼らを導く牧者をわたしは立てる[37]」と言った。これは士師たちとサンヘドリンについてこのように語るのである』[38]。

平安があってこそ、あなたたちにも平安があるのだから」（エレミヤ書二九・七）。

35　mishpahat Zilberman (ed.) *Pire Avot* / im perush Mosheh ben Maimon; ve-im perush Naalat Avot meYitsa Abravanel. (New York, 1953), pp. 137–138.

36　エゼキエル書三四章二三―二四節からの引用と思われる。

37　エレミヤ書二三章四節。

38　Isaac Abravanel, *Sefer Yeshuot meshiko:* concerning questions of redemption and the Messiah. 2nd ed. (Jerusalem, 1967) p. 26b.

上記の引用によると、メシアは議長、サンヘドリンの首長として現れるのであって、ヤコブの神のメシアとしてイスラエルを統治するものではない。さらにアバルヴァネルはエレミヤ書の「彼らを導く牧者をわたしは立てる」の箇所を士師たちとサンヘドリンについて語られるとする。アバルヴァネルによる、メシアを長や牧舎とする理解は、王としてのメシアという強調する伝統的なユダヤ教理解からすると、きわめて独特のものである。

創世記注解

創世記注解の最後には「私はそれ〔創世記注解〕を国々の姫君であり、高く美しく、喜びであるすべての国々の中で最も美しいナポリ市で完成させた[39]」とある。[40]アバルヴァネルはなぜ人間が創られたのか、そして人間の必要性と余剰とその目的とは何かについて記す。

「この大きな箇所における包括的意図は、人が創造主を認識することによって、また神の御業に到達し、祝福されるべきその御方に知性において似ることによって、彼の魂を完成するために、神が人を〔神の〕知性の『形』によって創造されたことを知らせることである。なぜなら『形』の完成は神の似姿であるところの形相に非常に似ることだからである。〔神は〕また彼〔人〕の生命の修復のために、すべての生存に不可欠な食料と水を、〔神が〕植えられたところの園の木々の実とその河川として生じさせた。これらすべては自然的に存在し、苦労と労働を、人間的仕事を必要としなかった。彼〔人〕が肉体の必要を追い求めるのにその魂を悩ませず、彼が創造された目的である魂の完成を追い求めるために、彼に必要なものは常に彼のところに備えられ、存在した。そしてこのために〔神は〕、彼のために生じさせた自然的なもので彼〔人〕が満足し、仕事へと過剰に惹かれないことを命令した。目標である魂の修復とは反対である肉体の修復に彼の知性がそれないように」[41]。

この引用によると身体的必要を満たすために時間を費やすことがないよう、神は自然によって人間に、そのすべての必要を満足させた。なぜなら人はその魂を完成させるために時間を費やす必要があ

39　Isaac Abravanel, *Perush al ha-Torah* (Jerusalem, Bene Arbeel, 1963 or 1964), p. 442.

40　アバルヴァネルはこの創世記注解を書き終えた年をユダヤ暦五二八二年としているが、ユダヤ暦五二八二年は西暦一五二二年であり、アバルヴァネルの死後一四年が経った年になる。イツハク・ベエルとツビー・リフテンシュタインはこの注解が一五〇四―一五〇五年に書かれたと考える。エリック・ラウィーはアバルヴァネルがヴェネツィアで仕上げたと考える。創世記注解の完成時期についてアバルヴァネルの出エジプト記注解と申命記注解をホレブ出版社より出版したアビシャイ・シュトゥランドに尋ねたところ、「ここには印刷ミスか何かがあり、註解書完成の年は一五〇四年からその翌年の間である必要がある」とのことだった。しかし現存する創世記のテクストには「ナポリ市で完成させた」とあり、ここには申命記に見られるようなフランス侵攻の様子は無い。ナポリ市で完成させたとなるとこの注解は一四九二年から一四九四年の間に著述したものと考える事が出来る。

41　Isaac Abravanel, *Perush al ha-Torah*, p. 89.

る、言い換えると魂の完成こそが神に似ることなのである。自然に満足する代わりに、初めの人〔アダム・ハリション〕は余分な生活を追い求めた。これこそが彼の罪であった。

またアバルヴァネルは、政体の本質を、人間を原初の精神的存在から逸脱させる異質な現実として描くと、研究者によって指摘される。この際に引き合いに出されるのが、創世記における注解、バベルの塔の世代の箇所である。

「そしてバベルの塔の世代の罪はアダムとカイン、そしてその息子達の罪に似た。なぜなら彼らには、主〔神〕によって天から生存に不可欠の自然的事柄が豊富に与えられ、仕事から、すべての重労働から解放された状態にあった。〔彼らは〕魂の完成に従事する準備ができていたが、彼らの知識は創造主が彼らに用意したところの広大な自然的賜物に満足しなかった。そして彼らは彼らのすべての思いを、全ての仕事を含むところの町の建設の仕事に見つけることに据え、〔それに〕手を伸ばすことを求めた。塔の中で結託するため、野の人間である代わりに自身を政治家とするため、そして彼らのため特別な目的が国々の集合であるとの考えの下に」(42)。

アバルヴァネルによるとバベルの塔の世代〔ドール・ハパラガー〕は自ら、自然的習慣から遠のいた。彼らの罪は自然を離れ、仕事と余分を追い求めたことであり、それはアダムとカインの罪に似るのである。

出エジプト記注解

パラシャット・イェトロ（出エジプト記一八・一―二〇・二三）はアバルヴァネル晩年の作品の一つであり、一五〇五年にヴェネツィアで書き上げられた。この箇所は研究者により権力の分散、つまり、統治者に対する抑止力の構築のモデルとして取り上げられる。ここではモーセの舅であるエトロが民のなかから、千人隊長、百人隊長、五十人隊長、十人隊長を立てるように助言する箇所がある（出エジプト記一八章）。その注解においてアバルヴァネルはヴェネツィアの議会制度に言及する。

「そして第三の様式もまた集団的指導に従って〔のもの〕である。その意味は、女王であり、国々の姫君である都でのことである。もし任命されたものの内の千人が集まらなければ、それらを行うことが適していない事柄があり、百人の任命された評議員たちの同意と議論の元に行うべき事柄があり、五十もしくは四十の任命された人々の同意と議論の元になされる事柄があり、争いごとや傷害事件は、すべて彼らの指示に従わねばならないところの十人だけが任命される事柄がある。そしてあなたは知るであろう。ここで私があなたに述べたさまざまな評議会の様式は、見よ、それらは今日、大きな都市ヴェネツィア〔にある〕。なぜなら彼らのあいだには千人以上の大きな評議会があり、またプレガーディと呼ばれる二百人だけの他の評議会があり、そしてクワランティーアと呼ばれる別の四十人からの別の評議会があり、そしてコンシーリオ・デイ・デ

42　*ibid.*, p.176.

ィエチと呼ばれる十人からの別の評議会がある。[43] 私には、ここ〔出エジプト記一八章〕でこれについて語られるということに疑いの余地はない――『千人隊長と百人隊長、五十人隊長と十人隊長』〔のことである〕」。[44]

上記の注解によると、扱う事柄のそれぞれの重要性に従い、諸機関を設置することが唱えられている。ここではヴェネツィア評議会への言及が見られる。ポルトガルを追われ、カスティリャにおいてサムエル記注解を書いた際、理想的な政治体制としてヴェネツィアに言及したアバルヴァネルであったが、この出エジプト記注解では、実際に当時のヴェネツィアにおける制度の名称に言及する。

4　おわりに

本稿において、イツハク・アバルヴァネルによる聖書注解、特に政治思想や統治理解に関わる箇所を考察した。彼の注解の中では、古代ローマやイタリア諸国の共和制が理想とされ、申命記注解の中では、その共和制が限定的ではあるが「民主主義的」要素も含んでいることを確認した。古代ローマや中世イタリア諸国の共和制に依拠しているため、それは現代社会でいうところの男女同権の民主主義制度ではない。

アバルヴァネルは中世のヨーロッパ社会に関わり、その文化と対話し、それを受容した。彼が引用する資料は、必ずしも聖書などのユダヤ伝統だけでなく、中世ヨーロッパの政治状況やプラトン、アリストテレス、セネカなどの古典も含むのである。アバルヴァネルはキリスト教・ヨーロッパ社会に影響に晒されつつ、それらとの葛藤を経ながら思想を展開した、代表的中世ユダヤ思想家の一人である。

43　プレガーディ（Pregadi）、クワランティーア（Quarantis）、コンシーリオ・デイ・ディエチ（Consiglio dei Dieci）の人数に関して、クリスチャン・ベックはアバルヴァネルとは違う人数を提示する。クリスチャン・ベック（仙北谷茅戸訳）『ヴェネツィア』白水社、二〇〇〇年、六五―七〇頁を参照せよ。

44　Isaac Abravanel, *Perush ha-Torah / le-sefer Shemot, Yitshak Abravanel al pi defus rishon ve-khitve yad*, me-et Avishai Shotland (Yerushalayim, Horev, 1997), pp. 269–270.

第九章　イスラームと奴隷

森山央朗

1　はじめに

二〇一四年頃からシリア北東部とイラク北部に勢力を広げてきた過激派組織ＩＳ（Islamic State/al-Dawla al-Islāmiya/「イスラーム国」）は、その支配地域において、イスラーム以外の宗教を信仰する住民を、奴隷として使役・売買していると伝えられる。この奴隷制の実践は、ＩＳによる深刻な人権侵害として、国際社会において強く懸念されている。特に、奴隷とした女性を性的に虐待・搾取していることが集中的に報道され、大きな非難を集めている。[1] ＩＳ自身は、国際社会の懸念や非難を意に介していないようで、ジハード（聖戦）に参加するムスリム（イスラーム教徒）の男性にとって、征服した地域の非ムスリム女性を奴隷として所有し、性を含んだ様々な側面で使役することは、『クル

1　Paul Wood, "Islamic State: Yazidi Women Tell of Sex-Slavery Trauma," *BBC News* (22 December 2012), <http://www.bbc.com/news/world-middle-east-30573385>, Accessed on 15 October 2016; "Sacharow-Preis an Jesidinnen verliehen," *Heute-journal ZDF* (13 December 2016), <https://www.zdf.de/nachrichten/heute-journal/videos/leifert-sacharow-preis-100.html>, Accessed on 13 December 2016.

アーン（コーラン）』におさめられた神の啓示と、預言者ムハンマド（六三二年没）の言行に関する伝承（ハディース）が伝えるスンナ（ムスリムが従うべき預言者ムハンマドの慣行）に則った行為であると公言しているという(2)。

ＩＳによる公然とした奴隷制の実践は、ＩＳに同調しない世界の大多数のムスリムによって、イスラームの名を汚す行為として激しく非難されると同時に、欧米や日本においては、イスラームと人権思想・民主主義との対話は不可能であるとか、イスラームと女性抑圧を無条件に結びつける短絡的な言説が流布することを助長してもいる。奴隷制のような人権抑圧が、現代の世界で容認されないことは言うまでもない。しかし、人類の歴史を振り返ってみれば、呼称や形態は様々ではあるが、人間でありながら他者の所有物とされ、売買されたり贈与される人々は、洋の東西を問わずに存在してきた。キリスト教も仏教も、一九世紀あるいは二〇世紀に至るまで、奴隷の存在を根源的な問題と見なし、奴隷制を完全かつ全面的に否定しようとはしてこなかったのである。したがって、人権侵害や抑圧をイスラームだけの本質的な特質として語ることは、著しく公平性を欠く。

その一方で、現代の世界の大部分において、奴隷制は、少なくとも公的には、全面的に否定されている。それは、人類の歴史の中で最近一世紀程度の特異な状況と言えるが、そうした現代において、公然と奴隷制を実践し、それがイスラームの教義に照らして正しいと公言するＩＳの言動が、注目と非難を集めるのは当然である。そして、問題を複雑にしているのは、奴隷制を正統化するＩＳの主張を、『クルアーン』の章句や預言者のスンナに照らして根拠がないと簡単に断言できないことである。

ＩＳは、カリフ制を称して統治の確立を目指していた二〇一四年一〇月頃に、『捕虜と奴隷に関す

る問答 *Su'āl wa Jawāb fī al-Sabī wa al-Riqāb*』と題する小冊子を発行したと報道されている。この小冊子は、ＩＳの「（イスラーム法学）究明諮問庁（Dīwān al-Buḥūth wa al-Iftā'）」の「捕虜・女性部局（Qism Shu'ūn al-Asrā wa al-Nisā'）」から、ヒジュラ暦一四三六年ムハッラム月（西暦二〇一四年一〇月二五日—一一月二四日頃）付けでネット上に発表されたと言われ[3]、三二の問答で構成されている。第一の質問は「捕虜とはなにか？」である。回答は、「捕虜とは、ムスリムたちが捕らえた戦争の民（不信仰者）[4]の女たち」である。また、第三問「不信仰者の女たちは、皆捕虜にできるか？」に対しては、「啓典の民[5]の女たちや偶像崇拝者の女たちのような、元から不信仰な不信仰者[6]の女たちを捕虜として良いこ

2　"Fatāwā 'Dā'ish' 'an Ightiṣāb al-Nisā' al-Asīrāt," *Al-Yawm al-Jadīd* (29 December 2015), <http://www.elyoumnew.com/news/worldwide/2015/12/29/41602>, Accessed on 15 October 2016.

3　二〇一六年一〇月一五日の時点で、元のＵＲＬは既に発見できなくなっていたが、以下のサイトでの引用によって、内容を確認することができた。"Aghrab Fatāwā 'Dā'ish' 'an al-Mar'a," *Al-Yawm al-Sābi'* (10 October 2015), <http://www.youm7.com/story.2015/10/10/231549>, Accessed on 15 October 2016; Nabīl Fayyāḍ, "Dā'ish: Dalīl Nikāḥ al-Sabāyā!," *Nabīl Fayyāḍ* (13 December 2014), <http://www.nabilfayad.com/669/html.>, Accessed on 15 October 2016.

4　イスラームにおける世界認識の一つとして、ムスリムの支配領域を神の法に基づく秩序と平和の行き届いた「平安の家」と見なし、それに対して、不信仰者の支配領域を無秩序と暴力のはびこる「戦争の家」と見なす考えがある。こうした世界観に基づき、非ムスリムを「戦争の家」に住む人々、すなわち、「戦争の民」と呼ぶことがある。

5　一般的には、ユダヤ教徒とキリスト教徒を指す。

6　ユダヤ教徒やキリスト教徒を「不信仰者」に含めるかなど、何が「不信仰」で誰が「不信仰者」かをめ

とについては、ウラマー(宗教知識人)の間に異論はない」と回答する。そして、第四問「捕虜の女と性交することは許されているか?」に対しては、『クルアーン』の第二三章第五節から六節の啓示、【また、彼ら(信仰者たち)は、自分の陰部を守る(性交をしない)。ただし、自分の配偶者たち、あるいは、自分の右手が所有するもの(女奴隷)に対しては別である[7]】を根拠に、彼女たちと性交することは許されると答える。すなわち、ムスリムは、「不信仰者(非ムスリム)」の女たちを捕虜とすることができ、その捕虜たちは【右手が所有するもの(女奴隷)】であるから、性行為に使役することが許されているというのが、ISの理論である。奴隷であるからには、売却することも可であるし(第六問答)、所有者が死んだ場合には遺産として相続の対象ともなる(第一〇問答)。

非ムスリム女性の捕虜と女奴隷に関するこうした規程は、ISの独創ではない。上掲の『クルアーン』の章節のほかに、預言者の言行に関する伝承も女奴隷に言及する[8]。イスラーム法の解釈を担ってきたウラマーは、それらの章節や伝承などを基に、八世紀以来の長きにわたって、女奴隷だけでなく男性も含んだ奴隷一般の扱いを、戦争法や家族法の一部として論じてきた。ISの小冊子に示された女奴隷に関する規程は、古典的なイスラーム法解釈をそれなりに踏まえた体裁をとっているのである[9]。もちろん、実態が伴っているのかは不明であるし、そもそも千年前の議論から導かれた規程を実践しようとすることにも大きな問題がある。とはいえ、ISが奴隷制とイスラームを不当に結びつけていると言うことはできない。むしろ、イスラームは、奴隷制の豊かな伝統を持つ。北アフリカや西アジア、中央・南アジアのムスリム社会においては、二〇世紀に至るまで、様々な奴隷が多彩な活動を営んできたのである。

本章では、ムスリム社会における奴隷制の伝統を概観した上で、イスラームにおける奴隷制の根拠とされてきた、預言者時代（七世紀）の奴隷制をめぐる『クルアーン』の章節と伝承を分析し、それが、イスラームの拡大とムスリムの社会と国家の発展の中でどのように変化していったのかを、先行研究に依拠して紹介する。現在では民主主義と相容れないと見なされる奴隷制をめぐってムスリムたちが行ってきた実践を見ていくことから、イスラームと人権思想・民主主義との対話について若干の考察を加えることとしたい。

ぐっては様々な議論がある。

7　『クルアーン』の日本語訳については、以下の文献を参考に行った。『日亜対訳クルアーン――［付］訳解と正統十読誦注解』中田考監修、中田香織他訳（作品社、二〇一四年）。ジャラール・アッ＝ディーン・アル＝マハッリー、ジャラール・アッ＝ディーン・アッ＝スユーティー『タフスィール・アル＝ジャラーライン（ジャラーラインのクルアーン注釈）』中田香織訳、中田考監訳、全三巻（日本サウディアラビア協会、二〇〇二―〇六年）。

8　例えば、捕虜が妊娠していないことを確かめるまでは性交に及んではならないという規程（第五問答）について、最も権威的な六編のハディース集の一つであるアブー・ダーウードの『スンナ』を引用している。Abū Dāwūd, *Sunan Abī Dāwūd*, in *Al-Kutub al-Sitta* (al-Riyāḍ: Dār al-Islām, 2000), p. 1381 (Kitāb al-Nikāḥ, Bāb fī Waṭʾ al-Sabāyā).

9　Nabīl Fayyāḍ, "Dāʿish: Dalīl Nikāḥ al-Sabāyā!" によれば、ＩＳは、当該パンフレットにおいて、一一世紀のコルドバで活躍したザーヒル法学派の法学者、イブン・ハズム（一〇六四年没）の著作で、ダマスカスで刊行された次の法学書の関連箇所をほぼ引き写しているという。Ibn Ḥazm, *Muʿjam Fiqh Ibn Ḥazm al-Ẓāhirī*, Muṣṭafā Aḥmad al-Zarqā ed. (Dimashq: Dār al-Fikr, 1966).

2 概観――ムスリム社会における奴隷制の伝統

『千夜一夜（アラビアンナイト）』は、フィクションであるが、形成された時代と地域、すなわち、九世紀頃から一六世紀頃までのイラクやシリア、エジプトなどのムスリム社会の姿を反映している。その中で、多くの奴隷が当たり前に登場することから、前近代の西アジアや北アフリカのムスリム社会において、奴隷の存在が自明であったことが確認される。そして、『千夜一夜』に登場する奴隷の多くは、主人の側近くで事業を補佐したり、主婦に仕えて家事労働を行っている。主人（男性）の床に侍る女奴隷も数多く登場する。(10) こうした描写からは、前近代のムスリム社会における一般的な奴隷のイメージが浮かび上がる。それは、主人が意のままに扱える所用物であると同時に、信頼する側近や召使いであり愛妾であるという、抑圧と親しみのアンビバレントなイメージである。

こうしたイメージからは、大規模な建設事業に大量の奴隷を投入して、一律に労働を強制するという姿は浮かびにくい。実際に、ムスリム社会において、大規模な奴隷所有は一般的ではなかった。とはいえ、そうした事例がなかったわけではない。九世紀のバグダードの繁栄を支えたイラク南部の大農園において、ザンジュと呼ばれた東アフリカ出身の黒人奴隷が、表土の塩分除去などの労働を強制されたことは、イスラーム史上の大規模な農業奴隷使役の事例としてよく知られている。(11)

家内奴隷や農業奴隷が、主人との関係においてのみならず、社会的にも隷属的な地位に置かれた一方で、君主の奴隷もしくは解放奴隷が行政や軍事の中枢を担い、支配エリート層を形成することも珍しくなかった。その顕著な例が、一二五〇年から一五一七年にかけて、エジプト、シリア、ヒジャーズ（アラビア半島北西部）を支配したマムルーク朝である。マムルーク（mamlūk）とは「所有（malaka）される者」、すなわち奴隷を意味する。この王朝は、その名のとおり、マムルークと呼ばれた軍事奴隷を支配集団とする政権であった。

この他にも、アフガニスタンの都市ガズナを中心に中央アジア西部からイラン東部を支配し、南アジア北部にも進出したガズナ朝（九七七─一一八七年）や、デリーを首都として南アジア北部を支配した最初のムスリム王朝である奴隷王朝（一二〇六─一二九〇年）など、先行する王朝の君主に購入された軍事奴隷が有力な将軍となり、やがて自立して建てた王朝は少なくない。

一九世紀においても、奴隷出身エリートの活躍を見ることができる。例えば、西欧的な責任内閣制と議会制の導入による近代的なイスラーム国家の建設を唱えたハイル・アッ＝ディーン（一八九〇年没）は、チュニジアのフサイン朝（一七〇六─一九五七年）の君主に購入されたコーカサス系のマム

10　波戸愛美『アラビアン・ナイトの中の女奴隷──裏から見た中世の中東社会』（ブックレット《アジアを学ぼう》別巻8）（風響社、二〇一四年）。

11　ザンジュについては、八六九年から八八三年にかけて、イラク南部で大規模な反乱を起こしたと伝えられている。この「ザンジュの乱」は「奴隷反乱」と見なされてきたが、近年、アッバース朝宮廷内部の権力闘争と結びついていた面があったことなど、見直しが提起されている。中野さやか「アリー・ブン・ムハンマドの反乱──反乱参加者の分析による「ザンジュの乱」再考」『オリエント』第四六巻第一号（二〇〇三年）。

ルークであり、フサイン朝の宰相（在任一八五四—六四、一八七三—七七年）、さらには同朝の宗主国であったオスマン朝（一二九九—一九二二年）の大宰相（在任一八七八—七九年）にまで登りつめた。

イスラームの歴史は奴隷制の長く豊かな伝統を持ち、軍事や行政から家事労働や性的奉仕、農業などでの肉体労働に至るまで、ムスリムの社会の多くの分野において、様々な奴隷が使役され、活躍してきた。そのため、奴隷と奴隷制は、イスラームの歴史や社会、文化の研究における重要なテーマのひとつとなっている。なかでも、奴隷および奴隷出身者が支配エリート層を形成したことがイスラーム国家の歴史的特徴として注目を集め、マムルークに関する研究が盛んになされてきた。その代表的な成果として、デイヴィッド・アヤロンの『エジプトのマムルークに関する研究』[12]やパトリシア・クローンの『馬に乗った奴隷』[13]、佐藤次高の『マムルーク』[14]などがあげられる。また、マムルーク朝の国家・財政制度に関する五十嵐大介の研究[15]は、国際的にも高い評価を得ている。そして、清水和裕の一連の研究は、軍事奴隷が台頭してくるアッバース朝（七四九—一二五八年）の解体期（九—一〇世紀）を中心としつつ、イスラームの歴史における奴隷と奴隷制について浩瀚な全体像を提示する。[16]なかでも、『イスラーム史のなかの奴隷』[17]は、西アジアのムスリム社会における奴隷の歴史の全体を的確かつ簡潔に論じている。

イスラームの歴史における奴隷と奴隷制の全容や、時代と地域の違い、社会状況の変化に応じた多様な奴隷の実態については、それらの先行研究を参照することとして、次節では、イスラームにおける奴隷制の「原点」とされる預言者時代の奴隷制を見ていく。

３　イスラームにおける奴隷制の「原点」――預言者時代の奴隷たち

預言者ムハンマドの歴史的実像と、彼が活躍した六世紀後半から七世紀前半のアラビア半島の社会の歴史的実態を実証的に把握することには史料的困難がある。預言者ムハンマドと彼が生きた社会について多くを語っているのは『クルアーン』と伝承（ハディース）であるが、いずれも、ムスリムがイスラームの信仰を前提として語り継ぎ、書き継ぎ、編纂してきた宗教的テキストであり、事実を単純に記録したものと見なすことはできない。しかしその一方で、事実から完全に遊離した虚構と見な

12　David Ayalon, *Studies on the Mamluks of Egypt (1250–1517)*, (London: Variorum Reprints, 1977).

13　Patricia Crone, *Slaves on Horses: The Evolution of the Islamic Polity*, Cambridge: Cambridge University Press, 1980.

14　佐藤次高『マムルーク――異教の世界からきたイスラムの支配者たち』（東京大学出版会、一九九一年）。

15　五十嵐大介『中世イスラーム国家の財政と寄進――後期マムルーク朝の研究』（刀水書房、二〇一一年）。Daisuke Igarashi, *Land Tenure, Fiscal Policy, and Imperial Power in Medieval Syro-Egypt*, Chicago: Middle East Documentation Center, 2015.

16　清水和裕『軍事奴隷・官僚・民衆――アッバース朝解体期のイラク社会』（山川歴史モノグラフ九）（山川出版社、二〇〇五年）、同著者「イスラーム世界における奴隷」弘末雅士編『越境者の世界史――奴隷・移住者・混血者』（春風社、二〇一三年）、同著者「初期イスラーム時代の奴隷女性と境域の拡大」『歴史学研究』第九五〇号（二〇一六年）。

17　清水和裕『イスラーム史のなかの奴隷』（世界史リブレット一〇一）（山川出版社、二〇一五年）。

すこともできない。『クルアーン』と伝承は、それらがテキストとして形成・受容されていった、七世紀から九世紀にかけての初期ムスリム社会の様態を反映していると考えるのが妥当であり、その後のムスリムたちがそこに理想を見てきたことは確かである。したがって、『クルアーン』や伝承がどのように奴隷を語っているかを分析することから、初期のムスリム社会における奴隷のあり方をうかがい、イスラームにおける奴隷制の「原点」と、ムスリムが奴隷制に対して抱いてきた理念を見ることは可能なのである。

それでは、『クルアーン』は、どのように奴隷に言及しているのだろうか。まず確認すべき点は、奴隷の起源や奴隷制の是非に明確には言及しておらず、自明の存在として奴隷を語っていることである。言うまでもないことであるが、奴隷制はイスラームが発明したものではない。七世紀のイスラームの出現のはるか以前から存在してきた。イスラーム以前のアラビア半島も、多数の奴隷が存在する社会であり、イスラームは、それ以前のアラブの慣習・価値観の一部をジャーヒリーヤ（無知、無道）として排除したものの、奴隷制については当たり前のものとして引き継いだのである。

確かに、『クルアーン』は、絶対的な神の前では、貴賤や貧富などの人間の間の差違は無意味であると説く。しかし、人間の間に差違があること自体を否定しているわけではない。奴隷と自由人の間の差違について、例えば、【アッラーは譬えとして、何に対しても無力な所有された奴隷と、われら（神）がわれらのもとから良い糧を与え、その中から密かに、また公然と費やす者（自由人）とをあげた。彼らが等しいであろうか（いや、等しくない）】（一六・七四）と語る。この節は、イスラームの教義の根幹であるアッラーの唯一性への確信と多神信仰の否定を説く文脈において、多神信仰者がアッラーと並べている神々（偶像神）が、アッラーと同等の神ではあり得ないことを語る譬えとして啓示されたとされる。こうした言葉がアッラーの唯一絶対性の譬えとされることからも、奴隷と自由人の差違が厳然としたものと見なされていたことが浮き彫りになる。『クルアーン』は、奴隷の存在と自由人との明確な差違を自明の前提として、奴隷の扱いに関する規程を定めているのである。ただし、『クルアーン』の中で、奴隷に対する言及は多くはなく、それほど具体的でもない。イスラーム出現前後のアラビア半島の社会において、人がどのように奴隷とされ、奴隷がどのような境遇に置かれたのかについては伝承を見なければならない。

イスラーム出現前後のアラビア半島において奴隷とされたのは、半島の外部から奴隷として売られてきた人々と、半島の内部にあって部族の保護を受けられない人々であった。強力な統一政権が存在しなかった七世紀までのアラビア半島においては、部族がその成員と盟友、庇護民を護り、彼らに危害が加えられ場合には、部族全体で加害者に同害報復（血の復讐）を行うことが、ある種の抑止力となって個人の生命・身体・財産の安全を保証していた。そのため、どの部族にも属さない人や、部族間の戦闘の結果、捕虜として自分の部族の保護から引き離された人々は、しばしば身体を奪われ、奴隷にされることとなった。

預言者ムハンマドの著名な教友であるサルマーン・アル＝ファーリスィー（六五五／六年没）に関する伝承は、部族に属さない人が容易に奴隷とされたことを物語っている。サルマーンは、ファーリスィー（ペルシア人）という呼び名から明らかなとおり、イラン系の人物で、イラン西部のイスファハーンの出身であると伝わる。現存最古の預言者ムハンマドの伝記を書いたイブン・イスハーク（七六七年没）が記録した伝承によると、サルマーンは、大地主であった父の愛情を一身に受けて熱心なゾロアスター教徒として育ったが、あるときキリスト教徒の賛美歌を聞いて一神教に目覚め、真の唯一神信仰を求めてシリアのある主教に師事した。その主教が死ぬと、モスルで真の唯一神信仰を守っていた人物に師事した。モスルの師が死ぬとその遺言に従って、ニシビスの信仰者に師事し、ニシビスの師が死ぬと、また遺言に従ってアモリオンの信仰者に師事した。アモリオンの師は、死に臨んで、アラビア半島に新たな預言者が到来すると告げた。サルマーンは、その言葉に従って、アラビア半島に行くことを決意し、アラブ人の隊商にアラビア半島に連れて行ってくれるように頼み、自分が所持していた羊と牛を与えた。アラブ人の隊商は、サルマーンをアラビア半島に連れて行ったが、ワーディー・アル＝クラーというところで、奴隷としてその土地のユダヤ教徒に売ってしまった。その後、サルマーンは、マディーナ（メディナ）のユダヤ教徒に転売され、やがてマッカ（メッカ）からヒジュラ（移住）してきたムハンマドに会い、彼を預言者と確信してイスラームに改宗した。(18)

サルマーンの改宗譚として知られるこの伝承は、信仰者に対する試練と成功の物語と読める。その中で、試練を与えるアラブ人の隊商は、サルマーンをアラビア半島まで連れて行くことに同意し、その対価を受け取った上で、到着するとサルマーン自身を奴隷として売却することでさらなる利益を得た。こうした行為は、もちろん不正ではあるのだが、全くのよそ者で、どの部族の庇護も受けていないサルマーンになされた不正に対して、それを非難する者はいなかった。独力で自分の身柄を護れないサルマーンは、奴隷として主人に仕える他はなく、なつめ椰子農園での農作業などに忙しく使役されていたという。この伝承を記録したイブン・イスハークも、隊商の不正を糾弾したり、サルマーンの不幸に同情するような注釈などを付けてはいない。サルマーンは淡々と奴隷として売却され、使役されたように語られている。こうした語り口からは、イスラームが出現した七世紀前半のアラビア半島の社会においても、この伝承が記録された八世紀の初期ムスリム社会においても、どこからも庇護を受けられない人が奴隷とされることは、ありふれた不幸と認識されていたとの印象を受ける。預言者ムハンマドも、奴隷であることを幸福なこととは見なさなかったが、奴隷制自体を否定することはなかった。ムスリムとなったサルマーンについても、彼に対するユダヤ教徒の主人の権利を否定しなかった。

しかし、預言者ムハンマドは、ムスリムが奴隷であることを良しとしたわけではない。サルマーンについては、主人と解放契約を結ぶように指示した。解放契約とは、奴隷が主人と交渉して自分の身柄を買い戻す対価を取り決めることであり、奴隷がその対価を主人に払った時点で、主人はその奴隷を解放しなければならない。サルマーンの場合、「なつめ椰子の木三〇〇本。穴に植えてきちんと根付いたもの。それと四〇ウーキーヤ[19]［の金］」だった。ムハンマドは、なつめ椰子については、他の

18　Ibn Isḥāq and Ibn Hishām, *Sīrat Sayyid-nā Muḥammad Rasūl Allāh (Das Leben Muhammed's)*, Ferdinand Wüstenfeld ed., 3 vols. (Göttingen: Dieterichsche Universitäts-Buchhandlung, 1858–1860), Vol. 1, pp. 136–141; イブン・イスハーク著、イブン・ヒシャーム編註『預言者ムハンマド伝』後藤明他訳、全四巻（イスラーム原典叢書）（岩波書店、二〇一〇―一二年）、第一巻、二〇三―二一一頁。

19　預言者時代のヒジャーズ地方では、一ウーキーヤが四〇ディルハムであったとされる。ディルハムの重さも時代や地域によって様々であるが、仮に約三グラムとすると、四〇ウーキーヤの金は、約四八〇〇グラ

信徒たちにサルマーンを助けるように命じ、信徒たちは、「ある人は二〇本、ある人は一五本、一〇本というように、資力に応じて」サルマーンを助けた。そして、三〇〇本の苗木が集まると、ムハンマド自身も手伝って皆でそれを植え付けた。一方、四〇ウーキーヤの金については、ムハンマドが金塊をサルマーンに渡すと、神の恩寵によって、その金塊はきっかり四〇ウーキーヤになったという。こうして、サルマーンは解放契約を果たし、奴隷身分から解放された[20]。その後、サルマーンは、マッカの多神教徒とその同盟部族の大軍がマディーナに押し寄せた際（ハンダク〈塹壕〉の戦、六二七年）に、塹壕を掘って籠城することをムハンマドに献策するなど[21]、ウンマ（イスラーム共同体）の勝利に大きく貢献したと伝えられる。

解放契約という慣行は、多神教徒も実践していたと伝わる。よく知られた伝承として、ワフシー（六六〇年頃没）の話がある。ワフシーは、預言者ムハンマド率いるムスリムたちがマッカの多神教徒たちと戦ったウフドの戦（六二五年）に多神教徒側で参戦し、預言者ムハンマドの叔父で武勇に優れたハムザを討ち取った人物として有名である。ワフシーは、エチオピアから売られてきた黒人奴隷で、マッカの多神教徒のジュバイル・ブン・ムトイム（六七〇年頃没）に所有されていた。ジュバイルは、ウフドの戦に先立つバドルの戦（六二四年）において、叔父をムハンマドの率いたムスリム軍に殺されており、その復讐（同害報復）として、ムハンマドの叔父のハムザを殺そうとしていた。そこで、奴隷のワフシーに、ハムザを殺せば解放すると約束した。投槍の名手だったワフシーは、「解放されたい一心でハムザを殺し」、その結果として解放された[22]。

サルマーンとワフシーは共にアラビア半島外部の出身であるが、半島内部でアラブ人がアラブ人を奴隷とすることも珍しくなかった。例えば、ムハンマドの養子であったザイド・ブン・ハーリサ（六二九年没）は、カルブ族というアラブ部族の出身で、何らかの事情で奴隷とされてムハンマドの最初の妻のハディージャ（六一九年頃没）に所有されていた。ハディージャと結婚したムハンマドは、ザイドを気に入り、ハディージャに頼んで譲ってもらった上で、奴隷身分から解放して養子とした。[23] ザイドの例は、主人との関係が特に良かった例と言えるが、戦争捕虜や略奪された人間が奴隷とされることも多かった。というより、イスラーム以前のアラビア半島において、他者の所有物を略奪して利益をあげることは戦争の主要な目的であり、人間を略奪することは奴隷の主要な供給源であった。

ムとなる。かなりの大金である。

20　Ibn Isḥāq, *Sīrat Sayyid-nā Muḥammad Rasūl Allāh*, Vol. 1, pp. 141–142; イブン・イスハーク『預言者ムハンマド伝』第一巻、二一一―二一三頁。

21　Ibn Isḥāq, *Sīrat Sayyid-nā Muḥammad Rasūl Allāh*, Vol. 2, p. 677; イブン・イスハーク『預言者ムハンマド伝』第四巻、一三六頁。

22　Ibn Isḥāq, *Sīrat Sayyid-nā Muḥammad Rasūl Allāh*, Vol. 1, pp. 564–565; イブン・イスハーク『預言者ムハンマド伝』第二巻、四〇四―四〇八頁。

23　Ibn Isḥāq, *Sīrat Sayyid-nā Muḥammad Rasūl Allāh*, Vol. 1, p. 160; イブン・イスハーク『預言者ムハンマド伝』第四巻、七六―七八頁。なお、イスラームにおいては、『クルアーン』第三三章第五節の啓示によって、養子制度は否定されたとされる。ザイドは、この啓示によって、ムハンマドの養子から実父ハーリサの息子に復帰したが、その後もムハンマドの側にあって彼を支え続け、ムハンマドの命によって行われた東ローマ帝国領シリア南部への遠征において、遠征軍を率いて殉教した。

預言者ムハンマドの指導の下でマディーナに成立したウンマも、奴隷制を継承したのと同様に、戦利品としての捕虜＝奴隷の獲得を戦闘参加者の権利とし続けた。

例えば、ムハンマドは、マディーナに居住するユダヤ教徒部族であったクライザ族を攻略し、抵抗した成人男性を全員処刑する一方で、女性と子供を奴隷として信徒たちに分配したと伝えられている。ムハンマド自身も、ライハーナという女性を獲得し、奴隷として側に置いた。この事件は、「クライザ族の虐殺」と呼ばれ、しばしばイスラームを暴力的な宗教と非難する際に言及される。しかし、ムスリムたちの伝承によれば、事件の原因はクライザ族の裏切りにあるとされる。クライシュ族の多神教徒と彼らの同盟部族の大軍がマディーナに攻め寄せ、先述のサルマーンが塹壕を掘っての籠城を献策した際に、クライザ族は、ムハンマドの指導に従うことを誓っておきながら、クライシュ族の多神教徒に内通して、籠城中のムスリムたちを背後から襲うことを企んでいた。ところが、クライシュ族の多神教徒とその同盟部族が撤退してしまったために、孤立したクライザ族はムスリム軍の追討を受け、無条件降伏を余儀なくされた。ムスリム側も、深刻な裏切りに対して厳しく臨まざるを得ず、上記のような処理を決定したと語られている[24]。

ここまでの分析からは、イスラーム出現前後のアラビア半島において、在地のアラブ人であっても、外部からの来訪者であっても、奴隷とされることは誰にでも起こり得ることであり、ありふれた不幸と認識されていたことが明らかになる。それゆえに、自分が奴隷とされることをいかに防ぎ、家族や親族、友人などが奴隷とされてしまった場合に、その境遇からいかに救い出すかは、常に考慮すべき課題であった。

ムハンマドは、マディーナにヒジュラし、血縁意識によって結びつく部族に代わって、信仰によって結びつく新たな共同体としてウンマを設立した。その際に、ウンマの基本理念を取り決めた文書を発布したとされる。「これらの人々は、他の人々とは異なる、一つの集団（ウンマ）をなす」と説くこの文書は、ウンマの成員が捕虜となった場合には、その人物を団結して買い戻すことや、家族を買い戻す代金を払えない信徒を皆で助けなければならないことを明記している。[25] 加えて、ムハンマドは、奴隷を虐待することを戒め、自発的に奴隷を解放することは、宗教的に有徳な行為として推奨したという。[26]

本節におけるここまでの分析から、イスラームにおける奴隷制の「原点」は、イスラームが、奴隷が当たり前に存在する社会で形成されたことにあると確認される。そして、以下の二点に留意する必要がある。第一点は、奴隷であることは、特定の人種や民族に結びついていたわけではなく、誰もが

24　Ibn Isḥāq, *Sīrat Sayyid-nā Muḥammad Rasūl Allāh*, Vol. 2, pp. 684–693; イブン・イスハーク『預言者ムハンマド伝』第三巻、二五一―四〇頁。

25　Ibn Isḥāq, *Sīrat Sayyid-nā Muḥammad Rasūl Allāh*, Vol. 1, pp. 341–344; イブン・イスハーク『預言者ムハンマド伝』第二巻、三〇―三五頁。

26　『クルアーン』第九〇章第一三―一五節、Al-Bukhārī, *Ṣaḥīḥ al-Bukhārī*, Maḥmūd Muḥammad Maḥmūd Ḥasan Naṣṣār ed., (Bayrūt: Dār al-Kutub al-ʻIlmīya, 2007), pp. 457–463 (Kitāb al-ʻItq); ブハーリー『ハディース――イスラーム伝承集成』牧野信也訳、全六巻（中公文庫）（中央公論新社、二〇〇一年）、第二巻、四五八―四七〇頁。

奴隷とされる可能性を持っていたこと。第二点は、奴隷と自由人の差違が厳然と存在した一方で、解放契約や、親族や共同体による買い戻しなど、奴隷から自由人へ移行する手段も存在したことである。奴隷であることは固定的な身分ではなく、状況に応じて落とされたり救い出されたりする流動的な境遇だったのである。

イスラームは、イスラーム以前のアラビア半島に浸透していたこうした奴隷制を、基本的に引き継いだ。七世から八世紀にかけての初期のムスリムたちは、奴隷制の否定や廃止を想像するべくもなく、主人との良好な関係の許で活躍する奴隷もいたことから、奴隷であることを一概に悲惨と見なしたわけでもなかったであろう。しかし、奴隷を卑しめられた不幸な境遇と見なし、奴隷制を宗教的な義務としたり、推奨する教義を作り上げることもなかった。むしろ、奴隷の解放を宗教的な美徳として推奨し、信仰で結びついた同胞であるウンマの成員、すなわちムスリムが奴隷になることは防がなければならないと認識していた。こうした認識から、ムスリムはムスリムを奴隷の境遇に落としたり、奴隷として獲得したり購入することはできないというイスラーム法の規定が導かれた。この点が、イスラーム以前の奴隷制とイスラームの奴隷制を分ける点であり、ムスリム社会における奴隷のあり方に大きな影響を与えることとなった。

4　イスラームの奴隷制の歴史的展開と軍人奴隷

六三二年に預言者ムハンマドが死去した時点で、マディーナを拠点とするウンマは、アラビア半島のほぼ全部族を服属させるに至っていた。「神の使徒の代理（カリフ）」と称して、ウンマの政治的・軍事的指導権を引き継いだアブー・バクル（在位六三二―三四年）は、ムハンマドの死によってウンマから離反したアラブ部族を再び服属させた。続いてカリフとなったウマル（在位六三四―四四年）は、服属したアラブ部族を半島の外部に遠征させ、征服事業に本格的に乗り出した。この政策は著しい成功を収め、七世紀中葉までに、北アフリカから西アジア、中央アジア西部に至る広大な領域がウンマの支配下に置かれた。

アブー・バクルがアラブ部族を再度ウンマに服属させてから、自由人のアラブ人のほとんどがムスリムとなった。このことは、アラビア半島内部でアラブ人奴隷を新規に獲得することがほぼ不可能になったことを意味する。それに代わって、アラビア半島外部において、アラブ＝ムスリム軍が征服した様々な宗教・民族に属する人々が数多く奴隷とされた。イスラームにおいては、異教徒勢力が降伏の呼びかけに応じず、ムスリム軍が軍事力によって征服した場合には、戦闘終了後の一定期間、それらの異教徒の身体や財産を戦利品として略奪することが許されていたからである。逆に、呼びかけに応じて降伏した異教徒に対しては、略奪を行ってはならないと定められている。したがって、征服された異教徒のすべてが奴隷とされたわけではないが、抵抗して軍事力で征服されることも多かったことから、七世紀中葉から八世紀前半にかけてのウンマには、多種多様な奴隷たちが大量にもたらされることになったのである。

カリフをはじめとする指導層は、戦利品の分配として多くの奴隷を得ただけでなく、豊かな財力によって奴隷を購入し、付け届けとして奴隷を贈られることも多かった。そのため、カリフや有力者の邸宅には多くの非アラブ人奴隷が仕えることになり、後宮にも多くの非アラブ人女奴隷が侍ることとなった。その結果、カリフや有力者の側近を奴隷や解放奴隷が固め、子女の大半が女奴隷から生まれるという状況に至った。自由人のアラブ人ムスリムの中には、こうした状況を快く思わない風潮も見られたが、あまりに多くの奴隷が、あまりに当然に入り込んできたために、八世紀後半には、奴隷や奴隷出身者に対する蔑視や反感も薄らいでいった。

七世紀前半のアラビア半島という、比較的後進の地域で形成されたウンマは、三〇年たらずの短期間で、エジプト、シリア、イラク、イランといった先進地域を支配下におさめた。それらの先進地域から大量にもたらされた奴隷たちは、多くがイスラームに改宗して解放奴隷となり、イスラームの国家制度や宗教思想、社会や文化の整備・洗練に貢献した。

征服事業は、八世紀前半にイベリア半島と中央アジア西部を征服したところで終了し、戦争捕虜は奴隷の供給源として一般的ではなくなった。しかし、約一世紀にわたって続いた征服活動によって、広大な地域から多種多様な奴隷がもたらされたことは、家庭から行政や軍事、学問や遊興などの各分野で、奴隷や解放奴隷、奴隷の子孫たちが活躍する社会を作り出した。異教徒の女奴隷がウンマの最高指導者であるカリフの母となり、改宗した解放奴隷やその子孫がイスラームの思想や文化の一翼を担い、宮廷や官庁で活躍する社会ができあがっていたのである(27)。

征服事業の終了によって戦争捕虜が減ると、奴隷の主要な供給源は、奴隷商人からの購入に移っていった。繰り返し述べるとおり、ムスリムはムスリムを奴隷とすることを禁じられており、当然、解放されて改宗した元奴隷の子を奴隷とすることもできない。相当数の奴隷が解放されてムスリムとなったことで、ムスリム社会内部における奴隷人口の再生産で奴隷を確保することはできなくなった。また、征服された異教徒の改宗も漸進的に進み、異教徒にとどまった場合でも、ムスリムの支配に服する限り、ズィンミー（庇護民）として生命・身体・財産・信仰を保証しなければならなかった。したがって、支配地域に暮らす異教徒を奴隷とすることも難しかった。その一方で、奴隷の活用が既に社会の隅々に浸透していたため、奴隷に対する需要は存在し続け、それを満たすためには、ムスリムの支配領域の外部に居住する異教徒を購入する以外に無かったのである。こうして、ムスリムの支配領域に隣接する地域に暮らしていた異教徒、具体的には、バルカン半島のスラブ系やコーカサス地方の住民などの白人、サハラ砂漠以南の黒人や中央アジア東部のトルコ系の人々など、出身地も人種・民族も多様な奴隷が輸入されるようになった。

輸入された奴隷のムスリム社会における境遇は、奴隷である以上、自己決定権を奪われ、どのような主人に所有され、どのように扱われるかに左右された点で、抑圧された状況にあったことは確かである。その一方で、良い主人に所有され、才能を認められた幸運な奴隷は、自由人以上に活躍することもできた。そして、解放契約や奴隷解放を推奨するイスラームの教えなど、常に与えられていたわけではないが、奴隷から自由人へ移行する機会を捉えることもできた。征服事業が終わり相対的な安定期に入ったムスリム社会において、奴隷制は、武芸や技芸、学識や機知、美貌などの才能を持った人材を外部から調達する回路の一つとして、より広く浸透していったのである。

27　ここまでの議論については、清水『イスラーム史のなかの奴隷』三四―六一頁を参照。

そうした奴隷に期待された才能のうちで、武芸を期待されて購入されたのが軍事奴隷である。前節のワフシーの伝承に見られるとおり、奴隷を戦争に投入することは、イスラーム以前のアラビア半島の社会に既に見られた。しかし、大量の奴隷を購入し、強力な軍団を組織したのは、アッバース朝第八代カリフ、ムウタスィム（在位八三三―八四二年）に始まると言われる。ムウタスィムは、中央アジアのフェルガナの奴隷市場からトルコ系の人々を中心に約四千名の奴隷を購入し、アトラーク（アラビア語で「トルコ人たち」の意）と呼ばれる親衛軍団を組織した。(28)

九世紀前半に軍事奴隷が本格的に導入された背景と、この時点での軍事奴隷の性格については様々な議論がある。(29) ここでそれらの議論を検討することはできないが、次の変化が背景の一つにあったと考えることは妥当であろう。すなわち、征服事業が終了し、被征服民のイスラームへの改宗が進展して非アラブ・ムスリムが増加していくにしたがって、カリフの指揮下で征服軍団を構成するムスリムのアラブ部族がウンマの軍事の中核を占めるという、征服事業をとおして形成された軍事体制が崩壊していったことである。これは、軍事力の多様化と拡散をもたらし、多様化し拡散した軍事力を土台に、ウンマの内部に複数の政治勢力が形成される流れを作り出した。ムウタスィムは、そうした流れの中で、忠実な軍事力を確保することを意図して、アトラーク軍団を創始したと考えられる。しかし、この施策は、軍事力と政治勢力の多様化と拡散、つまり、アッバース朝の解体とウンマの政治的分裂を決定づけることとなった。アトラーク軍団は、世代交代が進むとカリフへの忠誠を失って軍閥化し、(30) 各地の有力者や総督が私兵を蓄えて自立化する際にも軍事奴隷が活用されるようになった。

八世紀後半のアッバース朝初期の段階で、イベリア半島の後ウマイヤ朝（七五六―一〇三一年）と北アフリカ西部のイドリース朝（七八八―九八五年）が、アッバース朝カリフの支配を受けないムスリム王朝として成立していた。とはいえ、この二つの王朝は、アッバース朝との抗争に敗れた勢力が、同朝の中心地であるイラクから離れた地域に築いた亡命政権と捉えることもできる。これに対して、サーマーン朝（八七三―九九九年）やイブン・ラーイク（九四二年没）の軍閥など、九世紀後半から一〇世紀前半にかけて出現し、軍事奴隷をも活用して勢力を広げたムスリムの諸政権は、アッバース朝の重要地域であるイラン北東部のホラーサーンや中心地のイラクを押さえ、カリフの実権を奪っていった。

これ以降、一九世紀に至るまで、各地で様々なムスリムの王朝が興亡を繰り返し、程度の差はあるものの、いずれの王朝も軍事奴隷を活用した。その一つの極致が、軍事奴隷自らが支配エリートとなった政権、マムルーク朝である。マムルーク朝の前にエジプトとシリアを支配していたアイユーブ朝（一一六九―一二五〇年）では、スルタンを称する君主が、トルコ系マムルークを購入して親衛軍団を組織していた。アイユーブ朝初代のサラーフ・アッ＝ディーン（サラディン、在位一一六九―九三年）は、十字軍からエルサレムを奪還した英雄として知られるが、その後も十字軍勢力との戦いは続いた。それらの戦いの中で、マムルークは軍の重要な部分を担うようになっていた。そして、第七代スルタ

28　清水『軍事奴隷・官僚・民衆』二二一―二九頁。
29　清水『軍事奴隷・官僚・民衆』六―二二頁。
30　清水『軍事奴隷・官僚・民衆』二九―四八頁。

ンのサーリフ（在位一二四〇―四九年）の病死とフランス王ルイ九世（在位一二二六―七〇年）のエジプト侵攻（「第七回十字軍」一二四八―五四年）が重なった混乱の中、サーリフが残したトルコ系マムルークの軍団は、ルイ九世を打ち負かした後にクーデターによってアイユーブ朝を滅ぼし、軍団の司令官がスルタンの位についた[31]。こうして成立したマムルーク朝において、スルタンはマムルークたちの第一人者と見なされ、マムルーク軍団の有力部隊長（アミール）の合議で選ばれる場合でも、前代のスルタンの息子が世襲する場合でも、マムルークたちの支持を取り付けること不可欠となった[32]。

ところで、マムルークは、元々異教徒の少年で、奴隷として購入された後にイスラームに改宗させられた。その上で、軍事教練とエリート教育を施され、奴隷から解放されて一人前の軍人として、マムルーク軍団の一員となった[33]。したがって、支配エリートとしてマムルーク軍団を構成する軍人は自由人のムスリムとなっており、その息子も必然的に自由人のムスリムとなった。このことは、マムルーク軍人の息子はマムルーク軍団に入れないことを意味する。マムルーク軍団に入るためには奴隷として購入されなければならず、ムスリムはムスリムを奴隷として購入できないからである。そのため、マムルークを支配エリートとする政権を維持するためには、外部から異教徒の優秀な少年奴隷を購入し続けなければならなかったのである。

マムルーク朝は一二五〇年から一五一七年までエジプト、シリア、ヒジャーズを統治したので、その間の約二六〇年間、これらの地域では、奴隷出身者でなければ支配エリート層の中核に入れないという体制が続いたことになる。そして、一般のムスリムたちは、外部の異教徒から購入された軍事奴隷の支配を受容し続けた。

もちろん、マムルークとして支配エリート層に組み込まれたのは、奴隷全体からすれば少数であり、大多数の奴隷は、家内奴隷などとして、社会の下層で使役されていた。その中には、重労働や性的搾取に酷使された者も少なくなかったであろう。また、奴隷や奴隷出身者に対する差別が完全に無かったわけでもない。マムルーク朝に対しても、特にその初期には、奴隷出身者の支配には甘んじられないとして、自由人ムスリムの住民が反乱を起こしたこともあった[34]。

しかしその一方で、奴隷がムスリムの社会に果たしてきた貢献を軽視することはできない。例えばマムルークたちは、私財を投じて、ワクフと呼ばれるイスラーム的な寄進行為を盛んに行った。そこには、自らが敬虔なムスリムであることを示す政治的な意図もあったであろうし、財産保全の側面もあったであろう。また、純粋な信仰心の発露でもあったであろう[35]。寄進を行ったマムルークの真意はともかく、彼らの寄進によって、水道などの都市インフラと病院などの福祉施設が維持・改良され、

31　佐藤『マムルーク』一〇三―一〇九頁。
32　五十嵐『中世イスラーム国家の財政と寄進』一〇―一三頁、佐藤『マムルーク』一一三頁。
33　佐藤『マムルーク』一二五―一二九頁。
34　佐藤『マムルーク』一〇九―一一〇頁。
35　五十嵐大介「あるマムルーク軍人の生涯と寄進――キジュマースの事例に見るワクフの多面的機能」『史学雑誌』第一二〇巻第三号（二〇一一年）、同著者「後期マムルーク朝の官僚と慈善事業――ザイン・アッディーン・アブドゥルバースィトの事例を中心に」中央大学人文科学研究所編『アフロ・ユーラシア大陸の都市と国家』（中央大学人文科学研究所研究叢書五九）（中央大学出版部、二〇一四年）。

モスクやマドラサ（学院）などの宗教・研究教育施設が発展したことは確かである。[36] カイロやダマスカスといった都市には、マムルークたちが寄進したモスクやマドラサが今なお数多く残っている。

こうしたスポンサーとしての貢献のほかに、バイバルス・アル＝マンスーリー（一三二五年没）やサファディー（一三六三年没）のような、自身が文人やウラマーとして活躍したマムルークとマムルークの息子たちも散見される。バイバルス・アル＝マンスーリーは、マムルーク朝第八代スルタン、マンスール・カラウーン（在位一二七九―九〇年）に仕えた有力なマムルーク武将である。軍務と政務に活躍するかたわらで、『ヒジュラ暦による歴史に関する思考の精髄』[37] という歴史書を著した。[38] この歴史書は、マムルーク朝前期の歴史を、ヒジュラ暦による編年体を用いてアラビア語で書いたものである。

一方、サファディーの父はアイバクという名のトルコ系マムルーク武将であり、サファディー本人は、支配エリートを父とする自由人ムスリムとして恵まれた環境で育った。彼は、その環境をアラビア語学・文学、書記術、イスラーム宗教諸学などの習得に活かし、成人するとマムルーク朝の官僚として主にシリアで活躍した。同時に、詩人・文人やウラマーとしても評価され、『死亡録の完全』[39] という大部の伝記集を編纂したことで後世にまで知られる。[40]

バイバルス・アル＝マンスーリーは、アラビア語を母語としない異教徒の少年奴隷として買われてきたマムルークであった。その彼がアラビア語で歴史を書いたことからは、マムルークたちがアラブ＝イスラーム的な教養に順応していたことがうかがえる。他方、トルコ系マムルークの息子が、アラビア語を自在に操る詩人・文人として活躍し、イスラーム宗教諸学に関する学識を評価されたことからは、シリアやエジプトのアラブ人ムスリム社会において、異教徒・異民族として外部から買われてきた奴隷の息子であっても、学識を評価されたことが明らかになる。解放奴隷の成り上がり者の息子と蔑まれることが全くなかったとは考え難いものの、親や祖先が奴隷であったことが、子供や子孫に延々とつきまとうことはなかったのである。

以上のとおり、征服期からマムルーク朝時代まで、北アフリカ・西アジアのムスリム社会における奴隷の活躍と奴隷制の展開を見てくると、軍事や統治の中枢から、各家庭の台所に至るまで、奴隷や解放奴隷が社会の各方面で活躍していたことが確認される。このことをムスリム社会の側から見ると、奴隷や解放奴隷に対する抵抗感が薄かったということであり、奴隷のほとんどが異教徒・異民族とし

36　長谷部史彦「中世エジプト都市の救貧――マムルーク朝スルターンのマドラサを中心に」長谷部史彦編著『中世環地中海圏都市の救貧』（慶應義塾大学出版会、二〇〇四年）。

37　Baybars al-Manṣūrī, *Zubdat al-Fikra fī Taʾrīkh al-Hijara*, MS. (London: British Library, Add. 23325 II); Idem., *Zubdat al-Fikra fī Taʾrīkh al-Hijra: History of the Early Mamluk Period*, D. S. Richards ed., (Bayrūt: al-Maʿhad al-Almānī li-l-Abḥāth al-Sharqīya/Berlin: Das Arab. Buch, 1998).

38　Ibn Ḥajar al-ʿAsqalānī, *Al-Durar al-Kāmina fī Aʿyān al-Miʾa al-Thāmina*, ʿAbd al-Wārith Muḥammad ʿAlī ed., 5 vols. (Bayrūt: Dār al-Kutub al-ʿIlmīya, 1997–1998), Vol. 2, pp. 50–52.

39　Al-Ṣafadī, *Al-Wāfī bi-al-Wafayāt (Das biographische Lexikon des Ṣalāḥaddīn Ḫalīl ibn Aibak aṣ-Ṣafadī)*, Hellmut Ritter et al. eds., 30 vols. (Wiesbaden, Stuttgart and Beirut: Franz Steiner, 1962–2009).

40　Ibn Ḥajar al-ʿAsqalānī, *Al-Durar al-Kāmina fī Aʿyān al-Miʾa al-Thāmina*, Vol. 2, pp. 207–210; Ibn Qāḍī Shuhba, *Ṭabaqāt al-Shāfiʿīya*, Al-Ḥāfiẓ ʿAbd al-ʿAlīm Khān ed., 4 vols. (Bayrūt: ʿĀlam al-Kutub, 1987), Vol. 3, p. 89.

て社会の外部から購入されていたことを考えると、そうした「他者」が、奴隷として入り込んでくることを当然と見なしていたことになる。イスラームにおける奴隷制の伝統も、他の宗教・文化圏における奴隷制と同様に、抑圧の歴史であったことは否定できない。その一方で、前近代のムスリム社会においては、奴隷の購入は必要な人材を確保する当たり前の手段の一つと見なされており、ムスリムとなった解放奴隷および彼らの子孫は、社会の正当な一員として受け入れられてきた。そして、奴隷の大半が異教徒の社会から来たことから、奴隷制は、ムスリム社会が外部の社会と接触する対話の回路でもあったのである。

本章においては、紙幅の制約から、ムスリム社会に奴隷を供給する側、すなわち、中央アジア東部やコーカサス地方などの諸社会を考察することはできなかった。この点に関して、佐藤は、イスラームの奴隷制はそれらの社会にも一定の利益や機会をもたらすものであったと考えられると述べており、だからこそ、ムスリム社会においても、千年以上にわたって奴隷制が維持・発展し得たと指摘している[41]。また、清水は、イスラームにおける奴隷制は、奴隷を購入する主人（家長や君主など）が、奴隷を支配・搾取することにより、「他者」である奴隷を強制的に同化するシステムであり、その背景には、奴隷は、子供がそうであるように、いつまでも奴隷でいるわけではなく、主人の保護と教導を受けて将来的には「大人」、つまり、正規の社会の一員としての自由人ムスリムになる存在であると見なす、そうした奴隷と自由人の垣根を低く認識する社会状況があったと論じる[42]。前近代のムスリム社会における奴隷制は、ムスリム社会の側における需要と認識に合致し、奴隷を供給する外部の異教徒の社会の状況ともある程度合致したものとして、維持・発展してきたと考えられるのである。その意味において、イスラームにおける奴隷制の多様で豊かな伝統は、ムスリムたちの社会の内部と外部の諸要素の対話が円滑に行われていたことの一つの成果であったと見なすこともできるだろう。

5　おわりに

本章では、イスラームにおける奴隷制の伝統を概観した上で、『クルアーン』の章句や預言者時代の伝承を分析し、イスラームにおける奴隷制の「原点」を明らかにした。そして、その後の奴隷制の展開を、軍事奴隷に焦点を当てた先行研究の成果に依拠して追跡した。

その結果として、次の六点が指摘される。（一）イスラームの奴隷制は、イスラーム以前のアラビア半島における奴隷制を引き継いだものであり、奴隷は固定的な身分ではなく、状況に応じて落とされたり救い出されたりする境遇であったこと。（二）その一方で、ムスリムがムスリムを奴隷として確保・購入することを禁じたため、奴隷の供給を専ら外部の異教徒に求めるようになったこと。（三）征服期に、異教徒の捕虜が奴隷として大量に流入したことから、社会の各方面で奴隷が活躍する状況が作り出されたこと。（四）征服終了後は、外部の異教徒から奴隷を購入することで、社会が必要とする様々な人材を輸入していたこと。（五）その中で、武芸を期待されて輸入された軍事奴隷

41　佐藤『マムルーク』一二四頁。
42　清水「イスラーム世界における奴隷」五四頁。

は、軍事と統治の専門家として支配エリート層を形成していったこと。（六）こうした歴史的展開からは、イスラームにおける奴隷制は、奴隷を必要とするムスリム社会内部の諸事情と、奴隷を供給する外部の異教徒社会の利害と良く一致しており、そのために、千年以上にわたって豊かな伝統を育んでこられたと考えられることである。

以上の六点から明らかになるのは、ムスリム社会における奴隷制は、イスラームの教義から発生した不変の教条ではなく、周囲の様々な要素と対話し、それらの変化にあわせて形成・変容してきた歴史的な実践であったことである。奴隷制に関するイスラーム法の規定は、むしろ、そうした実践の変容を追認する形で発展したと考える方が妥当であろう。

このことを良く現しているのが、奴隷制廃止に向けた流れである。一九世紀の西欧列強による世界覇権の下で、ムスリム社会にも、人権思想や民主主義といった近代的価値観が流入するようになり、欧米列強から奴隷制廃止を迫られた。ムスリムたちは抵抗をしなかったわけではないが、奴隷制の是非が大規模な内戦の大義名分とされることもなかった。最後まで奴隷制を維持したサウジアラビアが廃止を宣言したのが一九六二年であるから、奴隷制廃止はゆっくりと進んだことになるもの(43)、社会の多くの分野で奴隷が使役される状況が千年以上続いてきたことを踏まえると、大規模な争乱や激烈な論争を経験することもなく、淡々と廃止されていった印象も強い。

その背景として、奴隷制の維持に多くのコストがかかるようになったことが考えられる。サハラ砂漠以南のアフリカや中央アジア、コーカサス地方といった、北アフリカ・西アジアのムスリム社会に奴隷を供給してきた地域が、奴隷制の廃止を掲げる西欧列強やロシアの植民地となったことで、安定的に奴隷を輸入することは難しくなった。加えて、奴隷制を維持することで、西欧列強が主導する「国際世論」において、「非人道的な社会」「抑圧的な宗教」と非難されることも様々な不都合を産んだであろう。ムスリムたちは、奴隷が社会にもたらす利益と、奴隷制維持のコストが釣り合わなくなったことを認識し、それに応じて奴隷制の実践を止める選択をしたとも思われる。

ムスリム社会における奴隷制廃止の経緯は複雑なものであり、さらなる研究の進展が待たれる。しかし少なくとも、奴隷制廃止に向かう現実の変化を受けて、イスラーム法の分野で、それまでの法解釈を変えて奴隷制を違法とする新解釈が提起され、比較的速やかに受け入れられたことは確かである(44)。イスラームの奴隷制が、社会状況に応じて形成・変容してきたことを踏まえれば、状況が変われば、奴隷制の廃止が選択され、その選択が正統化され得ることも不思議ではない。こうした事例は、イスラームが大きな柔軟性を持ち、民主主義や人権思想といった、他の文化圏で形成された思想や価値観とも充分に対話が可能であることを示す。

それではなぜ今になって、ＩＳのような、公然と奴隷制を実践する勢力がイスラームの名をかたって現れたのであろうか。ＩＳに参加する人々の思想は詳らかではないものの、彼らの奴隷制の実践もまた、否定的な形ではあるが、民主主義や人権思想との対話の一つ、民主主義や人権を「普遍的

43　奴隷制廃止に至る概要については、佐藤『マムルーク』一八二―一八六頁を参照。
44　Jonathan E. Brockopp, "Slaves and Slavery," in *Encyclopaedia of the Qur'ān (Leiden: Brill, 2001-2006)*; 清水『イスラーム史のなかの奴隷』五頁。

価値」として掲げる先進諸国の欺瞞に対する異議申し立てのようにも思える。先進諸国が、自由・平等・博愛をうたって奴隷制を廃止しながら、国外においては植民地を収奪し、国内においては奴隷の子孫や植民地からの移民を差別し続けてきたこと、自分たちに従わない勢力を「普遍的価値」である民主主義や人権思想を共有しない「ならず者」と呼び、その勢力下に暮らす人々を攻撃してきたこと、そうした欺瞞の犠牲者の多くがムスリムであることに対する異議を、イスラームをかたって、「普遍的価値」との対話を断固として否むことで、強烈に表現する形での対話のようにも思えるのである。

だからといって、伝えられるＩＳの蛮行は容認できないし、犠牲者の苦痛を無視することもできない。とはいえ、ＩＳの蛮行を以てイスラームを民主主義や人権思想と対話不能の抑圧的な宗教と決めつけ、ムスリムたちを「普遍的価値」を共有しない「ならず者」として対話を拒絶することは、ＩＳの粗暴な異議申し立てに根拠を与えることにしかならない。

人権や民主主義を真に人類普遍の価値とするならば、対話を続けて、イスラームとそれらの価値の調和を図っていかなければならない。思想や教義に限って言えば、それは難しくないであろう。他の多くの宗教と同じように、イスラームも、人間同士の相互扶助や慈悲、公正な振る舞いなどを説いているからである。重要なのは、ムスリムたちが、人権や民主主義を自らの価値とし、自らの信仰に取り込むことに、より多くの意義を感じられるような状況や対話のあり方を作り出していかなければならないことであると思われる。そのためには、一部のムスリムの特定の行動をイスラームという宗教に本質的に還元することや、イスラームの教義や法によってムスリムの行動のすべてを説明することは避けなければならない。本章の議論にひきつければ、ムスリムたちが長年にわたって奴隷制を実践してきたことから、イスラームを抑圧的な宗教と決めつけることはもちろん、奴隷と自由人の垣根を低く認識し、奴隷出身者が統治することを認めるイスラームの奴隷観を以て、ムスリムによる奴隷制の実践を、欧米などでの奴隷の使役とは全く異なる、何か素晴らしいものとして称揚することも無意味である。ムスリムたちも、他の宗教の信徒たちと同じように、教義や信仰だけで生きてきたわけではないからである。

必要なのは、人間の社会としてのムスリム諸社会の現状と歴史の多様な側面と、それらの社会の変動のなかでイスラームという宗教が果たしてきた役割や人々と取り結んできた複雑な関係に関して、実証的で冷徹な研究を重ねていくことである。そうした細かく堅実な知見に基づいて、ムスリムたちの様々な現状認識と、それらの背景をより広く深く把握することから、イスラームと他の思想や価値観との対話に関して、より建設的で意義深い糸口が見えてくるのではないかと考えられるのである。

あとがき

「真理は細部に宿る」と言われるように、どの学問領域でも、研究の細部に分け入ると、専門的な知の深みを味わうことができる。しかし、同時に専門性の深みに安住してしまうと、それ自体を客観的に検証する視点を失うことにもなりかねない。そうした弊害を予防する意味でも、学会は重要な役割を果たしており、本書の企画も、学会の活動から生まれた。

本書は日本宗教学会の第七三回学術大会（二〇一四年九月）の成果を基にしている。わが国には、多数の宗教系学会が存在しているが、日本宗教学会はその中でも最大の会員数を誇る、いわゆる宗教系メタ学会と言えるだろう。仏教、神道などの伝統的な日本宗教から、ユダヤ教、キリスト教、イスラーム、さらに新宗教やスピリチュアリティなど、宗教に関係する、ありとあらゆる研究者が集まっている学会である。

そのような大規模な学会でも、隣接諸分野との交流が十分になされているとは言い難い。そこで、第七三回学術大会の会場となった同志社大学では「宗教と対話――多文化共生社会の中で」を共通のテーマとして、国政政治、国際生命倫理、社会福祉の専門的視点から、宗教研究に対する提言をしていただく基調シンポジウムを企画した。その内容の一部と、同じ学術大会で行われたパネル発表を基にして本書が編纂されることになった。学術大会からは二年以上の時間を経たが、世界の情勢に鑑みると、本書で取り扱われているテーマはいっそう重要性を帯びているようにも思う。
本書収録の村田論文と木原論文は、『基督教研究』（同志社大学神学部・神学研究科）からの転載である。転載を許可してくださった『基督教研究』編集委員会に対して感謝申し上げたい。さいごに、様々な言語が飛び交う複雑な原稿の編集を丁寧に進めてくださった教文館編集部の髙橋真人氏に心からの謝辞を捧げたい。

二〇一七年三月

小原　克博

執筆者紹介（掲載順）

村田　晃嗣（むらた・こうじ）
同志社大学法学部教授。
一九六四年生まれ。同志社大学法学部卒業。神戸大学大学院法学研究科博士課程修了。博士（政治学）、同志社大学第三二代学長。
著書に、『大統領の挫折――カーター政権の在韓米軍撤退政策』（有斐閣、一九九八年）、『アメリカ外交』（講談社現代新書、二〇〇五年）『現代アメリカ外交の変容――レーガン、ブッシュからオバマへ』（有斐閣、二〇〇九年）、『レーガン――いかにして「アメリカの偶像」となったか』（中公新書、二〇一一年）、『戦後日本外交史』（共著、有斐閣、一九九九年）、『日米関係史』（共著、有斐閣、二〇〇七年）、『国際政治学をつかむ』（共著、有斐閣、二〇〇九年）など多数。

木原　活信（きはら・かつのぶ）
同志社大学社会学部教授。社会福祉学。
一九六五年生まれ。同志社大学文学部卒業、同志社大学大学院文学研究科社会福祉学専攻博士課程修了。博士（社会福祉学）。
著書に、『J・アダムズの社会福祉実践思想の研究――ソーシャルワークの源流』（川島書店、一九九八年）（福武直賞受賞）、『対人援助の福祉エートス――ソーシャルワークの原理とスピリチュアリティ』（ミネルヴァ書房、二〇〇三年）、『社会福祉と人権』（ミネルヴァ書房、二〇一四年）、『「弱さ」の向こうにあるもの――イエスの姿と福祉のこころ』（いのちのことば社、二〇一五年）、『自殺をケアするということ――「弱さ」へのまなざしからみえるもの』（編著、ミネルヴァ書房、二〇一五年）、翻訳書に、エドワード・E・カンダ他著『ソーシャルワークにおけるスピリチュアリティとは何か――人間の根源性にもとづく援助の核心』（ミネルヴァ書房、二〇一五年）など多数。

小原　克博（こはら・かつひろ）

同志社大学神学部教授。キリスト教思想、宗教倫理、一神教研究。

一九六五年生まれ。同志社大学神学部卒業、同志社大学大学院神学研究科博士課程修了。博士（神学）。

著書に、『神のドラマトゥルギー――自然・宗教・歴史・身体を舞台として』（教文館、二〇〇二年）、『宗教のポリティクス――日本社会と一神教世界の邂逅』（晃洋書房、二〇一〇年）、『キリスト教と現代――終末思想の歴史的展開』（共著、世界思想社、二〇〇一年）、『ＥＵ世界を読む』（共著、世界思想社、二〇〇一年）『よくわかるキリスト教@インターネット』（共著、教文館、二〇〇三年）、『原理主義から世界の動きが見える――キリスト教・イスラーム・ユダヤ教の真実と虚像』（共著、ＰＨＰ研究所、二〇〇六年）、『原発とキリスト教――私たちはこう考える』（共著、新教出版社、二〇一一年）、*Creation and Salvation*, Vol. 2: A Companion on Recent Theological Movements（共著、LIT Verlag, 2012）など多数。

塩尻　和子（しおじり・かずこ）

東京国際大学特命教授、同大国際交流研究所・所長。イスラーム神学思想、比較宗教学。

一九四四年生まれ。東京大学大学院人文社会科学研究科博士課程単位取得退学。博士（文学）。筑波大学教授、同大北アフリカ研究センター長、同大理事・副学長（国際担当）を経て、筑波大学名誉教授。

著書に、『イスラームの倫理――アブドゥル・ジャッバール研究』（未來社、二〇〇一年）、『イスラームの生活を知る事典』（共著、東京堂出版、二〇〇四年）、『イスラームを学ぼう』（秋山書店、二〇〇七年）、『イスラームの人間観・世界観』（筑波大学出版会、二〇〇八年）、『イスラームを学ぶ』（ＮＨＫ出版、二〇一五年）、『変革期イスラーム社会の宗教と紛争』（編著、明石書店、二〇一六年）、『イスラーム哲学とキリスト教中世　第二冊　実践哲学』（共著、岩波書店、二〇一二年）など多数。

岩崎　真紀（いわさき・まき）
九州大学助教。中東・北アフリカ地域研究、宗教学。
慶應義塾大学総合政策学部卒業、筑波大学大学院人文社会科学研究科修了。博士（文学）。
著書に、*Sustainable North African Society: Exploring Seeds and Resources for Innovation*（共著、Nova Science Publishers, 2015）、『変革期イスラーム社会の宗教と紛争』（共著、明石書店、二〇一六年）、『東方キリスト教諸教会――基礎データと研究案内』（共著、明石書店、二〇一七年出版予定）、論文に、"The Significance and the Role of the Desert in the Coptic Monasticism: Monastery of St. Samuel as a Case Study"（*Journal of Arid Land Studies* 22-1, 2012）など多数。

四戸　潤弥（しのへ・じゅんや）
同志社大学神学部教授。イスラーム法学、アラビア語文法。
一九五二年生まれ。東京大学大学院総合文化研究科博士後期課程単位取得退学。
著書に、『現代アラビア語文法講座』上下二巻（東洋書店、一九九六年）、『イスラム世界とつきあう法（イスラム民法）』（第二版、東洋経済新報社、二〇〇一年）、『イスラーム信仰と現代社会』（共著、国書刊行会、二〇一一年）、『宗教における死生観と超越』（共著、方丈出版、二〇一三年）、『変革期とイスラーム社会の宗教と紛争』（共著、明石出版、二〇一六年）など多数。

勝又　悦子（かつまた・えつこ）
同志社大学神学部准教授。ユダヤ学、ラビ・ユダヤ教研究。
一九六五年生まれ。東京大学文学部卒業、東京大学大学院人文科学研究科博士課程単位取得退学。Ph.D.（ヘブライ文学）。
著書に、*Priest and Priesthood in the Aramaic Bible—New Approach to the Targumic Literature* (Lambert Academic Publishing, Saarbrucken, 2011)、『宗教史とは何か（下巻）』（共著、リトン、二〇〇九年）。『月本昭男先生退職記念献呈論文集第一巻　世界の宗教といかに向き合うか』（共著、聖公会出版、二〇一四年）、『生きるユダヤ教――カタチにならないものの強さ』（共著、教文館、二〇一六年）、論文に、「ユダヤ教における自由」（『基督教研究』第七七巻一号、二〇一五年）など多数。

平岡　光太郎（ひらおか・こうたろう）
同志社大学特別任用助教。ユダヤ学・ユダヤ思想研究。
一九七七年生まれ。ヘブライ大学人文学部・ユダヤ思想学科及び聖書学科卒業、同志社大学大学院神学研究科博士課程修了。博士（神学）。
著書に、『聖地巡礼ツーリズム』（共著、弘文堂、二〇一二年）、"The Bible and Political Philosophy in Modern Jewish Thought" *50 Jahre Martin Buber Bibel*（共著、LIT Verlag, 2014）、論文に、「現代ユダヤ思想における宗教と政治の関係――ヴァイレルとラヴィツキーによる「ユダヤ神権政治論争」」（『宗教研究』第三六二号、二〇〇九年）、「現代ユダヤ思想におけるスピノザ受容――神権政治と普遍的信仰」（『ユダヤ・イスラエル研究』第二六号、二〇一二年）など多数。

森山　央朗（もりやま・てるあき）
同志社大学神学部准教授。歴史学、前近代イスラーム史。
一九七三年生まれ。東京都立大学人文学部卒業、東京大学大学院人文社会系研究科博士課程修了。博士（文学）。
著書に、『歴史の中の移動とネットワーク』（共著、桜井書店、二〇〇七年）、『イスラーム　知の遺産』（共著、東京大学出版会、二〇一四年）、論文に、「イスラーム的知識の定着とその流通の変遷――一〇～一二世紀のニーシャープールを中心に」（『史学雑誌』第一一三篇第八号、二〇〇四年）、「シリアにおけるアリー誹謗とその否認――『ダマスクス史』の伝承の分析から」（『オリエント』第四七巻第一号、二〇〇四年）、「ハディース学関連知識の受容と利用」（『歴史学研究』第八二〇号、二〇〇六年）、「イスファハーンの二篇の「歴史」――ハディース学者が同じような著作を繰り返し編纂した理由」（『東洋史研究』第七二巻第四号、二〇一四年）など多数。

宗教と対話――多文化共生社会の中で

2017 年 3 月 30 日　初版発行

編　者　小原克博・勝又悦子
発行者　渡部　満
発行所　株式会社　教 文 館
　　　　〒 104-0061　東京都中央区銀座 4-5-1
　　　　電話 03(3561)5549　FAX 03(5250)5107
　　　　URL http://www.kyobunkwan.co.jp/publishing/
印刷所　株式会社　平河工業社

配給元　日キ販　〒 162-0814　東京都新宿区新小川町 9-1
　　　　電話 03(3260)5670　FAX 03(3260)5637

ISBN 978-4-7642-6128-0　Printed in Japan

© 2017　落丁・乱丁本はお取り替えいたします。

教文館の本

N. スマート　阿部美哉訳 **世界の諸宗教 I** 秩序と伝統 B5変型判 330頁 4,000円	世界中の宗教をその草創期から現代までを地域ごとに俯瞰し、「儀礼」「神話」「教義」「芸術」など7つの次元から総合的・体系的に活写する。グローバル化時代を迎えた地球上の多様な世界観を知るための格好の書。図版多数。
N. スマート　石井研士訳 **世界の諸宗教 II** 変容と共生 B5変型判 288頁 4,000円	近代ヨーロッパは、植民地政策を通じて世界の伝統宗教の様相を一変させた。本巻では宗教改革から20世紀末までを、主要宗教はもとより、各地の新宗教や「宗教現象」としてのマルクス主義にも光を当てながら生き生きと描写する。
ピーター・L.バーガー編　金井新二／月本昭男ほか訳 **神の知られざる顔** 宗教体験の根本構造 A5判 430頁 5,000円	宗教の東西交流の盛んな今日、西欧の一神教的伝統は東洋の内面的宗教性からの挑戦を受け、その宗教体験の根本構造が問い直されている。この問いをめぐって、新進気鋭の宗教学者が白熱した議論を闘わせる。
東方敬信 **地球共生社会の神学** 「シャローム・モデル」の実現をめざして A5判 268頁 2,500円	テロと核戦争、地球温暖化と自然破壊、貧困と飢餓……。人類共通の緊急課題が山積するいま、真の共生社会を実現するためにキリスト教がはたすべき役割とは何か？　赦しと和解による〈愛と平和の実践〉を紹介する。
小原克博 **神のドラマトゥルギー** 自然・宗教・歴史・身体を舞台として B6判 210頁 2,500円	神は自らをどう演ずるのか？　人間はその神をどのように認識するのか？　新進のプロテスタント神学者が、W. パネンベルクとの対論を軸に「神論」を展開し、生命倫理を始めとする現代の諸問題に神学的視座を示す。
勝又悦子／勝又直也 **生きるユダヤ教** カタチにならないものの強さ 四六判 352頁 2,500円	歴史の中で幾度も存亡の機を乗り越えてきたユダヤ人。彼らを支えたユダヤの教えや発想法から、この世を力強く生き抜く知恵を体得する！　賢者たちの生涯に触れ、聖典や典礼詩を味わうことで、奥深いユダヤ教の諸相を学ぶ入門書。
J. グニルカ　矢内義顕訳 **聖書とコーラン** どこが同じで、どこが違うか 四六判 272頁 2,600円	ユダヤ教・キリスト教・イスラームが聖典とする旧新約聖書とコーランに共通するエピソードや神学的テーマの類似点と相違点を、歴史的・批評的研究を用いて明らかにする。宗教間対話の可能性を探る画期的な試み。

上記価格は本体価格（税別）です。